W0207652

Liebe Schülerinnen und Schüler,

vor euch liegt euer neues Buch für das Fach Geschichte. Es will euch zu einer „Reise in die Vergangenheit“ einladen. Aus ihm könnt ihr jede Menge spannende und interessante Dinge erfahren, z. B. wie Nordamerika von europäischen Auswanderern besiedelt wurde, wie Dampfmaschinen und andere Erfindungen das Leben der Menschen veränderten oder wie ein Attentat auf den österreichisch-ungarischen Thronfolger und seine Frau den Ersten Weltkrieg auslöste.

Dieses Buch soll euch helfen, selbstständig Geschichte zu entdecken. Wir, die Autorinnen und der Autor dieses Buches, haben dazu viele Bilder und Texte zusammengestellt, die vom Leben der Menschen in früheren Zeiten berichten.

Für eine Reise benötigt ihr eine geeignete Ausrüstung. Euer Buch bietet euch verschiedene Hinweiszeichen. Sie helfen euch, euch bei eurer Reise in die Vergangenheit zurechtzufinden.

Arbeitsaufträge Die Arbeitsaufträge leiten euch dazu an, Texte und Abbildungen auszuwerten und die Zusammenhänge zu verstehen.

i Hier werden euch unbekannte Begriffe und schwer verständliche Wörter erklärt.

M1 Der Buchstabe M bezeichnet alle Materialien, die den Autorentext und die Quellen ergänzen.
M kann ein Bild, eine Karte, eine Zeichnung oder eine Tabelle sein.

Q1 In diesen Texten haben Menschen lange vor unserer Zeit ihre Gedanken aufgeschrieben. Diese Texte müsst ihr genauer untersuchen.

METHODE Hier stellen wir euch Methoden des Faches Geschichte vor. Mit diesen Seiten könnt ihr lernen, wie man eine Statistik auswertet, eine Karikatur untersucht usw.

PROJEKT Auf diesen Seiten findet ihr Anregungen zum Ausprobieren, Selbermachen und Entdecken. Ihr könnt z. B. in die Welt des Films eintauchen oder eine Exkursion in die KZ-Gedenkstätte Buchenwald unternehmen.

Damit ihr euch vorstellen könnt, mit welchen Schwierigkeiten die Menschen zurechtkommen mussten, erzählen wir euch in einigen Kapiteln vom Alltag der Menschen. Obwohl wir uns bemüht haben, dafür alles ganz genau zu erforschen, sind diese *Geschichtserzählungen* keine historischen Quellen.

Im Anhang findet ihr ein Register und Worterklärungen, mit denen ihr die wichtigsten Begriffe und Namen noch einmal nachschlagen könnt.

INHALT

Der Erste Weltkrieg

Vorstoß englischer Tanks gegen die deutsche Verteidigungsfront im September 1918.

Imperiale Politik

Macht wird neu definiert

i

imperialistische Politik: das Streben eines Staates nach Vergrößerung seiner Macht und seines Besitzes.

Im 19. Jahrhundert veränderte sich die politische Weltkarte. Großbritannien und Frankreich festigten mit einer *imperialistischen Politik* ihre Großmachtpositionen. Die USA, Russland und Deutschland erstarkten durch ihre wirtschaftliche Entwicklung am Ende dieses Jahrhunderts. Sie suchten als junge Großmächte eine neue Rolle.

Die imperialistischen Staaten begründeten ihre Politik zum einen mit ihrer wirtschaftlichen Macht. Zum anderen hatten sie die Überzeugung, dass sie anderen Ländern und Kulturen überlegen seien und deshalb ihre Lebensweise auf diese Länder übertragen müssten. Gleichzeitig sahen sie eine Möglichkeit, durch erfolgreiche Machtpolitik im Ausland von Problemen im eigenen Land abzulenken.

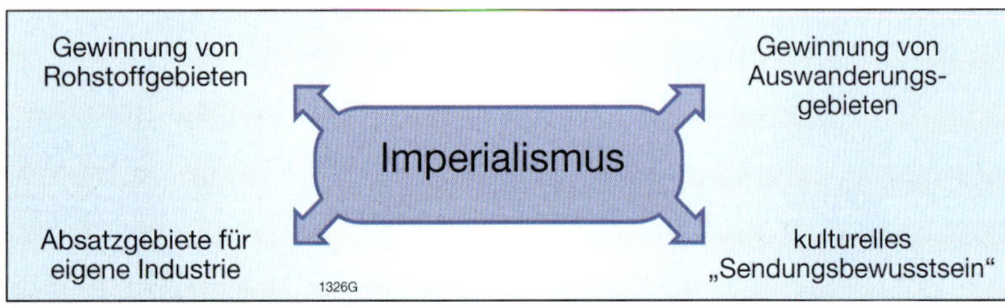

M2 *Ziele imperialistischer Politik.*

Q1 *Aus einem Buch des Pfarrers Josiah Strong, 1885:*

Es scheint mir, dass Gott in seiner unendlichen Weisheit die angelsächsische Rasse auf eine Stunde vorbereiten will, die die Welt mit Sicherheit einmal erleben wird ... Es gibt nunmehr keine neuen Welten mehr ... Dann wird diese Rasse in ihrer unvergleichlichen Energie und mit ihren majestätischen Bevölkerungszahlen, gestützt auf die sich von ihrem großen Reichtum abgeleiteten Macht, den höchsten Grad an Freiheit, die reinste Form des Christentums und die höchstentwickelte Zivilisation repräsentieren ... Kann es irgendeinen Zweifel daran geben, dass dieser Wettkampf der Rassen das „Überleben des Stärksten" zum Ziel hat?

Nach: Mommsen, Wolfgang Justin: Imperialismus. Seine geistigen, politischen und wirtschaftlichen Grundlagen. Hamburg 1977. S. 203 f.

Neue Großmächte – neue Ziele

Während die alten Großmächte wie England und Frankreich ihren Einfluss in der Welt bewahren wollten, setzten die USA, Russland und Deutschland alles daran, ihre Macht auszuweiten. Mit dem Krieg um Kuba begannen die USA ab 1898, Spanien als Kolonialmacht in der Karibik und im Pazifischen Ozean zu verdrängen. Russlands machtpolitisches Ziel war der Zusammenschluss aller slawischen Völker unter seiner Führung. Das Deutsche Reich hatte Gebiete in Afrika und in der Südsee erworben und beteiligte sich an der Aufteilung Chinas.

	1891–1900		1911–1913	
	GB	D	GB	D
Kohle	34	19	24	20
Roheisen	28	20	18	22
Stahl	22	21	10	25

M1 *Anteil an der Industrieproduktion in der Welt (in %).*

(M3) *„Heizer gesucht. Keine Vorkenntnisse erforderlich." Rekrutierungsplakat der Royal Navy, 1913.*

(M4) *Deutsche Flottenparade in Kiel 1912. Gemälde von Willy Stöwer.*

(Q2) *Aus einem Aufsatz des deutschen Historikers Hans Delbrück 1899:*

Mit immer gesteigertem Erfolge und gesteigerter Intensität ist Europa seit 400 Jahren an der Arbeit, sich die übrige Welt zu unterwerfen und in seine Kultursphäre hineinzuziehen ... Wäre aber einmal die außereuropäische Welt völlig (englisch oder russisch) aufgeteilt, (könnten) die unbeteiligten europäischen Völker sich gegen solche Riesenmächte auf die Dauer (nicht) behaupten. Das ist der Grund, warum Deutschland notwendig eine Kolonialpolitik im großen Stile treiben muss.

Preußische Jahrbücher. Bd. 95. 1899. S. 383 f.

(Q3) *Aus einer Rede des englischen Politikers Joseph Chamberlain 1903:*

Unsere nationale Existenz beruht auf unserer industriellen Leistungsfähigkeit und Produktion. ... Daraus folgt eins: dass der Handel innerhalb unseres Weltreichs für unser Gedeihen in der Gegenwart unbedingt notwendig ist. Geht dieser Handel nieder oder hört er nur auf ... zuzunehmen, dann sinken wir zu einer Nation fünfter Klasse herab. Unser Schicksal wird dann das Schicksal der Reiche und Königtümer der Vergangenheit sein.

Quellen zur Allgemeinen Geschichte. Bd. 4. Zürich 1966. S. 259.

Arbeitsaufträge

1. Arbeite heraus, welche Ziele die imperialistischen Staaten zu Beginn des 20. Jahrhunderts verfolgten.
2. Vergleiche die Rechtfertigungen für das imperialistische Machtstreben in den Quellen Q1–Q3.
3. Stelle dar, was für eine politische Haltung in den Materialien und Quellen zum Ausdruck kommt.

	E	D	F	R
1905	4	–	6	–
1906	3	2	–	–
1907	3	3	–	–
1908	2	4	–	–
1909	10	4	–	4
1910	5	4	2	–
1911	5	4	2	–
1912	5	2	3	4
1913	5	3	4	–
insg.	**42**	**26**	**17**	**8**

M1 *Bau von Großkampfschiffen.*

Der deutsche Imperialismus

Isolierung oder Weltmacht

Die Bündnispolitik, die Otto von Bismarck von 1873 bis 1887 verfolgte, hatte die Machtstellung des Deutschen Reichs und den Frieden in Europa gesichert. Kaiser Wilhelm II. setzte diese Politik nicht fort. Er hatte vielmehr den Anspruch, die politische Macht Deutschlands in Europa und der Welt auszubauen. Die Forderung des deutschen Kaisers nach einem weltpolitischen Mitspracherecht wurde nach und nach umgesetzt. Das Deutsche Reich sicherte sich zu Beginn des 20. Jahrhunderts in Afrika und Ostasien einen Teil des angestrebten politischen, wirtschaftlichen und militärischen Einflusses.

Die imperialistische Politik Deutschlands und vor allem die deutsche Rüstungspolitik empfand England als immer größer werdende Bedrohung. Deutsch-englische Verhandlungen zur Flottenbegrenzung beider Staaten scheiterten. England und Frankreich dagegen erkannten ihre kolonialen Interessen in Afrika und Südasien gegenseitig an. Die USA schlossen ein Bündnis mit England, und Russland näherte sich Frankreich und England an. Die Bündnisverhältnisse veränderten sich und am Ende dieser Entwicklung war das Deutsche Reich politisch isoliert.

Kriegsangst und Kriegsbereitschaft

Die Veränderung der Bündnissysteme und die Isolierung Deutschlands ließen alte Befürchtungen eines Zweifrontenkrieges wieder aktuell werden. Die Bündnispartner Frankreich und Russland konnten Deutschland gleichzeitig von Westen und Osten bedrängen. Die Angst vor einer solchen Auseinandersetzung war groß. Daher legte der Generalfeldmarschall von Schlieffen 1905 einen Plan vor, der einen Krieg an zwei Fronten verhindern sollte. Ziel des Schlieffen-Plans war ein Blitzkrieg im Westen mit einem schnellen Sieg über Frankreich. Voraussetzung für den Erfolg dieser Strategie war eine langsame Mobilmachung der russischen Armee im Osten.

Die Entwicklung bis 1912 zeigte, dass sich die Machtverhältnisse zuungunsten Deutschlands verschoben hatten. In der Bevölkerung stieg die Bereitschaft, nationale Interessen auch mit einem Krieg durchzusetzen.

M2 *Kaiser Wilhelm II. (x) während einer Truppenübung 1914.*

Das Attentat von Sarajewo

Das Pulverfass Balkan

Der Balkan war zu Beginn des 20. Jahrhunderts von politischen Krisen und militärischen Auseinandersetzungen geprägt. Das Osmanische Reich verlor auf dem Balkan seinen Einfluss und die Balkanvölker strebten nach Unabhängigkeit. Diese Schwäche der Osmanen nutzte Österreich aus, um sich Bosnien und Herzegowina anzueignen. Aber auch Serbien wollte nach militärischen Erfolgen gegen die Osmanen seine Macht ausweiten. Mit dem russischen Zarenreich als Schutzmacht strebte Serbien danach, ein Großreich der Südslawen unter serbischer Führung zu schaffen. Somit prallten die serbischen Interessen direkt mit den österreichischen aufeinander. Russland unterstützte die Bestrebungen Serbiens und machte deutlich, dass es eine österreichische Vorherrschaft auf dem Balkan nicht hinnehmen werde. Frankreich erklärte Russland seine Unterstützung.

M3 *Verhaftung des serbischen Attentäters Gavrilo Princip.*

i

Souveränität: Unabhängigkeit vom Einfluss anderer Staaten.

Sarajewo und der Kriegsausbruch

Die Balkankrise erfuhr ihren Höhepunkt am 28. Juni 1914, als ein serbischer Attentäter den österreichischen Thronfolger und dessen Frau tötete. Die europäischen Mächte schauten nun auf Österreich: Würde es eine Strafaktion gegen Serbien geben? Wären die Bündnispartner von diesem Konflikt betroffen? Nunmehr war das Verhalten des österreichischen Bündnispartners Deutschland wichtig.

Am 5. Juli erklärte Deutschland seine Rückendeckung, selbst für den Fall einer Ausweitung des Konflikts. Der „vollen Unterstützung" Deutschlands sicher stellte Österreich Serbien am 23. Juli ein Ultimatum zur Aufklärung des Attentats. Serbien akzeptierte den größten Teil davon. Es ließ jedoch keine Ermittlungen österreichischer Beamter auf seinem Hoheitsgebiet zu, da dies die *Souveränität* des serbischen Staates infrage gestellt hätte. Diplomatische Bemühungen, besonders Englands, zur Entschärfung der Krise, brachten keinen Erfolg. Die Erklärungen zur Bündnistreue des deutschen Kaisers gegenüber Österreich sowie Großbritanniens gegenüber Russland und Frankreich verschärften sie vielmehr. Diese Zuspitzung des Konflikts mündete am 28. Juli 1914 in der Kriegserklärung Österreich-Ungarns an Serbien.

Q1 *Der Kaiser am 1. August 1914:*

> Wenn uns unsere Nachbarn den Frieden nicht gönnen, dann hoffen und wünschen wir, dass unser gutes deutsches Schwert siegreich aus dem Kampf hervorgehen wird.
>
> Bericht der „Frankfurter Zeitung" nach: Ansprachen, Predigten und Trinksprüche Wilhelms II. Hrsg. v. Ernst Johann. München 1966. S. 125 f.

Arbeitsaufträge

1. Beschreibe die Veränderungen in der deutschen Außenpolitik.
2. Stelle in einem Schaubild die Entwicklung vom Attentat in Sarajewo bis zur Kriegserklärung Österreichs gegen Serbien dar.
3. Erläutere, warum das Attentat von Sarajewo ein weltpolitisches Ereignis auslösen konnte.

Der Erste Weltkrieg

Der Krieg beginnt

Aufgrund der Bündnisse, die die europäischen Mächte eingegangen waren, konnte eine einzige Kriegserklärung eine Kette von Kriegseintritten auslösen. Die Mächte Europas mussten ihren Bündnisverpflichtungen nachkommen und ihre Partner militärisch unterstützen.

28. Juli
Österreich-Ungarn an Serbien

1. August
Deutsches Reich an Russland

3. August
Deutsches Reich an Frankreich

4. August
Deutsches Reich an Belgien
Großbritannien an Deutsches Reich

6. August
Österreich-Ungarn an Russland
Serbien an Deutsches Reich

7. August
Montenegro an Österreich-Ungarn

11. August
Montenegro an Deutsches Reich
Frankreich an Österreich-Ungarn

12. August
Großbritannien an Österreich-Ungarn

23. August
Japan an Deutsches Reich

2.–5. November
Russland, Großbritannien und Frankreich an Türkei

M1 *Kriegserklärungen aus dem Jahr 1914.*

Die Bündnisse werden wirksam

Mit der Kriegserklärung Österreich-Ungarns an Serbien wurden die Bündnisverpflichtungen Realität. Auf die Kriegserklärung an Serbien antwortete Russland mit der Mobilmachung seiner Truppen. Auf die deutsche Forderung, die Mobilmachung rückgängig zu machen, reagierte Russland nicht. Daraufhin erklärte Deutschland am 1. August 1914 dem Zarenreich den Krieg. Am gleichen Tag begann die Mobilmachung in Frankreich, worauf zwei Tage später die Kriegserklärung des Deutschen Reiches an die Franzosen erfolgte.

Die Zweifrontenauseinandersetzung, die Deutschland befürchtet hatte, war eingetreten. Um auf diese Bedrohung mit dem Schlieffen-Plan zu reagieren, teilte das Deutsche Reich am 2. August dem neutralen Belgien offiziell die Absicht mit, seine Truppen durch das Land schicken zu wollen. Belgien handelte umgehend und sicherte sich den Schutz seiner Vertragspartner. Der englische Botschafter überreichte in Berlin am 4. August die Kriegserklärung Großbritanniens an Deutschland.

Bis zum Jahr 1917 erfolgten weitere Kriegseintritte. Schließlich befanden sich 38 Staaten im Kriegszustand.

M2 *Kriegsbegeisterte Jugend auf dem Pariser Platz in Berlin am 1. August 1914.*

(M3) *„on les aura!" – „die haben wir gleich!" Französisches Kriegsanleiheplakat von 1914.*

(M4) *Soldaten auf dem Weg an die Westfront.*

Begeisterung und Verherrlichung

Der Krieg in Europa begann mit einer kaum für möglich gehaltenen Begeisterung. Vor allem in den Städten zeigten sich die Menschen lachend und nicht nachdenklich. Auf den Straßen wurde gesungen, und es spielte Militärmusik. Viele Kriegsgedichte entstanden und *Kriegsanleihen*, mit denen der Krieg mitfinanziert wurde, unterschrieb man freudig.

Die jahrzehntelange Militarisierung des Alltagslebens war nicht ohne Wirkung geblieben. Das Militärische wurde bewundert. Die Bevölkerung hatte vom Militär Wertvorstellungen und Leitbilder übernommen. So hatten Regierende und Militärs ein leichtes Spiel, denn die Menschen waren auf einen Krieg vorbereitet. Viele hielten ihn für unvermeidbar. Kriegervereine erinnerten an die Schlachten von 1866 und 1870. Der Heldentod unzähliger Soldaten von damals sollte Kraftquell für neue Taten sein.

i

Kriegsanleihe: ein Wertpapier, das der Finanzierung eines Krieges dient. Die Käufer geben dem Staat Kredite, damit der die nötigen Ausgaben für den Krieg bezahlen kann.

(Q1) *Der Münchner Schriftsteller Ludwig Thoma schrieb:*

Es ist, als ob die ganze Welt von heute mit Säbeln über das Pflaster klirrte.

Thoma, Ludwig: Gesammelte Werke. Bd. 7. München 1933. S. 354.

(Q2) *Aus dem Gedicht „Germanen-Schlacht" von Max Bewer, Laubegast:*

Germanen-Tag – Germanen-Nacht?!
Was wird am Himmel dämmern?! ...
Der alte Donar ist erwacht
Und will sein Weltreich hämmern!
...
Die Erde bebt! Der Himmel kracht!
Das Meer treibt Wrack und Trümmer! ...
Germanen-Tag! – Und Slawen-Nacht!
Und Frankreich Tod für immer!

Arbeitsaufträge

1. Stelle die Auswirkungen der Bündnisverpflichtungen europäischer Staaten zu Beginn des Krieges dar.
2. Beschreibe die Stimmung der Menschen auf den Bildern M2–M4.
3. Interpretiere die Quellen Q1 und Q2.

M1 *Verladung von Kriegsfahrzeugen auf der Memel, Ostfront 1915.*

M2 *Elektrisch betriebener Militärlastzug an der Ostfront, 1915.*

Wie wurde der Krieg geführt?

Bewegungskrieg

Eine bisher nie da gewesene Zahl an Menschen, Tieren und Kriegsmaterialien kam in diesem Krieg zum Einsatz. Züge fuhren mit den Truppen und Geschützen an die kilometerlangen Fronten. Kraftfahrzeuge aller Art sicherten den Nachschub. Millionen Soldaten marschierten mit bis zu 40 kg Waffen und Gepäck. Alle Kriegsparteien suchten im Bewegungskrieg den schnellen vernichtenden Schlag gegen den Feind.

Aufgrund der neuen rollenden Technik entwickelte sich der Krieg besonders schnell. Allein das Deutsche Reich brachte in kürzester Zeit drei Millionen Soldaten in die Gefechtsstellungen. Über Belgien stürmten sie nach Frankreich bis kurz vor Paris. Drei Millionen russische Soldaten gingen in kurzer Zeit auf dem Balkan und in Ostpreußen in Stellung.

M3 *Beginn des Stellungskrieges. Erste Schützengräben entstehen, Dezember 1914.*

Stellungskrieg

In Ostpreußen brachte das deutsche Heer den raschen Einfall Russlands zum Stehen, während Österreich dem russischen Vormarsch auf dem Balkan begegnete. Diese Kampfhandlungen banden deutsche Einheiten, die ursprünglich im Westen in einem Blitzkrieg den Schlieffen-Plan zum Erfolg führen sollten. Auch in der Folgezeit mussten deutsche Truppen im Osten zur Unterstützung Österreichs herangezogen werden.

An der Westfront gelang es Franzosen und Engländern bereits im September 1914, die Deutschen an der Marne zum Rückzug zu zwingen. Die Front erstarrte und die Soldaten lagen im Gelände einander gegenüber. Die Blitzkriegsführung scheiterte und der Krieg wandelte sich zum Stellungskrieg.

Auf einer Länge von 700 km hoben die gegnerischen Truppen Schützengräben aus. Minen- und Drahtsperren sollten den feindlichen Vormarsch verhindern. Stundenlanges Gewehr- und Geschützfeuer bestimmte die Kampfhandlungen auf den Schlachtfeldern. Stellungsdurchbrüche und Geländegewinne gab es kaum. Ähnliche Entwicklungen kennzeichneten auch die Ostfront.

Materialschlachten

In diesen neuartigen Stellungskämpfen veränderte sich das Gesicht des Krieges. Der einzelne Soldat, der sich im Gefecht tapfer seinem Gegner stellte, war nicht mehr von Bedeutung. Vielmehr rückten die Taktiken der Stäbe und Generäle in den Vordergrund. Sie planten Schlachten mit vernichtendem Ausmaß. Hierbei bedienten sie sich eines Millionenheeres, in dem der Einzelne nichts mehr galt.

Geschütze, Granaten, Minen, neue Waffen und Technik wie Tanks und Flugzeuge wurden in die langfristigen Vorbereitungen einbezogen. Tage- und wochenlang richteten sich Großangriffe auf bestimmte Abschnitte der gegnerischen Front. Giftgasgranaten verstärkten die Vernichtungsmöglichkeiten. Materialschlachten tobten. Sie zählten zu den grauenhaften Höhepunkten des Weltkrieges. Als „Trommelfeuer" bezeichnet, pflügte der massenhafte Einsatz von Material ganze Landschaften um. Granattrichter lag an Granattrichter. Bebautes und bewohntes Land verschwand. Ortschaften und Straßen existierten nicht mehr.

Historiker errechneten, dass jeder Hektar Erde mit 50 t Stahl beschossen wurde und die Krieg führenden Armeen 135 000 Eisenbahnwaggons Munition verbrauchten.

Die Hölle von Verdun

Beispielhaft für die Sinnlosigkeit des Krieges steht die Materialschlacht von Verdun. Dieser Ort war durch das französische Festungssystem von strategischer Bedeutung. Auf wenigen Quadratkilometern Gelände kämpften 1,5 Millionen Soldaten gegeneinander. Von Februar bis Dezember 1914 verloren etwa 700 000 Franzosen und Deutsche ihr Leben. Für keine der beiden Kriegsgegner brachte diese Schlacht entscheidende strategische Erfolge.

Q1 *Ein Infanterist schrieb in einem Feldpostbrief am 2. Juli 1916:*

Tag und Nacht Granatfeuer – oft dass es in der Sekunde 10–20 Geschosse heranhagelte, uns verschüttete und wieder aufgrub. Unser Leutnant hat geweint wie ein Kind; ja wie sie da lagen, ein Fuß weg – Arme weg, ganz zerfetzt. Gott, das war furchtbar ... Ihr könnt Euch keine Vorstellung von diesem Schrecken machen und niemand, der`s nicht mitgemacht.

Zitiert nach: Frontalltag im Ersten Weltkrieg. Frankfurt a. M. 1994. S. 92.

M4 *Schlachtfeld bei Verdun, Februar 1916.*

Arbeitsaufträge

1. Beschreibe, wie sich der Charakter des Krieges veränderte.
2. Erkläre die Begriffe „Bewegungskrieg", „Stellungskrieg" und „Materialschlachten".
3. Gib anhand von Q1 wieder, was der Verfasser erlebte und empfand.

M1 *Soldaten mit Gasmaske während eines Gasangriffs. Foto, 1914.*

M2 *Französische Soldaten sammeln Tote ein. Foto, Juni 1915.*

M3 *Deutsche und englische Verwundete warten auf ihren Abtransport, 1915.*

An der Front

Kriegsalltag

Viele Soldaten zogen begeistert in den Krieg und waren bereit, ihr Leben dem Vaterland und der Ehre zu opfern. Die anfängliche Begeisterung wich jedoch bald der brutalen Kriegsrealität. Sie zeigte, dass ein Sieg nicht auf schnellem Wege errungen werde konnte. Vielmehr war der Krieg durch großes Leid und hohe Opferzahlen geprägt.

i

Artillerie: Bezeichnung für schwere Feuerwaffen, zum Beispiel Kanonen.

Q1 *Ein Jurastudent schrieb am 9. September 1914:*

Immer noch wütet diese fürchterliche Schlacht, nun schon den vierten Tag! Bis jetzt bestand sie ... beinahe nur aus furchtbaren *Artilleriekämpfen*. – Diesen Brief schreibe ich in einem grabartigen, etwa 40 cm tiefen, selbst geschaufelten Lager der Schützenlinie. Die Granaten schlugen heute vor und hinter uns so häufig ein, dass man es als ein Geschenk Gottes betrachten muss ...

Witkop, P. (Hrsg.): Kriegsbriefe gefallener Studenten. 1928. S. 8 f.

Q2 *Ein Student aus Gießen Ende Oktober 1914:*

Nicht das vergossene Blut, nicht auch der Umstand, dass es vergeblich vergossen war, nein, die ganze Kampfesweise ist es, die abstößt. Kämpfen wollen und sich nicht wehren können! Der Angriff, der mich so schön dünkte, was ist er anders als der Drang: hin zur nächsten Deckung da vorn gegen diesen Hagel tückischer Geschosse. Und der Feind, der sie entsendet, nicht zu sehen.

Witkop, P. (Hrsg.): Kriegsbriefe gefallener Studenten. 1928. S. 15.

Q3 *Der Student A. Vaeth schrieb am 26. Januar 1915:*

... Schützengraben, drei Leute zanken sich um ein Brot. Drinnen die Offiziere bei Wein und Überfluss. Das Herz blutet ... Aber von der Fürsorge für den Soldaten, die so viel in den Zeitungen steht, davon merken wir nicht viel ... Ach, man zog aus mit Hoffnung ..., und man erlebte Enttäuschung über Enttäuschung.

Witkop, P. (Hrsg.): Kriegsbriefe gefallener Studenten. 1928. S. 125.

Q4 *Ein 23-jähriger Student schrieb am 17. Oktober 1915:*

... noch heute ... hängen Fetzen von Menschenleibern in den Drahtverhauen. ... bis vor Kurzem (lag) eine Menschenhand mit Fingerring, ein paar Meter davon ein Unterarm, von dem zuletzt nur noch der Knochen übrig war ... wer das Gruseln nicht kennt, lernt es hier.

Witkop, P. (Hrsg.): Kriegsbriefe gefallener Studenten. 1928. S. 241.

Q5 *Erich Sidow in einem Brief an seine Frau am 17.8.1918:*

Barfuß rannte ich über das aufgewühlte Schlachtfeld, sprang über Gräben und Drahtverhaue. Die Leichtverwundeten schleppten sich selbst fort, die Heilen trugen die zum Krüppel Geschossenen ... Die Verwundeten kamen ins Lazarett, wir beide ins Regiment vier, wo ich drei Tage und Nächte geschlafen habe. Ich weiß nicht, ob du mich noch anfassen würdest, wenn du mich jetzt sähest.

www.dradio.de/dlf/sendungen/feldpost/download.html

i

Arthur Conan Doyle: lebte von 1859 bis 1930. Er wurde unter anderem durch seine Sherlock-Holmes-Romane berühmt. Doyle verlor im Ersten Weltkrieg einen Sohn.

M4 *Deutsche und englische Soldaten feiern 1914 gemeinsam Weihnachten.*

Der Weihnachtsfrieden von 1914

Eine besondere Episode des Krieges war der Weihnachtsfrieden 1914. Mehr als 100 000 Soldaten der Westfront ließen am Weihnachtstag die Waffen schweigen. Die oft nur 50 bis 100 m entfernten Frontlinien ermöglichten den Kriegsparteien Absprachen für eine inoffizielle Waffenruhe. Die Soldaten beerdigten ihre Gefallenen, stellten kleine Weihnachtsbäume auf die Grabenböschungen und sangen zusammen Weihnachtslieder. Vereinzelt gab es Verbrüderungen britischer und deutscher Soldaten. Der britische Schriftsteller *Arhur Conan Doyle* beschrieb dieses Ereignis als „Episode der Menschlichkeit inmitten der Grausamkeiten". Dies zeigte sich auch in gemeinsam verschossenen Salven in der Silvesternacht.

Schon ein Jahr später lautete jedoch der Befehl, dass ein mit dem Feind singender Soldat sofort zu erschießen sei.

Arbeitsaufträge

1. Beschreibe auf der Grundlage der Quellen Q1 – Q5, wie einfache Soldaten den Alltag an der Front erlebten. Nutze auch M1 – M3.
2. Schildere die Wirkung, die die Feldpost Q1 – Q5 möglicherweise auf die Angehörigen in der Heimat hatte.
3. Erkläre, was A. C. Doyle „Episode der Menschlichkeit" nannte.

Kohlrüben-Karte

— Stadt Erfurt —

2 Pfund Kohlrüben 31. Woche 18.–24. März 1917	2 Pfund Kohlrüben 32. Woche 25.–31. März 1917
2 Pfund Kohlrüben 29. Woche 4.–10. März 1917	2 Pfund Kohlrüben 30. Woche 11.–17. März 1917
2 Pfund Kohlrüben 27. Woche 18.–24. Februar 1917	2 Pfund Kohlrüben 28. Woche 25. Febr. 3. März 1917
2 Pfund Kohlrüben 25. Woche 4.–10. Februar 1917	2 Pfund Kohlrüben 26. Woche 11.–17. Februar 1917

M1 *Zuteilungskarte für Lebensmittel.*

Lebensmittelrationen vor dem Krieg	1914	1915	1917
330 g Brot	225	220	160
150 g Fleisch	72	36	19
50 g Fett	28	12	7

M2 *Ernährungssituation pro Person und Tag.*

Prüfe, ob dich die Lebensmittel von 1917 satt machen würden. Veranschauliche in einem Mengenvergleich die Tagesrationen von 1917 und heute.

Kriegsalltag in der Heimat

General „Hunger"

Während des Krieges gelang es nicht mehr, die Versorgung mit Lebensmitteln zu gewährleisten. In der Landwirtschaft fehlten Pferde, Saatgut und Dünger. Vorräte wurden gestreckt oder rationiert. Ab 1915 erhielten die Menschen Lebensmittelkarten, die die wenigen Lebensmittel zuteilen sollten. Aber im Laufe der Zeit bekamen die Menschen immer geringere Mengen für ihre Karten, vieles auch gar nicht mehr.

Missernten bei Kartoffeln und Getreide führten zum Hungerwinter 1916/17. In dieser Zeit ersetzten vor allem Rüben die eigentlichen Nahrungsmittel. Kohlrübensuppe, Kohlrübenmarmelade und Kohlrübenkaffee stellten im sogenannten „Kohlrübenwinter" die Grundnahrungsmittel dar. Den Hunger konnte diese Nahrung jedoch nicht stillen. Unterernährung war die Folge. Bis zu 20 % des Normalgewichts verloren die Menschen. Viele, besonders Arme, Alte und Kranke, litten bittere Not.

Der Mangel zeigte sich in vielen Bereichen. Stoffe wurden aus Brennnesselstängeln hergestellt. Aus Obstkernen gewannen die Menschen Speiseöl. Menschenhaar ersetzte Leder für die Treibriemen in den Munitionsfabriken. Doch selbst diese „Rohstoffe" konnte die große Not nicht lindern.

M3 *In endlosen Schlangen standen die Menschen nach Lebensmitteln an.*

Die „Heimatfront"

In der Heimat hatte die Kriegsindustrie einen gewaltigen Bedarf an Rohstoffen, Geld und Arbeitskräften. Mit neu geschaffenen Ämtern wie der Kriegsrohstoffabteilung, dem Bekleidungs- oder Kriegsernährungsamt nahm der deutsche Staat Einfluss auf die Wirtschaft.

Die fehlenden Arbeitskräfte in den Fabriken und auf dem Feld ersetzten Frauen, Kinder und Alte. Jeden dritten Arbeitsplatz besetzte eine Frau, in den Rüstungsbetrieben arbeiteten sogar mehr Frauen als Männer. Sie drehten die Granaten oder füllten Sprengstoff in Bomben und Minen. Um lange Arbeitszeiten und selbst den Einsatz von Kindern zu ermöglichen, schränkte der Staat soziale Schutzbestimmungen ein. Zum Beispiel be- und entluden Eisenbahnwaggons nicht selten Zwölfjährige.

M4 *Gehtraining für beinamputierte Soldaten.*

Statt Sonderanzeige.

Unser geliebter hoffnungsvoller Sohn und Bruder, der Abiturient und Kriegsfreiwillige

Ernst Richard Schuster

Vizefeldwebel der Res. und Offiziersaspirant

ist am 26. Mai als vorgeschobener Beobachter im 21. Lebensjahre gefallen.

In tiefstem Schmerz:
Johanna Schuster geb. Hamm
Ludwig Schuster, Finanzreferendar
Leutnant der Res. des Lothr. Fussart.-Regts. Nr. 16.

MAINZ, am 5. Juni 1917.

Von Beileidsbezeugungen bitten wir abzusehen.

M5 *Todesanzeige, 1917.*

Leben mit dem Krieg

Aufgrund der großen Verluste an der Front wurden immer weitere Männer eingezogen. Todesanzeigen von Gefallenen füllten in den Zeitungen immer mehr Seiten. Bald gab es fast keine Familie mehr, in der nicht um den Mann, den Vater oder den Bruder getrauert wurde. Verwundete, vom Gas Erblindete oder zu Krüppeln Geschossene lagen zu Tausenden in den Lazaretten.

Die große Begeisterung und die Hoffnung auf einen schnellen Sieg wichen bald der Enttäuschung und Kriegsmüdigkeit. Die Truppen verharrten im Stellungskrieg und die Opfer, die an der Front und in der Heimat erbracht wurden, erschienen immer sinnloser. Der lang anhaltende Krieg führte zur Erschöpfung der Menschen.

Erster Widerstand gegen den Krieg

Die anfängliche Geschlossenheit in der Bevölkerung löste sich auf und es entwickelte sich vermehrt Widerstand. Eine zunehmende Friedenssehnsucht fand Widerhall. SPD-Abgeordnete wie Rosa Luxemburg und Karl Liebknecht stimmten weiteren Kriegskrediten nicht mehr zu. Die *Spartakusgruppe* erklärte ihren festen Willen für Frieden und nahm Stellung gegen die Tolerierung der Kriegspolitik durch die SPD. Sie organisierte am 1. Mai 1916 eine Antikriegsdemonstration und forderte die Menschen auf, sich nicht weiter als „Kanonenfutter" gebrauchen zu lassen. Rosa Luxemburg rief zu einem Generalstreik auf.

i

Spartakusgruppe: Vereinigung von Marxisten und Sozialisten, die eine Revolution anstrebten.

Arbeitsaufträge

1. Schildere das Leben zu Kriegszeiten in Deutschland.
2. Erkläre die Begriffe „Heimatfront" und „Kohlrübenwinter".
3. Begründe die Kriegsmüdigkeit der Menschen.

Der „Welt"-Krieg

Der Krieg auf See

Neben dem Stellungskrieg in den Schützengräben war die See ein weiterer Kriegsschauplatz. Im November 1914 erklärte Großbritannien die Nordsee zum Kriegsgebiet.

Die englische Blockade

Gleich zu Beginn des Krieges nutzte Großbritannien seine überlegenen Seestreitkräfte, um die Nordsee mit Minenfeldern und Kriegsschiffen abzuriegeln. In Folge der englischen Blockade war die deutsche Seekriegsflotte handlungsunfähig. Darüber hinaus verhinderten die Briten die Einfuhr von Kriegsgütern und zivilen Handelswaren, sodass in Deutschland keine Rohstoffe und Lebensmittel importiert werden konnten.

Die Seeblockade und das Scheitern der Blitzkriegstrategie bedeutete für das Deutsche Reich eine große Bedrohung, denn es war auf einen lang anhaltenden Krieg nicht vorbereitet. Die deutsche Führung reagierte mit einer „Gegenblockade". Die neue Wunderwaffe Unterseeboot sollte die Handelsblockade durchbrechen und den Gegner selbst von der Versorgung mit Kriegsmaterial abschneiden.

Seit Anfang 1915 griffen deutsche U-Boote jedes Schiff ohne Vorwarnung an. Diesen Angriffen fielen nicht nur Schiffe der Alliierten zum Opfer, sondern auch Schiffe neutraler Staaten sowie zivile Handels- und Passagierschiffe. Ein trauriger Höhepunkt des U-Boot-Krieges war die Versenkung des britischen Passagierschiffs „Lusitania" im Mai 1915. Hierbei verloren 1200 Passagiere, darunter 123 US-Bürger, ihr Leben. Nach scharfen Protesten der USA und deren Drohung, in den Krieg einzutreten, beschränkte Deutschland den U-Boot-Krieg auf militärische Ziele.

M1 *„Iren rächt die Lusitania". Irisches Rekrutierungsplakat, 1915.*

i

Skagerrak: Teil der Nordsee zw. der Nordküste Dänemarks, der Südküste Norwegens und der Südwestküste Schwedens.

Die Schlacht im Skagerrak

Im Mai 1916 fand die größte Seeschlacht des Ersten Weltkriegs statt, in der sich englische Seestreitkräfte und deutsche Flottenverbände gegenüberstanden. Den kräftemäßig überlegenen Engländern gelang es dabei nicht, die deutschen Verbände zu schlagen. Diese konnten sich in der Nacht zurückziehen und im Schutz der Dunkelheit ihre Heimathäfen anlaufen. Englands Verluste an Kriegsschiffen und Besatzung waren doppelt so hoch wie die des Deutschen Reichs. Deutschland konnte aber seinerseits der englischen Blockade kein Ende setzen.

Q1 *Kaiser Wilhelm II. in einer Ansprache am 5. Juni 1916:*

Der erste gewaltige Hammerschlag ist getan, der Nimbus der englischen Weltherrschaft geschwunden. Das ist der Erfolg der Schlacht in der Nordsee. Ein neues Kapitel der Weltgeschichte ist vor Euch aufgeschlagen.

Zitiert nach: Binder, G.: Geschichte im Zeitalter der Weltkriege. Bd. 1. 1870–1945. 1977. S. 186.

Q2 *Meldung der englischen Admiralität:*

Der Oberkommandierende der Großen Flotte gibt bekannt, dass am 31. Mai eine Seeschlacht zwischen der Homefleet und der deutschen Hochseeflotte stattgefunden hat. Der Gegner wurde in seine Häfen zurückgewiesen und erlitt schwere Verluste. Auch die britische Flotte hat einige Einheiten eingebüßt.

Zitiert nach: Binder, G.: Geschichte im Zeitalter der Weltkriege. Bd. 1. 1870–1945. 1977. S. 186.

Der uneingeschränkte U-Bootkrieg

Bereits Anfang 1916 begann die deutsche Admiralität den U-Boot-Krieg wieder zu verschärfen. Auch neutrale Handelsschiffe, die mit Geschützen ausgerüstet waren, bewerteten sie als Kriegsschiffe. Der deutsche Kaiser und der deutsche Kanzler lehnten diese Kriegsführung ab. Sie stoppten den verschärften U-Boot-Krieg und erklärten den USA offiziell, sich an die Regeln des Völkerrechts zu halten.

Nachdem England und Frankreich ein Friedensangebot von deutscher Seite vom Dezember 1916 ablehnten, begann ein Umdenken in der deutschen Führung. Die Schlacht im Skagerrak und der eingeschränkte U-Boot-Krieg hatten gezeigt, dass die deutsche Marine England auf See nicht wirkungsvoll begegnen konnte. Vielmehr verursachte die englische Blockade Versorgungsengpässe im Deutschen Reich und an den Fronten. Deshalb drängte die Oberste Heeresleitung auf die Wiederaufnahme des uneingeschränkten U-Boot-Krieges. Mit Billigung der deutschen Führung sollte Großbritannien auf diese Weise in die Knie gezwungen werden.

M2 *Alarm auf einem deutschen U-Boot beim Herannahen eines britischen Zerstörers. Foto, 1918.*

M3 *Ein bewaffneter alliierter Öltanker wird im Atlantik von einem deutschen U-Boot in Brand geschossen. Foto, 1917.*

Mit dem uneingeschränkt geführten U-Boot-Krieg bedrohte das Deutsche Reich auch neutrale Staaten. Trotz Warnungen der USA änderten die deutschen Seestreitkräfte ihre Kriegsführung nicht. Mit Torpedos und Minen versenkten sie im Atlantik, in der Nordsee und im Mittelmeer eine Vielzahl von Schiffen. Während des U-Boot-Krieges sanken pro Monat Schiffe in der Gesamtzahl von 600 000 *Bruttoregistertonnen (BRT)*, insgesamt 6 500 Schiffe.

Der Nachschub für Großbritannien, vor allem aus den USA, geriet immer wieder ins Stocken, konnte jedoch nicht wirklich unterbunden werden. Zudem gelang es den Briten, die Verluste an Kriegsmaterial aus eigener Kraft zu ersetzen.

i

BRT: entspricht ca. 2,8 Kubikmeter. BRT ist ein veraltetes Maß für die Gesamtgröße von Schiffen, besonders Handelsschiffen; seit 1994 wird Bruttoraumzahl (BRZ) als Volumeneinheit genutzt. Bei Kriegsschiffen wird die tatsächliche Wasserverdrängung in Tonnen angegeben.

Arbeitsaufträge

1. Beschreibe, wie sich der Krieg ausweitet.
2. Nenne Gründe für den U-Boot-Krieg.
3. Stelle die Folgen des uneingeschränkten U-Boot-Krieges dar.
4. Vergleiche die Kommentare zur Schlacht im Skagerrak. Bewerte diese.

The Innocent Bystander (75)

M1 *„Der unschuldige Zuschauer". Amerikanische Karikatur, 1915.*

Der Kriegseintritt der USA

Das Selbstverständnis der USA

Zu Beginn des Ersten Weltkrieges hatte die Regierung in den USA zu strikter Neutralität aufgerufen. Diese Haltung nahm Rücksicht auf die vielen europäischen Immigranten, die hier lebten. 1910 betrug der Anteil der ursprünglich im Ausland Geborenen 15 Prozent. Allein 8 Millionen Menschen mit deutscher Herkunft waren US-Bürger, ein erheblicher Anteil bei einer Gesamtbevölkerung von 92 Millionen. Der Appell der Politiker, amerikanisch zu denken, ging an alle Immigranten. Alte europäische Denkmuster sollten der Vergangenheit angehören.

An der Seite der Alliierten

Mit dem Einmarsch deutscher Truppen in das neutrale Belgien stellte sich eine kritische Haltung der USA gegenüber Deutschland ein. Die Versenkung des Passagierschiffs „Lusitania" bewog die USA zu scharfen Protesten und zur Androhung einer Kriegserklärung. Das Deutsche Reich reagierte mit einer Beschränkung des U-Boot-Krieges, sodass internationale Schifffahrtslinien und überseeische Wirtschaftverbindungen gesichert werden konnten.

Gegen die völkerrechtswidrige Seeblockade der Engländer gegen Deutschland gab es von amerikanischer Seite ebenfalls Proteste. Dennoch unterstützte die USA die Alliierten mit Krediten, Waffen und Rohstoffen. Die Exporte der USA in die Staaten der Entente hatten sich seit dem Kriegsbeginn mehr als verdreifacht. Von einem eigenen militärischen Eingreifen war aber lange Zeit keine Rede.

Die Wiederaufnahme des uneingeschränkten U-Boot-Krieges von deutscher Seite veranlasste die USA jedoch, ihre militärische Neutralität aufzugeben. Am 3. Februar 1917 brachen die USA ihre diplomatischen Beziehungen zum Deutschen Reich ab. Die Kriegserklärung an Deutschland erfolgte am 6. April 1917. Im Repräsentantenhaus stimmten von 423 Abgeordnete 373 für die Erklärung, im Senat waren es 82 von 88.

Q1 *Der US-Präsident am 2. April 1917 in einer Botschaft an den Senat:*

Der gegenwärtige deutsche Unterseebootkrieg gegen den Handelsverkehr ist ein Krieg gegen die Menschheit. Er ist ein Krieg gegen alle Nationen. Es sind keine Unterschiede gemacht worden, die Herausforderung hat der ganzen Menschheit gegolten. Jede Nation muss selbst darüber entscheiden, wie sie sie aufnehmen will. Unser Beweggrund soll nicht Rachsucht sein ..., sondern allein die Vertretung des Menschenrechts ...
Wir werden für Dinge kämpfen, die immer unseren Herzen am nächsten gelegen haben, für Demokratie, für das Recht derer, die einer Obrigkeit untertan sind, eine Stimme in ihrer eigenen Regierung zu haben, für die Rechte und Freiheiten der kleinen Nationen, für eine allgemeine Herrschaft des Rechts durch einen Bund freier Völker, der allen Nationen Frieden und Sicherheit bringt und schließlich die Welt selbst befreit ...

Geschichte in Quellen. Bd. 5. München 1979. S. 57 f.

M2 *US-Präsident Wilson fordert vom Kongress die Zustimmung zur Kriegserklärung gegen Deutschland.*

M3 *Kriegsanleiheplakat von 1917.*

M4 *Prominente, wie der Schauspieler Douglas Fairbanks, werben für den Kauf von Kriegsanleihen. New York im April 1918.*

Der Krieg wird zum Weltkrieg

Die USA bauten auf dem amerikanischen Kontinent ihre Vorherrschaft aus. Als Großmacht stärkten sie ihre Rolle in der Welt und sicherten sich einen entsprechenden Einfluss auf die meisten mittel- und südamerikanischen Staaten. Sie zogen an der Seite der USA in den Krieg. Der europäische Krieg hatte sich zu einem Weltkrieg ausgeweitet.

Das Kräfteverhältnis ändert sich

Erfolgreich mobilisierten die USA die Wirtschaft. Der Staat übernahm sogar die Lenkung der Wirtschaft, was vor dem Krieg kaum denkbar schien. Militärisch stand die Sicherung der Versorgungswege nach Europa im Vordergrund.

In den Krieg zogen zunächst Freiwillige, im Mai wurde in den USA die allgemeine Wehrpflicht eingeführt. Trotz der deutschen U-Boot-Blockade kamen zwei Millionen Soldaten und riesige Mengen Waffen, Munition, Geräte und Lebensmittel nach Europa. Zur Unterstützung der Alliierten gaben die USA 33,5 Milliarden Dollar aus, davon 10,3 Milliarden als Anleihen für die Verbündeten.

Das alles bedeutete für den Kriegsverlauf die entscheidende Wende. Der Eintritt der USA in den Krieg brachte einen gewaltigen Kräftezuwachs für die Alliierten, den die Mittelmächte nicht ausgleichen konnten.

Q2 *Generalfeldmarschall von Hindenburg über die Motive der USA, in den Krieg einzutreten:*

Die amerikanischen Regierenden und Finanzkreise haben sich auf ein faules Geschäft eingelassen. Wollen sie das investierte Kapital nicht opfern, so bleibt ihnen nichts übrig, als dem schwankenden Unternehmen mit ihrem gesamten Vermögen beizuspringen.

Zitiert nach: Geschichte kennen und verstehen 9, Donauwörth 1983, S. 279.

Arbeitsaufträge

1. Nenne Gründe für die Neutralität der USA zu Beginn des Krieges.
2. Interpretiere die Karikatur in M1.
3. a) Beschreibe, wie sich die Haltung der USA während des Krieges veränderte.
   b) Stelle anhand von Q1 die Gründe dar, die die USA zum Handeln bewegten.
4. Begründe, warum nach dem 6. April 1917 von einem Weltkrieg gesprochen werden kann.
5. Erkläre, warum der Kriegseintritt der USA eine Wende für den Ersten Weltkrieg bedeutete.
6. Erläutere, warum Generalfeldmarschall von Hindenburg in Q2 von „faule(m) Geschäft“ und „investierte(m) Kapital“ sprach.

Zwischen Krieg und Frieden

(M1) *Kundgebung während eines Streiks in Berlin. Januar 1918.*

Kriegsmüdigkeit und Friedenssehnsucht

Trotz des Kriegseintritts der USA war Europa durch eine allgemeine Kriegsmüdigkeit geprägt. Der festgefahrene Krieg zog sich in die Länge und die ursprünglichen Ziele waren nicht mehr erreichbar. An der Front und in der Heimat sehnten sich die Menschen nach Frieden. Französische Soldaten meuterten hinter der Front und in Russland demonstrierten Arbeiter gegen die schlechte Versorgungslage. Auch in Deutschland vereinigten sich Munitionsarbeiter zu großen Streiks.

Sieg- oder Verständigungsfrieden

In Deutschland drängten Teile der politischen Elite auf ein Ende des Krieges. Eine Mehrheit im Deutschen Reichstag forderte Verhandlungen mit den Alliierten über einen Frieden. Diese Reichstagsabgeordneten strebten ein Kriegsende ohne Eroberungen an. Ihr Ziel war es, das Blutvergießen zu beenden, keinen „Gewaltfrieden" zuzulassen, sondern einen „Verständigungsfrieden" zu erreichen. Der Reichstagsbeschluss blieb jedoch erfolglos, da die politische und militärische Führung einen Verständigungsfrieden ablehnte. Vielmehr sollte weiterhin ein „Siegfrieden" angestrebt werden. Dieser erschien nicht nur als ehrenvoller, sondern sollte in Friedensverhandlungen eine bessere Ausgangssituation gewährleisten.

(Q1) *Aus der Friedensresolution des Reichstages vom 19. Juli 1917:*

... Zur Verteidigung seiner Freiheit und Selbstständigkeit, für die Unversehrtheit seines territorialen Besitzstandes hat Deutschland die Waffen ergriffen. Der Reichstag erstrebt einen Frieden der Verständigung und der dauerhaften Versöhnung der Völker.
Mit einem solchen Frieden sind erzwungene Gebietserwerbungen und politische, wirtschaftliche oder finanzielle Vergewaltigungen unvereinbar. ...
Der Reichstag wird die Schaffung internationaler Rechtsorgane tatkräftig fördern. Solange jedoch die feindlichen Regierungen auf einen solchen Frieden nicht eingehen, solange sie Deutschland und seine Verbündeten mit Eroberung und Vergewaltigung bedrohen, wird das deutsche Volk wie ein Mann zusammenstehen, unerschütterlich ausharren und kämpfen, bis sein und seiner Verbündeten Recht auf Leben und Entwicklung gesichert ist. ...

Geschichte in Quellen. Bd. 5. 1975. S. 93 f.

Umbruch in Russland

Für Russland häuften sich die militärischen Misserfolge. Als 1917 mit der Oktoberrevolution der russische Zar gestürzt wurde, übernahm unter dem Revolutionsführer Wladimir Iljitsch Lenin eine kommunistische Regierung die Macht. Friedensbemühungen mit den Mittelmächten gehörten zu ihren ersten Amtshandlungen. Die militärische und politische Situation in Russland ermöglichte es Deutschland, aus einer vorteilhaften Position über einen Frieden zu verhandeln.

Der Frieden von Brest-Litowsk

In seinen Bemühungen um Frieden forderte Lenin auch die Alliierten auf, mit den Mittelmächten in Verhandlung zu treten. Die Alliierten lehnten den Abschluss des von Lenin vorgeschlagenen Friedensvertrages jedoch ab, weil dieser keine Eroberungen einschloss. Im Dezember 1917 verhandelte Sowjetrussland daher allein mit den Mittelmächten. Beide Seiten unterschrieben am 15. Dezember 1917 einen Waffenstillstand.

Um Russland Frieden zu bringen, war Lenin bereit, auch härteste Bedingungen zu akzeptieren. So beinhaltete der Friedensvertrag vom 3. März 1918 einen Verzicht auf Finnland, Estland, Lettland, Litauen, Polen und die Ukraine. Er bedeutete ebenfalls den Verlust von 90 % der Kohlegruben, 54 % der Industrie, 33 % der Eisenbahnen, 32 % der Ackerflächen und 34 % der Bevölkerung.

M2 *Der Frieden von Brest-Litowsk.*

M3 *„Ein deutscher Friede". Englische Karikatur, Juni 1918.*

Gestärkt durch einen Siegfrieden im Osten wollte die deutsche Führung den Krieg auch im Westen siegreich beenden. So hoffte Deutschland auf frei werdende Truppen für die Westfront sowie auf Getreide und Rohstofflieferungen der geschlagenen Russen. Eine Million deutsche und verbündete Soldaten blieben als „Sicherungstruppen" im Osten. Damit brachte das Ausscheiden Russlands nicht die gewünschte militärische Entlastung für die Mittelmächte. Im Westen ging der Krieg weiter.

Arbeitsaufträge

1. a) Benenne die verschiedenen Positionen, die in Deutschland zu einem Frieden existierten.
   b) Diskutiert diese unterschiedlichen Haltungen zum Frieden.
2. Erkläre, warum Russland den Friedensvertrag von Brest-Litowsk unterzeichnete.
3. Interpretiere die Karikatur in M3.

Das Ende des Krieges

Eine Chance für Frieden

Trotz der allgemeinen Kriegsmüdigkeit hatten die Alliierten 1917 die Friedensbemühungen von deutscher Seite abgelehnt. Auch die russischen Anstrengungen für einen umfassenden Frieden in Europa waren erfolglos. Dennoch zeigte der Waffenstillstand von Brest-Litowsk im Dezember 1917 den anderen Ländern, dass ein Frieden möglich war.

Im Januar 1918 legten die USA ihrerseits ein Programm vor, das die Vorbedingungen für einen Frieden aus amerikanischer Sicht darstellte und für alle beteiligten Staaten gelten sollte. Das 14-Punkte-Programm des US-Präsidenten Woodrow Wilson war für die deutsche Regierung und die Oberste Heeresleitung jedoch nicht verhandelbar. Es wäre kein „ehrenvoller" Frieden gewesen. Deshalb wurde der Krieg weitergeführt.

M1 *Woodrow Wilson (1856–1924).*

Q1 *Der amerikanische Präsident Woodrow Wilson (1856–1924) hatte am 8. Januar 1918 das Programm für einen kommenden Frieden verkündet:*

1. Öffentliche Friedensverträge, Geheimdiplomatie abschaffen;
2. Freiheit der Schifffahrt auf der See;
3. Aufhebung sämtlicher wirtschaftlicher Schranken;
4. Garantierte Rüstungsbegrenzung;
5. Unparteiische Regelung aller Kolonialfragen;
6. Räumung Russlands von fremden Truppen;
7. Wiederherstellung Belgiens;
8. Räumung Frankreichs und Wiederherstellung der zerstörten Teile; Rückgabe von Elsass-Lothringen;
9. Nationalitätenprinzip bei der Berichtigung der Grenzen Italiens;
10. Autonome Entwicklung der Völker Österreich-Ungarns;
11. Wiederherstellung Rumäniens, Serbiens und Montenegros
12. Autonomie der Völker des Osmanischen Reiches, freie Fahrt durch Bosporus und Dardanellen;
13. Errichtung eines unabhängigen polnischen Staates;
14. Errichtung eines Völkerbundes als Garantie für die Unverletzlichkeit aller Staaten.

Dokumente der Deutschen Politik und Geschichte von 1848 bis zur Gegenwart. Hrsg. v. V. J. Hohfeld. Bd. 2. Das Zeitalter Wilhelms II. 1890–1918. S. 393 ff. (stark gekürzt).

Zusammenbruch der Mittelmächte

Vom Erfolg des deutschen „Siegfriedens" über Russland beflügelt, sollte auch im Westen die Entscheidung erzwungen werden. Im März 1918 begann die deutsche Offensive zunächst erfolgreich. Der Einsatz von 6 000 Geschützen führte zum stärksten Trommelfeuer des gesamten Krieges. Anfang April bestimmte jedoch der Stellungskrieg wieder das Geschehen. Hunderttausende hatten in dieser Frühjahrsoffensive ihr Leben gelassen, obgleich der Krieg nicht mehr zu gewinnen war.

In Frankreich scheiterte im Sommer 1918 die letzte deutsche Offensive. Im September 1918 brach die Südostflanke der Mittelmächte mit Bulgarien und Österreich-Ungarn zusammen.

Der Weg zu einem Friedensvertrag

Das unumkehrbare Kriegsgeschehen zwang die deutsche Oberste Heeresleitung zum Handeln. Am 29. September 1918 trafen sich Heeresleitung und Regierung zu einer Besprechung. Hier drängte General Ludendorff zur Aufnahme von Waffenstillstandsverhandlungen, da das deutsche Heer bei einer Fortführung der Kämpfe völlig zusammenbrechen würde.

Für die Regierungsmitglieder, die bis dahin nur Erfolgsmeldungen gewohnt waren, war dies eine böse Überraschung. Bisher hatte die Heeresleitung alle Fehlschläge verschleiert. So war kaum jemand auf die drohende Niederlage vorbereitet – weder in der Regierung noch in der Bevölkerung.

Q2 *Telegramm Hindenburgs an den Reichskanzler Prinz Max von Baden vom 3. Oktober 1918:*

> Die Oberste Heeresleitung bleibt auf ihrer am Sonntag, dem 29. September d.J. gestellten Forderung der sofortigen Herausgabe des Friedensangebotes an unsere Feinde bestehen. ...
> Noch steht das deutsche Heer festgefügt und wehrt siegreich alle Angriffe ab. Die Lage verschärft sich aber täglich und kann die Oberste Heeresleitung zu schwerwiegenden Entschlüssen zwingen. Unter diesen Umständen ist es geboten, den Kampf abzubrechen, um dem deutschen Volke und seinen Verbündeten nutzlose Opfer zu ersparen. Jeder versäumte Tag kostet Tausenden von tapferen Soldaten das Leben.
>
> gez. von Hindenburg, Generalfeldmarschall
>
> Huber, E. R.: Dokumente zur deutschen Verfassungsgeschichte 3. S. 281.

M2 *Ein französischer Soldat sammelt Gewehre von Schlachtfeld ein. Deckblatt einer britischen Zeitschrift vom 23. November 1918.*

Am 4. Oktober 1918 erklärte die Reichsregierung, sie sei bereit, auf der Grundlage von Wilsons 14 Punkten über den Frieden zu verhandeln. Sieben Tage später unterschrieben die deutschen Unterhändler die Bedingungen für einen Waffenstillstand. Diese waren die sofortige Räumung Frankreichs, Belgiens und Luxemburgs, die Räumung und Übergabe Elsass-Lothringens innerhalb von 15 Tagen und die Aufhebung des Friedensvertrages mit Russland.

Von den Verhandlungen um den späteren Friedensvertrag war das Deutsche Reich ausgeschlossen, weil es Verlierer des Krieges war. Die Alliierten sahen für die deutsche Seite keinen Verhandlungsspielraum.

Aus Furcht vor einem Einmarsch alliierter Truppen unterzeichnete Deutschland am 28. Juni 1919 den Friedensvertrag.

Arbeitsaufträge

1. Ordne Wilsons Friedensprogramm tabellarisch nach politischen, wirtschaftlichen und militärischen Kriterien.
2. Interpretiere das Telegramm Hindenburgs in Q2.
3. a) Begründe, warum alle Krieg führenden Länder aus ihrer Sicht von einem „gerechten Verteidigungskrieg" sprachen.
   b) Nimm Stellung zu einer Einteilung von Kriegen in gerechte und ungerechte Kriege.

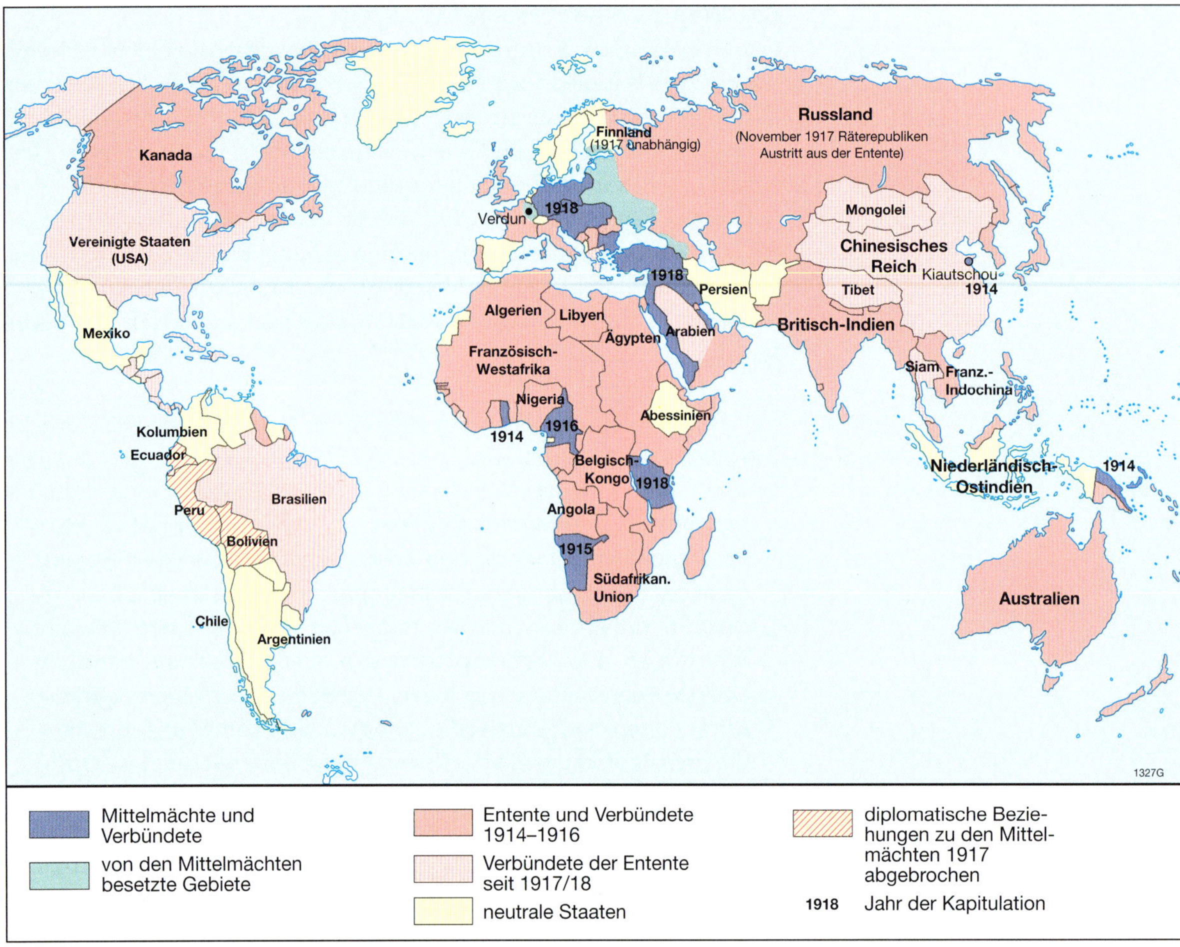

M1 *Die Welt im Ersten Weltkrieg.*

Die Folgen des Krieges

Die Lasten

Der Erste Weltkrieg war der bis dahin verheerendste Krieg. Während des Krieges kämpften fast 70 Millionen Soldaten. An den Fronten oder in den Lazaretten starben 8 500 000 Menschen, darunter 1 800 000 Deutsche, 1 700 000 Russen und 1 400 000 Franzosen. Mehr als eine Million Menschen kamen auf der Flucht oder vor Entkräftung um. Allein in Deutschland und Österreich-Ungarn verhungerten eine Million Menschen während des Krieges und in der Nachkriegszeit. 30 Millionen kehrten als Verwundete oder *Invaliden* in die Heimat zurück. Auf sie wartete eine ungewisse Zukunft im zivilen Leben.

Große Verwüstungen gab es auf den Kriegsschauplätzen in Frankreich, Russland, Belgien und auf dem Balkan. Besonders in Frankreich waren große Gebiete jahrelang umkämpft gewesen. Viele Industrieanlagen waren vernichtet und landwirtschaftliche Nutzflächen zerstört.

Etwa eine Billion *Goldmark* (200 Milliarden Dollar) kostete der Krieg. Da die Wirtschaftskraft der Länder nicht ausreichte, die Kosten des Krieges zu tragen, waren wirtschaftliche Probleme als Spätfolgen der Kriegspolitik vorprogrammiert.

i

Invalide: Menschen mit dauernder Beeinträchtigung der körperlichen und geistigen Leistungsfähigkeit

Goldmark: durch Gold gedeckte Währung des Deutschen Kaiserreiches von 1871–1918. Die Kaufkraft der Goldmark betrug vor dem Krieg umgerechnet etwa 8 €.

Das Erbe

Das Ende des Krieges war auch das Ende einer Epoche. Drei mächtige Monarchien verschwanden von der Bühne der Weltpolitik. Russland versank im Bürgerkrieg, nachdem der Zar gestürzt worden war. Der Vielvölkerstaat Österreich-Ungarn löste sich in Einzelstaaten auf. In Deutschland dankte der Kaiser ab und die Sozialdemokraten riefen die Republik aus. England verlor seine Position als größte Handelsmacht.

Alle Staaten mussten schwierige politische und wirtschaftliche Maßnahmen für eine stabilisierende Nachkriegsentwicklung einleiten. Die Menschen brauchten Zuversicht, um die Erlebnisse des Krieges zu verarbeiten. Für Millionen hing ein Weiterleben davon ab, ob sie am nächsten Tag genug zu essen hatten. Millionen Kriegsopfer benötigten medizinische Versorgung. Dem Neubeginn standen aber die schweren Lasten des Krieges gegenüber. Allein der Wiederaufbau in den besonders umkämpften Gebieten Frankreichs und Belgiens kostete ca. 100 Milliarden Francs.

Die Friedensverhandlungen von 1919 mussten klären, wie der politische, wirtschaftliche und soziale Neubeginn gelingen sollte. Die beteiligten Staaten mussten ebenso eine Antwort auf die Frage finden, wie in den nächsten Jahren eine dauerhafte Friedensordnung aussehen könnte.

M2 *Frauen durchsuchen Müllhaufen nach Essbarem; Deutschland 1920.*

M3 *Das zerstörte Ypern (Belgien) im Herbst 1918, links die Trümmer der Kathedrale St. Martin, rechts die Ruine der Tuchhallen.*

Arbeitsaufträge

1. Nenne die Staaten, die am Ersten Weltkrieg beteiligt waren. Berücksichtige auch die kolonialen Kriegsschauplätze.
2. Stelle dar, warum dieser Krieg ein Weltkrieg war.
3. Beschreibe, welche Aufgaben von den Regierungen und der Bevölkerung nach dem Krieg bewältigt werden mussten.
4. Entwickle ein mögliches Gespräch zwischen den Personen auf dem Foto in M2 oder M3.

PROJEKT

Krieg einer neuen Dimension

Q1 *1887 urteilte Friedrich Engels:*

Und endlich ist kein andrer Krieg für Preußen-Deutschland mehr möglich als ein Weltkrieg, und zwar ein Weltkrieg von einer bisher nie geahnten Ausdehnung und Heftigkeit. Acht bis zehn Millionen Soldaten werden sich untereinander abwürgen und dabei ganz Europa so kahlfressen, wie noch nie ein Heuschreckenschwarm. … Hungersnot, Seuchen, allgemeine, durch akute Not hervorgerufene Verwilderung der Heere wie der Volksmassen; rettungslose Verwirrung unsres künstlichen Getriebes in Handel, Industrie und Kredit, endend im allgemeinen Bankrott; Zusammenbruch der alten Staaten und ihrer traditionellen Staatsweisheit, derart, dass die Kronen zu Dutzenden über das Straßenpflaster rollen und niemand sich findet, der sie aufhebt; absolute Unmöglichkeit, vorherzusehen, wie das alles enden und wer als Sieger aus dem Kampf hervorgehen wird …

Marx, Karl; Engels, Friedrich: Werke Bd. 21, Berlin (O) 1975. S. 350–351.

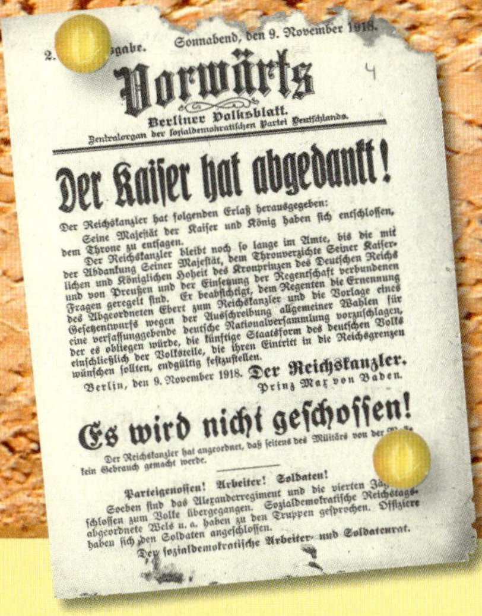

2. …gabe. Sonnabend, den 9. November 1918.

Vorwärts

Berliner Volksblatt.
Zentralorgan der sozialdemokratischen Partei Deutschlands.

Der Kaiser hat abgedankt!

Der Reichskanzler hat folgenden Erlaß herausgegeben:

Seine Majestät der Kaiser und König haben sich entschlossen, dem Throne zu entsagen.

Der Reichskanzler bleibt noch so lange im Amte, bis die mit der Abdankung Seiner Majestät, dem Thronverzichte Seiner Kaiserlichen und Königlichen Hoheit des Kronprinzen des Deutschen Reichs und von Preußen und der Einsetzung der Regentschaft verbundenen Fragen geregelt sind. Er beabsichtigt, dem Regenten die Ernennung des Abgeordneten Ebert zum Reichskanzler und die Vorlage eines Gesetzentwurfs wegen der Ausschreibung allgemeiner Wahlen für eine verfassunggebende deutsche Nationalversammlung vorzuschlagen, der es obliegen würde, die künftige Staatsform des deutschen Volks einschließlich der Volksteile, die ihren Eintritt in die Reichsgrenzen wünschen sollten, endgültig festzustellen.

Berlin, den 9. November 1918. Der Reichskanzler.
Prinz Max von Baden.

Es wird nicht geschossen!

Der Reichskanzler hat angeordnet, daß seitens des Militärs von der [illegible] kein Gebrauch gemacht werde.

Parteigenossen! Arbeiter! Soldaten!

Soeben sind das Alexanderregiment und die vierten Jäg[illegible] schlossen zum Volke übergegangen. Sozialdemokratische Reichstagsabgeordnete Wels u. a. haben zu den Truppen gesprochen. Offiziere haben sich den Soldaten angeschlossen.

Der sozialdemokratische Arbeiter- und Soldatenrat.

Arbeitsaufträge

1. Untersucht, warum der Erste Weltkrieg als moderner bzw. erster industrialisierter Krieg in die Geschichte einging.
   a) Erarbeitet die Merkmale früherer Kriege und das damalige Bild vom Soldaten.
   b) Stellt den Charakter des Ersten Weltkrieges dar. Impulse für spezielle Themenbereiche könnt ihr der Pinnwand entnehmen.
   c) Präsentiert eure Ergebnisse in einem Galeriespaziergang.
2. Bereits im 19. Jahrhundert haben Philosophen und selbst führende Militärs einen Wandel in der Kriegsführung vorausgesagt.
   a) Interpretiert Q1.
   b) Vergleicht die Vorahnungen von Engels mit der Realität des Ersten Weltkrieges.
3. Der US-amerikansiche Diplomat George F. Kennan bezeichnete den Ersten Weltkrieg als die „Urkatastrophe des 20. Jahrhunderts".
   a) Informiert euch über die These von Kennan.
   b) Ladet einen Experten zu einer Diskussion ein.

METHODE

Textquellen vergleichen

Schriftliche Quellen geben uns einen Blick auf geschichtliche Ereignisse, Sachverhalte oder historische Personen. Häufig ist dieser Blick jedoch von persönlichen Meinungen des Verfassers, Wertevorstellungen einer früheren Zeit oder Besonderheiten der Textsorte beeinflusst. Die genaue Analyse und Interpretation schriftlicher Quellen ist daher wichtige Voraussetzung für den Gewinn fundierter Erkenntnisse.

Durch den Vergleich von Quellen zum gleichen Sachverhalt können wir verschiedene Perspektiven und Standpunkte herausarbeiten. Quellen von verschiedenen Verfassern zeigen, dass historische Ereignisse, Sachverhalte oder Personen unterschiedlich bewertet werden können. Aber auch Quellen mit abweichenden Entstehungszeiten machen deutlich, dass sich der Blick auf die Geschichte wandeln kann.

Schritte für die Arbeit mit Textquellen

Analyse

1. Wer ist der Autor? Wer sind die Verfasser?
2. Wann entstand der Text? Wie ist der Blickwinkel des Textes?
3. Wie war das gesellschaftliche Umfeld zur Entstehungszeit?
4. Wer war der Adressat des Textes?
5. Welchen Aussagewert hat der Text?

Interpretation

1. Welche Quellengattung liegt vor? (Dokument, Brief, Sachtext u. a.)
2. Welche Inhalte werden erfasst? (Wer?, Wann?, Was? u. a.)
3. Wie ist die Quelle aufgebaut? Wie ist ihre Sprache?
4. Was wird wie ausgesagt? (Begriffe, Argumentation u. a.)
5. Welche Absicht verfolgte die Quelle/der Autor? (Information, Einschätzung, Beeinflussung u. a.)

Vergleich

1. Welche Gemeinsamkeiten und Unterschiede weisen die Quellen auf?
   Vergleichskriterien:
   - Arten der Quellen
   - Verfasser
   - Zeiten der Entstehung (zeitliche Reihenfolge)
   - Vollständig- oder Unvollständigkeit der Quellen
   - Echtheit, Verfälschung, Fälschung
   - Themen
   - Fakten
   - Sichtweisen, Prinzipien und Wertvorstellungen
   - Argumente
   - Wertungen oder wertfreies Herangehen
   - u. a.
2. Wie sind Quellen aus heutiger Sicht einzuschätzen?

Quellensammlung zur Kriegsschuldfrage

Q1 *Aus dem Artikel 231 des Versailler Vertrages:*

Die verbündeten ... Regierungen erklären und Deutschland erkennt an, dass Deutschland und seine Verbündeten als Urheber aller Verluste und aller Schäden verantwortlich sind, welche die verbündeten ... Regierungen und ihre Staatsangehörigen infolge des von ihnen durch den Angriff Deutschlands und seiner Verbündeten aufgezwungenen Krieges erlitten haben.

Die Friedensbedingungen der Alliierten. S. 109 f.

Q2 *Aus einer gemeinsamen Erklärung deutscher und französischer Historiker vom Oktober 1951:*

Die Dokumente erlauben es nicht, ... irgendeiner Regierung ... den bewussten Willen zu einem europäischen Kriege zuzuschreiben ... Die deutsche Politik zielte 1914 nicht auf die Entfesselung eines ... Krieges; sie war in erster Linie bedingt durch die Bündnisverpflichtung gegenüber Österreich-Ungarn. ... gleichwohl war sie bereit, nötigenfalls die Gefahr eines ... Krieges auf sich zu nehmen. Infolgedessen hat sie es versäumt, rechtzeitig mäßigend auf die Politik Österreichs einzuwirken.

GWU. 3. Jahrg./1952. S. 294.

Q3 *Der Historiker Fritz Fischer (BRD) 1961:*

Bei der angespannten Weltlage des Jahres 1914, nicht zuletzt als Folge der deutschen Weltpolitik, musste jeder begrenzte (lokale) Krieg in Europa, an dem eine Großmacht beteiligt war, die Gefahr eines allgemeinen Krieges unvermeidbar nahe heranrücken. Da Deutschland den österreichisch-serbischen Krieg gewollt, gewünscht und gedeckt hat, und ... es im Jahre 1914 bewusst auf einen Konflikt mit Russland und Frankreich ankommen ließ, trägt die deutsche Reichsführung einen erheblichen Teil der historischen Verantwortung für den Ausbruch des allgemeinen Krieges ...

Fischer, F.: Griff nach der Weltmacht. 1961. S. 97.

Q4 *Fritz Klein (DDR), 1967:*

In knapp zwei Jahrzehnten des Imperialismus war ein Weltkrieg zweier Gruppen ... verbündeter imperialistischer Mächte herangereift, die sich um Deutschland und England als ... Hauptgegner gruppierten. Der deutsche Imperialismus, der im ersten Jahrzehnt dieses Jh.s seine größte Machtentfaltung erlebte, d. h. in einer Zeit, in der die Welt schon weitgehend verteilt war, hatte eben deshalb das größte Interesse an einer Neuaufteilung der Welt.

Deutsche Geschichte. Bd. 2. S. 767.

Q5 *Der Historiker Immanuel Geiss (BRD) 1975:*

Nach einer Kette von diplomatischen Krisen, die an den Rand des Krieges führten, entstand Ende 1912 in Berlin der Entschluss, die wachsenden inneren und äußeren Schwierigkeiten bei nächster Gelegenheit durch die Flucht nach vorn zu überspielen. Im Sommer 1914 nahm die deutsche Reichsleitung das Attentat von Sarajewo zum Anlass, über Österreich-Ungarn die große Auseinandersetzung herbeizuführen.

Historische Dokumentation des Historischen Museums Frankfurt. 1975.

Q6 *Zur Forschung über den Ersten Weltkrieg (2003):*

..., dass das Deutsche Reich ganz bewusst das Risiko einer Eskalation eingegangen ist und ihm ein großer Teil der Schuld am Kriegsausbruch zukommt. Neuere Forschungen haben allerdings darauf hingewiesen, dass die Verantwortung Österreich-Ungarns nicht minder schwer wiegt.

Neitzel, S.: Blut und Eisen. Deutschland im Ersten Weltkrieg. 2003. S. 10.

Arbeitsaufträge

1. Analysiere die Quellen 1–6.
2. Liste auf, wer als Schuldige genannt und welche Begründungen dafür gegeben werden.
3. Vergleiche alle Quellen hinsichtlich der Beurteilung der Kriegsschuld.

Der Umgang mit den Kriegsopfern

Ein Völkerrecht auf Würde

i

Sardinischer Krieg: auch Zweiter Italienischer Unabhängigkeitskrieg genannt, in dem Italiener und Franzosen gegen die europäische Großmacht Österreich kämpften.
Konvention: Übereinkunft.

Nach einer Schlacht im *Sardinischen Krieg* in Norditalien im Jahr 1859 musste der Schweizer Henri Dunant beobachten, wie 40 000 verwundete Italiener, Österreicher und Franzosen unversorgt blieben. Sie wurden kaum medizinisch betreut, da es keine organisierte Krankenpflege gab.

Q1 *Aus „Eine Erinnerung an Solferino" von Henri Dunant:*

... Immer fühlbarer wird der Mangel an Hilfskräften, an Krankenwärtern und Dienstpersonal, denn die Transporte ... bringen von Viertelstunde zu Viertelstunde neue Züge von Verwundeten. ... Auf den steinernen Fliesen der Spitäler und Kirchen ... liegen Seite an Seite Kranke aller Nationen ... Man legt sie einstweilen dort nieder, wo Platz ist ...
Das Personal der Feldlazarette reicht niemals aus; selbst wenn es doppelt oder dreimal so stark wäre, könnte dies doch nicht genügen ... Daher ist es unvermeidlich, dass man auf die Hilfe der Bevölkerung zurückgreifen muss ... Daher muss man einen Aufruf erlassen, eine Bittschrift an Männer aller Länder und aller Stände, an die Mächtigen dieser Welt wie an die einfachen Handwerker, denn alle können auf die eine oder andere Weise ... etwas zu diesem guten Werke beitragen. ...
Wäre es nicht wünschenswert, dass die hohen Generale verschiedener Nationen, wenn sie gelegentlich ... zusammentreffen, ... irgendeine internationale rechtsverbindliche und allgemein hochgehaltene Übereinkunft ... treffen, die ... als Grundlage dienen könnte zur Gründung von Hilfsgesellschaften für Verwundete in den verschiedenen Ländern Europas?

Geschichte in Quelle. Bd. 5. 1975. S. 289.

M1 *Plakat des Deutschen Roten Kreuzes im Ersten Weltkrieg.*

Die Genfer Konvention

Dunants Idee von neutralen Hilfsgesellschaften, die im Fall eines Krieges unter internationalem Schutz zum Einsatz kommen sollten, wurde unerwartet schnell von europäischen Regierungen unterstützt. Bereits 1864 unterzeichneten zwölf europäische Staaten erstmals die Genfer *Konvention.* Sie schrieb Regeln „zur Verbesserung des Loses der verwundeten Soldaten der Armeen im Felde" fest. Diese Konvention legte zudem das rote Kreuz auf weißem Grund als Zeichen für die von Dunant gegründete Organisation fest. Das Rote Kreuz und die Genfer Konvention entwickelten sich zu einem festen Bestandteil des internationalen humanitären Völkerrechts.

Ziel der Konvention war auch ein veränderter Umgang mit den Kriegstoten. Bis dahin erfolgte die Beisetzung von Gefallenen in anonymen Massengräbern. Nun gab es verbindliche Grundlagen für Soldatengräber. Tote wurden nicht nur eingesammelt, um der Seuchengefahr zu begegnen, sondern um in Kriegsgräberstätten beigesetzt zu werden.

Kriegsgräberstätten – Orte der Erinnerung

Auch während des Ersten Weltkrieges entstanden Grabstätten für jene, die Verwundungen nicht überlebten. Vor allem in der Nähe von Schlachtfeldern und Lazaretten erhielten Gefallene eine letzte Ruhestätte.

In europäischen Städten und Gemeinden existieren auf den Friedhöfen oft gesonderte Bereiche für die Kriegstoten. So entstand zum Beispiel 1917 im österreichischen Mauthausen ein Friedhof für 10 845 Soldaten verschiedener Nationen. 1922 wurde dort ein zentrales Denkmal eingeweiht und später zur Gedenkstätte erweitert. Lange Zeit wurden solche Orte auch zur Heldenverehrung missbraucht.

M2 *Soldatenfriedhof in Stryj (Ukraine). Foto, 1915.*

M3 *Kriegsgräberstätte für die Gefallenen der Schlacht von Verdun. Foto, 1998.*

In späteren Jahrzehnten, besonders nach dem Zweiten Weltkrieg, erfolgte ein Sprachwandel vom Soldatenfriedhof zur Kriegsgräberstätte. Dieser Begriff erfasst neben den Soldaten auch die vielen zivilen Opfer, die zum Beispiel durch Bombenangriffe oder Zwangsarbeit ihr Leben verloren.

Heute existieren in Deutschland über 100 000 Kriegsgräberstätten, Denkmale und Gedenkstätten in unterschiedlichen Formen. Sie dienen dem Gedenken und mahnen als Orte der Erinnerung vor Krieg und Gewalt. Sie sind notwendige „Denkstätten" für den Frieden.

Arbeitsaufträge

1. Schildere, welche Entwicklung der Schweizer Henri Dunant im 19. Jahrhundert auslöste.
2. Informiere dich über die rechtlichen Grundlagen zum Umgang mit Kriegstoten.
3. Von 1864 bis 2005 wurden vier Genfer Konventionen und drei Zusatzprotokolle unterzeichnet. Stelle eines dieser Abkommen vor.
4. Erläutere den unterschiedlichen Gebrauch der Begriffe „Soldatenfriedhof" und „Kriegsgräberstätte".
5. Erörtere die These, dass Kriegsgräberstätten notwendige „Denkstätten" für den Frieden seien.

PROJEKT

Erinnern und gedenken

M1 *Logo des „Volksbundes Deutsche Kriegsgräberfürsorge e. V.“*

Der Volksbund Deutsche Kriegsgräberfürsorge e.V.

1919 gründeten deutsche Soldaten den Volksbund als Bürgerinitiative, die sich um die Gräber der Gefallenen kümmern wollte. Der Verein unterstützte die Bestattung von Gefallenen und die Pflege von Gräbern.

Nach 1945 entwickelte sich der Volksbund zu einer humanitären Organisation. Im Auftrag der Bundesregierung kümmert sich der Volksbund um den Erhalt und die Pflege deutscher Kriegsgräber im Ausland. Heute betreut er 3 018 Kriegsgräberstätten in 56 Ländern und pflegt rund 400 Stätten des Ersten Weltkrieges. Zudem hilft der Verein Angehörigen bei der Suche nach Gräbern und bei der Klärung von Kriegsschicksalen.

Darüber hinaus fördert er die internationale Zusammenarbeit in der Kriegsgräberfürsorge. Ein besonders wichtiges Anliegen ist dem Verein die Arbeit mit jungen Menschen. So organisiert er Begegnungen mit Jugendlichen verschiedener Nationen an den Ruhestätten. Der Volksbund bietet Bildungsreisen an und betreibt in mehreren Ländern Jugendbegegnungsstätten. Gleichsam unterstützt er die Friedenserziehung in den Schulen.

Q1 *Aus der Präambel der Satzung:*

Im Gedenken an die Millionen Toten der Kriege und der Gewaltherrschaft, in dem Bestreben, das Leid der Hinterbliebenen zu lindern, und in der Erkenntnis, dass das Vermächtnis dieser Toten alle Völker zu Verständigung und Frieden mahnt, sorgt der Volksbund Deutsche Kriegsgräberfürsorge für die Gräber der Toten. Er will mit seiner Arbeit zur Verständigung unter den Völkern und zur Erhaltung des Friedens beitragen.

Grundlage der Arbeit des Volksbundes ist die Achtung der unantastbaren Würde des Menschen. Die Würde des Menschen reicht über den Tod hinaus. Daraus erwächst die Verpflichtung, Kriegsgräberstätten zu schaffen und als ständige Mahnung zum Frieden dauerhaft zu erhalten.

Kriegsgräberarbeit bedeutet zugleich, sich um die Aussöhnung und Verständigung der Völker zu bemühen und dabei insbesondere die Begegnung und die gemeinsame Arbeit junger Menschen aller Völker an den Kriegsgräberstätten zu fördern.

Die Arbeit des Volksbundes steht unter dem Leitwort: Versöhnung über den Gräbern – Arbeit für den Frieden.

www.volksbund.de/downloads/Satzung_VDK.pdf

- Zentrale Gedenkstätte für die Opfer von Krieg und Gewaltherrschaft in Berlin
- Neuer Friedhof in Potsdam
- Südfriedhof in Cottbus
- Westfriedhof in Magdeburg
- Gertraudenfriedhof in Halle

M2 *Kriegsgräberstätten (Auswahl).*

Arbeitsaufträge

1. Stelle die Arbeit des Vereins Volksbund Deutsche Kriegsgräberfürsorge e.V. vor. Nutze die Homepage des Vereins.
2. a) Findet heraus, ob in euren Heimatorten oder im Umkreis Kriegsgräberstätten existieren.
   b) Stellt eine Kriegsgräberstätte anschaulich vor.
   c) Überprüft den Charakter der Gräberstätte und diskutiert die Möglichkeiten des Ortes zur Mahnung und zum Gedenken.

Deutsche Flottenpolitik

28.06.1914: Attentat von Sarajewo

1914–1918: Erster Weltkrieg

April 1917: Kriegseintritt der USA

November 1917: Revolution in Russland

Juni 1919: Friedensvertrag von Versailles

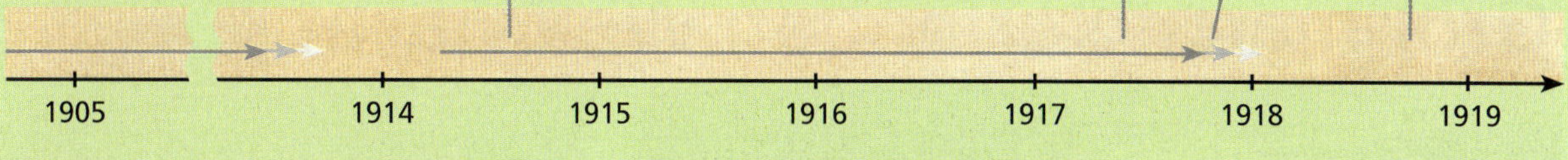

IN KÜRZE

Wichtige Begriffe:

Imperialismus
Mittelmächte
Alliierte
Bewegungskrieg
Stellungskrieg
Materialschlacht
U-Boot-Krieg
Giftgas
Siegfrieden
Verständigungsfrieden
Brest-Litowsk
14-Punkte-Programm Wilsons

Zum Ende des 19. Jahrhunderts entwickelte sich in Europa und der Welt ein neues Machtgefüge unter den Großmächten. Großbritannien und Frankreich festigten mit einer imperialistischen Politik ihre Positionen. In Europa erstarkten Deutschland und Russland. Ein Rüstungswettlauf bestimmte die Entwicklung vor dem Krieg. Auf dem amerikanischen Kontinent hatten sich die USA als Großmacht durchgesetzt.

1914 brach der erste weltweite Krieg der Menschheitsgeschichte aus. Er erfasste die meisten europäischen Staaten, die in diesem Krieg ihren Bündnisverpflichtungen nachkamen. Auf den Schlachtfeldern, den Meeren und in der Luft kam eine gewaltige Kriegsmaschinerie zum Einsatz. Die Anforderungen des Bewegungs- und Stellungskrieges sowie der Materialschlachten strapazierten die Wirtschaftskraft aller Krieg führenden Länder. Unter den Folgen der Kriegsproduktion litten die Menschen in der Heimat.

Mit dem Kriegseintritt der USA weitete sich der europäische Krieg zum Weltkrieg aus. Die USA beeinflussten den Ausgang des Krieges maßgeblich, indem sie die Entente militärisch und wirtschaftlich unterstützten.

Nach der Revolution in Russland im Herbst 1917 schloss das Land den Frieden von Brest-Litowsk mit dem Deutschen Reich. Mit dem 14-Punkte-Programm des US-amerikanischen Präsidenten Wilson unterbreiteten die USA einen Vorschlag für eine politische Friedenslösung. Wilsons Friedensprogramm stellte schließlich den Ausgangspunkt für die Friedensverhandlungen in Versailles dar.

Großmächte erlangen Weltmacht

Zwei Symbole für zwei Staaten: Links das Standbild „Arbeiter und Kolchosbäuerin", rechts die Freiheitsstatue.

Russland – das Reich des Zaren

(M1) *Zar Nikolaus II. (1868–1918) und Zarin Alexandra im Krönungsgewand.*

Russland im späten 19. Jahrhundert

Im 19. Jahrhundert nahm Russland unter den Staaten Europas eine Sonderstellung ein. Es war ein absolutistisch regierter Staat. An dessen Spitze stand der Alleinherrscher Zar Nikolaus II. – das Oberhaupt aller Russen. Seine Macht stützte er vor allem auf die Armee, eine Geheimpolizei und die oftmals korrupten Beamten, aber auch auf die einflussreiche *russisch-orthodoxe Kirche*. Unter dem Zaren gab es eine kleine Schicht adliger Gutsbesitzer, die riesige Ländereien besaßen. Diese Schicht festigte ebenfalls die Herrschaft des Zaren.

Im Unterschied zu den anderen europäischen Ländern gab es kein politisch und wirtschaftlich einflussreiches Bürgertum, obwohl Russland seit dem 19. Jahrhundert eine schnelle Entwicklung vom Agrarstaat zum Industriestaat genommen hatte.

i

russisch-orthodoxe Kirche:
orthodox = strenggläubig;
christliche Kirche, die von der römisch-katholischen Kirche unabhängig ist.

(M2) *Russisches Flugblatt um 1900. „Gesellschaftspyramide". Auf der Fahne steht: „Wir arbeiten für euch, wir ernähren euch."*

Die Lage in Russland

Überall im Land herrschte eine tiefe Kluft zwischen den Gesellschaftsschichten. Drei Viertel der Bevölkerung konnten weder lesen noch schreiben. Trotz der Abschaffung der Leibeigenschaft im Jahre 1861 lebten die Bauern weiter unter menschenunwürdigen Bedingungen. Über 100 Millionen Menschen, vor allem Bauern, aber auch adlige Großgrundbesitzer und reiche Bürger lebten auf dem Land, und nur ca. 14 Millionen Menschen wohnten in den russischen Städten wie Sankt Petersburg, Kiew und Moskau.

Der Beginn der Industrialisierung

Das Donezbecken und das Ölgebiet um Baku entwickelten sich wegen ihrer bedeutenden Bodenschätze zu ersten Industriezentren. Kohle und Erdöl wurden gefördert und nach den Ausbau des Eisenbahnnetzes im Land transportiert. Der Bau der Transsibirischen Eisenbahn führte zur Modernisierung Russlands.

Durch diese Entwicklung stieg zwar die Zahl der Arbeiter auf ca. 2,5 Millionen, doch waren dies nicht mehr als 2 % der Bevölkerung. Es entstanden viele Fabriken, ein weiteres Merkmal für den industriellen Aufschwung des Landes.

Obwohl Zar Nikolaus II. (1894 – 1917) den wirtschaftlichen Aufschwung vorantrieb, war er nicht an politischen Reformen interessiert und unterdrückte das wirtschaftlich erstarkende Bürgertum.

M3 *Russland um 1900.*

Arbeitsaufträge

1. Erkläre mithilfe des Flugblattes den Gesellschaftsaufbau, den Staatsaufbau und die Machtverhältnisse in Russland im 19. Jahrhundert.
2. Nenne Konflikte, die aus dem Gesellschaftsaufbau entstehen konnten.
3. Beschreibe mithilfe der Karte M3 die Besiedlung Russlands.
4. Erkläre die Bedeutung der Transsibirischen Eisenbahn für die Entwicklung des Landes.

Das Leben der Bevölkerung im Zarenreich

Das Leben der Bevölkerung

Seit vielen Generationen herrschte in Russland die Zarenfamilie über das Volk. Die russisch-orthodoxe Kirche unterstützte in ihren Predigten den Machtanspruch der Herrschenden und deren Ausbeutung der Menschen. Aber nicht nur der Zar, sondern auch die wenigen reichen Gutsbesitzer und Unternehmer führten ein Leben, in dem es an nichts fehlte. Nur sie genossen Bildung und Erziehung. Die Arbeiter und Bauern hingegen konnten zumeist weder lesen noch schreiben.

Q1 *Fürst Kropotkin berichtet über das Alltagsleben:*

Unsere Familie bestand aus acht, zeitweise aus zehn oder zwölf Personen. Aber in Moskau fünfzig Dienstboten und auf dem Lande noch fünfundzwanzig mehr zu halten, schien nicht zu viel.

Kropotkin, Fürst P.: Memoiren eines Revolutionärs, Band I.

Q2 *Ein hoher Verwaltungsbeamter berichtete über das „reiche Russland" zu Beginn des 19. Jahrhunderts:*

... Besuchen Sie mit mir die berühmten Geschäfte, die für ihre Auswahl und Qualität weltbekannt waren. Bei Michailow gab es erlesene Pelze. Das Silberwarengeschäft von Chlebnikow konnte sich mit den besten englischen Geschäften dieser Art messen. ... wollen wir nun eins der großen Moskauer Restaurants besuchen. Das Essen dort war ausgezeichnet, das Essbesteck war aus Silber, aus altem schönem Silber, wie Sie es in keinem anderen Land ... bekamen. Ich bin viel gereist, aber nie wurde mir das Essen mit schönem altem Silber serviert.

Linke H. G.: Die Russischen Revolutionen 1905/1917.

M1 *Russische Gutsbesitzer setzen beim Kartenspiel statt Geld ihre Leibeigenen ein. Karikatur des französischen Künstlers Gustave Dore von 1854.*

(M2) *Russischer Kaufmann und Bauer. Kupferstich 1813.*

Die Not der Bauern

Unter der Herrschaft der wenigen Gutsbesitzer lebte der Großteil des russischen Volkes als Bauern. Sie konnten verkauft, gekauft, verschenkt, nach Sibirien verbannt, gefoltert, verprügelt und sogar getötet werden. Einige Gutsbesitzer besaßen mehr als 50 000 leibeigene Bauern. Im Sommer mussten sie sechs bis sieben Tage die Woche bis zu 16 Stunden auf den Feldern und Höfen der Adligen arbeiten. Oftmals wurden sie in den Wintermonaten an Manufakturen oder Fabriken vermietet. So erhielten die Adligen bis zu 200 Rubel für einen männlichen Leibeigenen, für Frauen ca. nur ein Drittel davon.

Trotz der Abschaffung der Leibeigenschaft und der Zuteilung von Land im Jahr 1861 änderte sich ihre Rechtlosigkeit und Armut nicht. Die Bauern nahmen Kredite bei der russischen Regierung oder den Adligen auf, um das Land zu bezahlen. Die Kredite mussten sie auf den Feldern und Höfen der Gutsbesitzer abarbeiten. Nur eine kleine Gruppe von Bauern konnte Äcker und Wiesen dazukaufen und wohlhabend werden.

Die Not der Fabrikarbeiter

Seit Mitte des 19. Jahrhunderts gab es in dem *Agrarstaat* Russland die ersten Vorboten der Industriellen Revolution. Zunächst arbeiteten Leibeigene in den neu gebauten Fabriken, aber nach 1861 strömten auch viele der befreiten Bauern in die Industriegebiete. Dort lebten sie weiterhin in ärmlichen Verhältnissen, da sie für ihre Arbeit nur geringe Löhne erhielten.

i

Agrarstaat: Staat, dessen wirtschaftliche Grundlage die Landwirtschaft ist.
Koalitionsrecht: Recht, sich zu organisieren.
Deportation: Verbannung.

(Q3) *So lebten die russischen Arbeiter in den Städten:*

... In den 1880er Jahren betrug die tägliche Arbeitsdauer der Textilindustrie 12½ bis 15 Stunden. Die meisten Arbeiter verdienten 7–8 Rubel monatlich; die höchstbezahlten Metallarbeiter brachten es auf 35 Rubel ...
Für die geringsten Fehlleistungen, Verspätungen und so weiter zogen die Fabrikanten vom Lohn beträchtliche Bußen ab; die sie bis zum Jahre 1886 in die eigene Tasche durften fließen lassen ...
... Viele Unternehmer richteten den Lohn nicht in bar aus: Sie zwangen die Arbeiter, Lebensmittel oft sehr schlechter Qualität zu weit übersetzten Preisen in Gegenrechnung zu nehmen. ...
Mancherorten waren die Arbeiter gezwungen, sich für enorm hohen Zins in Häuser einzumieten, die den Fabrikanten gehörten. Eine Fabrikgesetzgebung existierte nicht. ...
Die Arbeiter besaßen weder *Koalitions-* noch das Streikrecht. Arbeitsniederlegungen wurden, nahezu wie Meuterei, mit Gefängnis und *Deportation* bestraft.

Gitermann, V.: Geschichte Russlands. Bd. 3. S. 316 f.

Arbeitsaufträge

1. Interpretiere M1.
2. Beschreibe die unterschiedliche Lebensweise der Menschen in Russland. Nutze M1-M3 und Q1-Q3.
3. Schreibt einen Dialog ehemaliger Leibeigener, in dem diese ihre Haltung zur neu gewonnenen Freiheit diskutieren.

Der Niedergang des Zarenreiches

Die Vorboten einer Revolution

In der zweiten Hälfte des 19. Jahrhunderts verschlechterten sich die Lebensverhältnisse des russischen Volkes immer mehr und die Unzufriedenheit über die Herrschaft des Zaren wuchs stetig. Politische Reformen lehnten die Herrschenden ab. Junge gebildete Adlige, vor allem Offiziere, die den Blick nach „draußen“ hatten, fassten als Erste den Entschluss, das Land zu modernisieren und sich den westeuropäischen Verhältnissen anzunähern. Den jungen Offizieren folgten nach 1860 bürgerliche Studenten. „Land und Freiheit!“, hieß die Parole.

In den Dörfern klärten die Studenten die Bauern über die Ursachen ihrer Not auf und versuchten das Volk zum Aufstand zu führen. Diese jungen Menschen waren zum Kampf für die Freiheit entschlossen. Nicht einmal vor einem Attentat auf den Zaren schreckten die jungen Adligen, Bürgerlichen und Offiziere zurück. Aber auch dadurch lösten sie keinen Umsturzversuch des Volkes aus.

Reihenweise wurden sie vor Gericht gestellt, verurteilt, ausgepeitscht, nach *Sibirien* in die Verbannung geschickt oder erhängt. Die Zarenherrschaft blieb bestehen.

i

Sibirien: unwirtliches und dünn besiedeltes Gebiet, wurde deshalb als Verbannungsort genutzt.

Russisch-japanischer Krieg: Ursache war die expansive russische Fernostpolitik und das japanische Großmachtstreben in Ostasien. 1904 Zerstörung der russischen Kriegsflotte durch Japan, das den Krieg gewann.

Der „Blutsonntag“ von Petersburg

Der *russisch-japanische Krieg* von 1904–1905 gefährdete die Versorgung der Städte mit Lebensmitteln immer mehr und die Unzufriedenheit des Volkes stieg weiter an. In Sankt Petersburg streikten die Arbeiter und zogen schließlich am 9. Januar 1905 unbewaffnet zum Palast des Zaren. Mit einer Bittschrift an den Zaren wollten sie auf ihre schlechte wirtschaftliche und soziale Lage aufmerksam machen. Als sie auf dem Gelände vor dem Palast zusammenströmten, schossen die Soldaten in die Menschenmenge. Über 1 000 Menschen, darunter Frauen, Kinder und Arbeiter, wurden getötet, etwa 2 000 verwundet.

Q1 *Bittschrift an den russischen Zaren:*

Wir, die Arbeiter der Stadt Petersburg, unsere Frauen, Kinder und hilflosen alten Eltern, sind zu dir, Herrscher, gekommen, um Gerechtigkeit und Schutz zu suchen. Wir sind verelendet, wir werden unterdrückt, über unsere Kraft mit Arbeit belastet, man verhöhnt uns, man lässt uns nicht als Menschen gelten. Man behandelt uns wie Sklaven … Hier suchen wir die letzte Rettung. Verweigere deinem Volk die Hilfe nicht … reiße nieder die Scheidewand zwischen dir und deinem Volke – mag es das Land zusammen mit dir regieren.

Nach: Lenins Werke, Bd. 7. S. 557.

M1 *Petersburger Arbeiter auf dem Weg zum Zarenpalast.*

Oktobristen: Zarentreue.
Ziel: Erhaltung der Zarenherrschaft.
Russische Sozialdemokratische Arbeiterpartei: vor allem Arbeiter.
Ziel: Sturz des Zaren.
seit 1903 gespalten in Bolschewiki und Menschewiki.
Sozialrevolutionäre Partei: radikale Intellektuelle.
Ziel: Sturz des Zaren und Bauernrevolution.

M2 *Ziele der Parteien.*

Die Zugeständnisse des Zaren

Nach diesem „Blutsonntag von Petersburg" kam Russland nicht mehr zur Ruhe. Im Land verbreiteten sich schnell die Nachrichten über die Opfer des „Blutsonntages". Zahlreiche Bauernaufstände und Streiks der Arbeiter folgten. Die Aufständischen erhielten von der Regierung des Zaren schrittweise Zugeständnisse. Bürgerliche Freiheitsrechte wie die Rede- und Pressefreiheit oder das Versammlungsrecht wurden nach den Ereignissen verkündet. Eine gewählte Volksvertretung – die Duma – wurde zugelassen.

Q2 *In der Verfassung, die im Jahre 1906 folgte, waren die Rechte des Zaren und der Duma festgeschrieben:*

17. Seine Majestät der Kaiser ernennt und entlässt den Vorsitzenden des Ministerrates, die Minister und die Hauptchefs der ... Verwaltungen ...
86. Kein neues Gesetz kann ohne Zustimmung ... der Staatsduma erfolgen und ohne Bestätigung Seiner Majestät des Kaisers in Kraft treten ...
105. Die Staatsduma kann vor Ablauf der fünfjährigen Dauer der Vollmacht ihrer Mitglieder durch eine Verordnung Seiner Majestät des Kaisers aufgelöst werden.

Linke, H. G.: Die Russischen Revolutionen 1905/1917. S. 44.

M3 *Wladimir Iljitsch Lenin (1870–1924).*

Von da an konnten die politischen Parteien im Land legal arbeiten. Das waren unter anderem: die zarentreuen, bürgerlichen und sozialistischen Parteien. Der Streik als Mittel zur Durchsetzung von politischen und wirtschaftlichen Forderungen blieb aber weiterhin verboten.

Die Bolschewiki und die Menschewiki

Da in Russland die Industrialisierung spät und nur in wenigen Zentren einsetzte, entwickelte sich erst um 1900 Widerstand der Arbeiter gegen die Zarenherrschaft. Die Russische Sozialdemokratische Arbeiterpartei wurde 1881 gegründet. Deren Ziel war der Sturz des Zaren und der Aufbau einer sozialistischen Gesellschaft. Ständige Konflikte zwischen den Parteimitgliedern über den Weg dorthin führten zur Trennung. Die Partei spaltete sich in *Bolschewiki* und *Menschewiki.* Die Partei der Bolschewiki führte Wladimir Iljitsch Lenin an. Er war ein Anhänger der Lehren von Karl Marx und Friedrich Engels. Lenin wollte die russischen Verhältnisse durch eine Revolution verändern. Die Menschewiki, die gemäßigten Sozialdemokraten, sahen in schrittweisen Reformen zur Verbesserung der Lage der Arbeiter ihr politisches Ziel. Sie traten für demokratische Grundsätze ein.

i

Bolschewiki: Partei der Mehrheitler.
Menschewiki: Partei der Minderheitler.

Arbeitsaufträge

1. Schildere die Ereignisse des „Blutsonntages" in Petersburg.
2. Liste die Ziele auf, die das Volk mit seiner Bittschrift verfolgte.
3. Beschreibe anhand M1 die Situation des Demonstrationszuges.
4. Begründe, warum der Zar auf die Demonstrierenden schießen ließ.
5. Nenne und vergleiche mithilfe von Q2 die Rechte des Zaren und der Duma, die in der Verfassung festgeschrieben waren.
6. Erläutere, warum sich die russische Arbeiterbewegung spaltete.

Die Oktoberrevolution

Das Ende der Zarenherrschaft

Seit Beginn des Ersten Weltkrieges war Zar Nikolaus II. Oberkommandierender der Armee. Aus der Sicht des Volkes war der Zar für die militärischen Niederlagen verantwortlich. Anfang 1917 erhielten die Soldaten den Befehl, auf streikende Petersburger Rüstungsarbeiter zu schießen. Statt den Befehl auszuführen, verbündeten sich die Soldaten aber mit den Arbeitern, stürmten die Waffenlager und besetzten öffentliche Gebäude. Die Beamten des Zaren leisteten keinen Widerstand. Am 3. März 1917 dankte der Zar Nikolaus II. ab und die Zarenherrschaft war beendet.

i

provisorisch: vorläufig.
Sowjet: russischer Begriff für Rat, staatliches oder gesellschaftliches Organ der Regierung in der ehemaligen UdSSR.

Die Doppelherrschaft

In dieser Situation bildeten die Abgeordneten der Duma eine *provisorische* Regierung. Die Mehrheit der Parlamentsmitglieder waren wohlhabende Bürger, wie Fabrikherren, Journalisten, Rechtsanwälte und Bankbesitzer. Sie wollten den Krieg gegen Deutschland weiterführen. Dagegen revoltierten die Arbeiter und Soldaten. In den Städten bildeten sie sogenannte *Sowjets*. Diese Räte riefen im Namen der Arbeiter und Bauer eine eigene Regierung aus. Es entstand eine Doppelherrschaft, die der Provisorischen Regierung auf der einen und die der Räte auf der anderen Seite.

Lenin und die Sowjets

Der Führer der Bolschewiki, Lenin, erfuhr von den Ereignissen in seinem Exil in der Schweiz. Er kehrte umgehend nach Russland zurück und verkündete im April 1917 in Petersburg die sozialistische Weltrevolution. Die Räte und Lenin griffen immer stärker die Politik der Provisorischen Regierung an. Sie versprachen die schnelle Beendigung des Krieges. Die Zahl ihrer Anhänger wuchs stetig.

Im Juni 1917 scheiterte eine Offensive der russischen Armee, woraufhin sich diese aufzulösen begann. Im August bereitete Lenin den Aufstand vor, weil sich die Machtverhältnisse zugunsten der Räte geändert hatten.

M1 *Sturm auf das Winterpalais. Gemälde, 1917.*

Der „Rote Oktober"

Am 7. November 1917 besetzten Soldaten und Matrosen der Räte alle wichtigen Straßenzüge in Sankt Petersburg. Das Signal zum Sturm auf das Winterpalais des Zaren, den Sitz der Provisorischen Regierung, gab der Panzerkreuzer „Aurora". Das Palais wurde umstellt, mit schweren Geschützen beschossen und nach Mitternacht von den Soldaten erstürmt. Die Minister der Provisorischen Regierung wurden verhaftet. Das Revolutionskomitee erklärte, dass es die Regierungsgewalt in Russland übernommen habe.

Auf dem folgenden 2. Allrussischen Rätekongress wurde der Rat der Volkskommissare unter Führung von Lenin bestätigt.

M2 *Panzerkreuzer „Aurora".*

Erste Maßnahmen

i
Dekret: Gesetz.

Der Rat der Volkskommissare leitete eine Vielzahl von Maßnahmen zur Veränderung der russischen Gesellschaft ein. Das „*Dekret* über den Frieden" und die Unterzeichnung des Friedensvertrages von Brest-Litowsk mit den Mittelmächten gehörten zu den ersten Amtshandlungen. Das „Dekret über den Grund und Boden" enteignete die russischen Großgrundbesitzer entschädigungslos. Deren Land wurde an die verarmten Bauern verteilt. Im Dezember des Jahres 1917 fanden die lange angekündigten Wahlen zur verfassungsgebenden Versammlung statt.

Arbeitsaufträge

1. Gestalte einen Zeitstrahl von April bis November 1917.
2. Nenne die Ergebnisse der Oktoberrevolution.
3. Erläutere die Rolle Lenins während der Ereignisse 1917.
4. Stelle das Leben und das Wirken Lenins in einem Referat vor.
5. Beurteile die ersten Maßnahmen des Rates der Volkskommissare.

Die Verteidigung der Revolution

Die Revolutionsgegner formieren sich

Lenins Revolution war eingeleitet, gewonnen war sie noch nicht. Verschiedene Kräfte gefährdeten deren Erfolg.

Nach dem Frieden von Brest-Litowsk wollten die *Alliierten* eine weitere deutsch-sowjetische Annäherung verhindern. Zudem sahen sie mit den Ergebnissen der Oktoberrevolution ihre Interessen in Russland gefährdet und wollten diese rückgängig machen. Daher rückten sie in das riesige Reich ein und besetzten vor allem strategisch wichtige Flottenstützpunkte.

Dazu kamen die Freiheitsbestrebungen der westlichen Völker des Reiches: der Polen, der Litauer, der Letten, der Esten, der Finnen sowie der Ukrainer. Sie hofften, von Russland unabhängig zu werden. Das Selbstbestimmungsrecht aller Völker, das der amerikanische Präsident Wilson verkündet hatte, war ihr gemeinsames Ziel im Kampf.

i

Alliierte: verbündete Mächte; im Ersten Weltkrieg: Großbritannien, Frankreich, Russland, USA.
Weiße: Gegner der Oktoberrevolution.
Rote: Kämpfer für die Oktoberrevolution.

Die Gegner im eigenen Land

Im Land selbst gab es weitere Gegner: die Generäle, die Grundbesitzer, die bürgerlichen Schichten, alle, die nach dem Umsturz enteignet waren und das alte System wiederherstellen wollten. Am 18. Januar 1918 ließ Lenin die verfassungsgebende Nationalversammlung gewaltsam auflösen. Als Begründung für seine Entscheidung gab er an, dass sie die Interessen der Mehrheit des Volkes nicht mehr vertreten würde. Dabei waren die Wahlergebnisse vom November 1917 zugunsten der demokratischen Kräfte ausgefallen.

M1 *Lagebesprechung bei den Weißgardisten. Foto, um 1920.*

Der Aufbau der „Roten Arbeiter- und Bauernarmee"

Ein Bürgerkrieg brach aus, der fast drei Jahre lang bis 1921 dauerte. Während des Bürgerkrieges schufen die Bolschewiki die „Rote Armee", eine Armee aus Arbeitern und Bauern. Der Kampfgefährte Lenins, Leo Trotzki, wurde mit deren Aufbau betraut. Er sollte aus der im Januar 1918 gegründeten Freiwilligenarmee eine schlagkräftige militärische Truppe machen. Dazu wurden ehemalige Offiziere des Zaren eingestellt und die allgemeine Wehrpflicht wieder eingeführt. So wuchs die Armee von 200 000 Soldaten im Jahre 1918 auf 5,5 Millionen Soldaten 1920 an. Den *„Roten"* standen die Truppen der *„Weißen"* – verschiedene Gegner der Bolschewiki im Land – gegenüber. Sie erhielten Waffenlieferungen und militärische Unterstützung für den Bürgerkrieg durch England, Frankreich und die USA. Damit wurden sie neben den englischen und französischen Truppen zu einem weiteren starken Gegner der „Roten Armee".

Der Bürgerkrieg tobt

In diesem Krieg gab es auf beiden Seiten brutalen Terror, der auf dem Rücken der russischen Bevölkerung ausgetragen wurde. Neben Misshandlungen und der Ermordung von gefangenen Soldaten gab es auch zahlreiche Opfer unter der Zivilbevölkerung. Wenn sie der Feindunterstützung verdächtigt wurden, bedeutete das oftmals schlimme Folter und den Tod. Es wurde geplündert und die Soldaten brannten Dörfer und Städte nieder. Die Abgaben, die die Bauern an die „Rote Armee" und die Städte zu leisten hatten, waren so hoch, dass kaum etwas zum Überleben blieb. Hunger, Not und Elend bestimmte weiterhin den Alltag der Menschen.

Die Gründung der UdSSR

Der Bürgerkrieg hat etwa fünf Millionen Menschen das Leben gekostet. Lenin und seine Bolschewiki setzten sich mit grausamer Härte gegen ihre Gegner durch. Nur die Freiheitsbestrebungen der meisten westlichen Völker des Zarenreiches waren erfolgreich.

1922 wurde Russland in die Union der Sozialistischen Sowjetrepubliken (UdSSR) umbenannt. Moskau wurde zum Regierungssitz.

M2 *Der Bürgerkrieg in Russland 1918–1921.*

Arbeitsaufträge

1. a) Stelle die Gegner der Revolution in einem Schaubild dar.
   b) Ordne die Ziele der Gegner in das Schaubild ein.
2. Erläutere die Ergebnisse des russischen Bürgerkrieges. Nutze M1.
3. Erkläre, welche möglichen Probleme durch den Zusammenschluss zur UdSSR entstehen konnten.

M1 *Leninmausoleum vor dem Kreml auf dem Roten Platz in Moskau. Nach Lenins Tod im Jahre 1924 wurde das Denkmal zum Wallfahrtsort für Millionen von Menschen. Lenin zu Ehren wurde Sankt Petersburg in Leningrad umbenannt.*

Von der Revolution zum Terror

Lenins Nachfolger

Nach Lenins Tod im Jahr 1924 musste die Regierung weitergeführt werden. Die von ihm favorisierten Nachfolger hießen Leo Trotzki und Josef Stalin.

Stalin war der Sohn eines kleinstädtischen Schusters in Tiflis und sollte Priester werden. Wegen seiner sozialistischen Einstellung geriet er, wie Lenin, früh in Konflikt mit den zaristischen Behörden und brachte insgesamt fast sieben Jahre in Gefängnissen, in der sibirischen Verbannung oder auf der Flucht zu. Vor seinem Tod hatte Lenin Josef Stalin zur Wahl des Generalsekretärs der Kommunistischen Partei der Sowjetunion vorgeschlagen.

Dadurch gelang es Stalin, die Oberhand in der Partei und in der Staatsführung zu gewinnen. Er drängte vor allem seinen Gegner Leo Trotzki aus dessen Ämtern. Ihre verschiedenen Ansichten über die kommunistische Weltrevolution hatten zum Zerwürfnis zwischen den beiden Politikern geführt. Trotzki wollte die Weltrevolution, während Stalin den *Sozialismus* zunächst in der Sowjetunion aufbauen wollte. Im Januar 1929 setzte sich Stalin endgültig durch und erreichte die Ausweisung Trotzkis aus dem Land. Trotzki wurde 1940 in Mexiko ermordet.

i

Sozialismus: Gesellschaftssystem, in dem die Produktionsmittel allen gemeinschaftlich gehören.

M2 *Leo Trotzki (1879–1940).*

Die politische Lage in Russland nach dem Bürgerkrieg

Die Regierung der UdSSR begegnete nach der Beendigung des Bürgerkrieges allen Widerständen mit Terror und Gewalt. Eine Geheimpolizei, die Tscheka, bespitzelte und terrorisierte die Bürger. Sie arbeitete völlig selbstständig. Hausdurchsuchungen, Verhaftungen und Erschießungen gehörten zu ihrem Aufgabengebiet. Die Tscheka verfolgte und ermordete die gesamte Zarenfamilie. Aber nicht nur Andersdenkende fielen dem Terror zum Opfer. Bolschewiki, die mit der Politik der Regierung nicht einverstanden waren, wurden verfolgt und getötet.

(M3) *Josef Dschugaschwili, genannt Stalin (1879–1953).*

Die Terrorherrschaft Stalins 1924–1953

Stalin ließ alle Mitglieder der ersten Sowjetregierung, zum Teil durch große „Schauprozesse“, beseitigen. An anderen wichtigen Stellen setzte er seine Gefolgsleute ein. So stieg er schließlich zum Alleinherrscher in der Sowjetunion auf.

Stalin war mächtiger und gefürchteter als jeder Zar. Unter ihm erreichten Terror und Diktatur von Partei und Staat über die einzelnen Bürger ihren Höhepunkt. Allein zwischen 1936 und 1938 wurden mindestens acht Millionen sowjetische Bürger, aller Berufe und politischer Richtungen, in Untersuchungsgefängnissen und in sibirischen Straflagern der Geheimpolizei inhaftiert.

(Q1) *Der russische Schriftsteller Alexander Solschenizyn war selbst Häftling in einem der sibirischen Straflager und hat in seiner Erzählung „Ein Tag im Leben des Iwan Denissowitsch“ seine Erlebnisse verarbeitet:*

… Der Begleitkommandoführer leierte das tägliche Häftlingsgebet herunter …: „Achtung, Strafgefangene! Während des Marsches ist in der Kolonne auf Ordnung zu achten! Keine zu großen Abstände, nicht zu nahe aufrücken, nicht von einer Fünferreihe zur anderen überwechseln, sich nicht unterhalten, nicht zur Seite blicken, Hände stets auf dem Rücken! Ein Schritt nach links oder rechts gilt als Fluchtversuch; die Wachmannschaft eröffnet ohne Warnung das Feuer! Kolonnenführer, marsch!“
Und wie es sein musste, marschierten zwei Begleitposten die Straße voraus. Die Marschkolonne schaukelte vorwärts, mit den Schultern auf und ab wippend, während die Begleitposten rechts und links im Abstand von etwa zwanzig Schritt von der Kolonne, gegenseitig etwa zehn Schritt Abstand haltend, marschierten, die Maschinenpistolen im Anschlag. Schon eine Woche hatte es nicht mehr geschneit, der Weg war ausgetreten. Sie bogen um das Lager, und der Wind pfiff ihnen jetzt von der Seite ins Gesicht. Die Hände auf dem Rücken verschränkt, die Köpfe gesenkt, marschierte die Kolonne wie zur Beerdigung.
… Schuchow legt die Fäustlinge auf die Knie, knöpfte die Jacke auf, band seinen vereisten Gesichtsschutz vom Nacken los, knickte ihn ein paar Mal und steckte ihn in die Tasche. Dann zog er den armseligen Brotkanten aus dem weißen Lappen hervor und begann, das Läppchen im Brusttäschchen haltend, damit kein Krümelchen neben den Lappen falle, kleine Bissen abzubeißen und ganz langsam zu kauen. Er hatte das Brot unter zwei Kleidungsstücken getragen, es mit seiner eigenen Körperwärme gewärmt, und so war es nicht erfroren.

Nach: Solschenizyn, Alexander: Ein Tag im Leben des Iwan Denissowitsch. S. 47 ff.

Arbeitsaufträge

1. Schildere, wie es Stalin gelang, seine Macht zu festigen.
2. Erkläre, warum Trotzki Stalin im Wege war.
3. Beschreibe mithilfe von Q1 die Terrorherrschaft Stalins.
4. Begründe, warum Stalin gefürchteter und mächtiger als jeder Zar war.

Kollektivierung und Industrialisierung

Die Umgestaltung der Landwirtschaft

Nach dem Ende des Bürgerkrieges begann die Regierung die UdSSR nach ihren Ideen umzugestalten und erstmals in einem Staat den Sozialismus zu verwirklichen. Nach den Enteignungen der Großgrundbesitzer und der Landverteilung an die verarmten Bauern stellte die Regierung fest, dass die Versorgung der Bevölkerung vor allem in den Städten nicht gewährleistet war. Die Produktion der Landwirtschaft sollte effektiver werden. Das konnte nur durch eine Umgestaltung der Eigentumsverhältnisse geschehen, indem die Kleinbauern ihre Wirtschaften wieder zu Großbetrieben zusammenschlossen. Dazu war es notwendig, das erhaltene Land zusammenzulegen und gemeinschaftlich zu bewirtschaften. Dies sollte unter staatlicher Kontrolle geschehen. Die entstehenden kollektiven Landwirtschaftsbetriebe nannte man *Kolchosen* oder *Sowchosen*.

i

Kolchosen: landwirtschaftliche Betriebe unter staatlicher Kontrolle.
Sowchosen: direkt staatlich geführte landwirtschaftliche Betriebe.

Die Kollektivierung

Die Kollektivierung fand unter den Bauern nur wenige Anhänger, da sie ihr gerade erhaltenes Land nicht wieder hergeben wollten. In ihrer Verzweiflung töteten die Bauern sogar ihr Vieh und bauten weniger Getreide an, um den sozialistischen Aufbau und die landwirtschaftlichen Großbetriebe zu verhindern. Im Jahre 1929 wurden die Bauern gegen alle Widerstände kollektiviert. Erschießungen oder Verbannungen nach Sibirien sollten die Gegner abschrecken. Der Staat setzte bewaffnete Arbeiter ein, um die Kollektivierung durchzusetzen. Etwa drei Millionen Menschen wurden verbannt, wobei viele Menschen starben. Die „Zwangskollektivierung“ und die Engpässe in der Versorgung, vor allem in den Städten, hatten eine Hungersnot zur Folge, der bis zu elf Millionen Menschen zum Opfer fielen.

Von 1929 bis 1931 wurde die Hälfte der Bauernwirtschaften zusammengeschlossen. Ende der 30er-Jahre spielte das Privateigentum in der Landwirtschaft keine Rolle mehr.

M1 *„Freiwillige Gründung eines Kolchos“.*

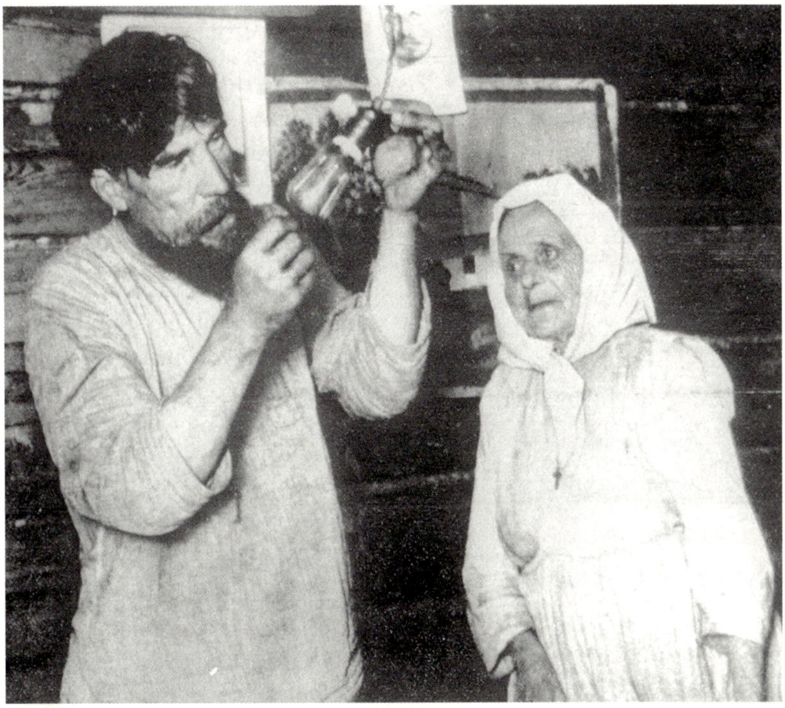

(M2) *Das elektrische Licht kommt in die Dörfer, Foto von 1926.*

Die Industrialisierung

Obwohl Russland über zahlreiche Bodenschätze verfügte, entstanden bis um 1900 nur wenige Fabriken und Industriezentren. Der Bürgerkrieg und die Hungersnöte verhinderten die geplante Industrialisierung unter den Sowjets. Um die Entwicklung der Industrie voranzutreiben, musste das Land zunächst elektrifiziert werden. Flüsse wurden gestaut, Wasserkraftwerke in den Bergen gebaut und Hochspannungsleitungen errichtet, um den Strom zu den neu entstandenen Fabriken und Industriegebieten zu leiten. Es entstanden große Kombinate durch den Zusammenschluss vieler Betriebe. Neue Straßen, Eisenbahnen und Kanäle ermöglichten den Transport und die Zulieferung von Bodenschätzen und Material. In der Tundra und im unzugänglichen Sibirien erschlossen die Menschen die Bodenschätze. Die Ströme des Landes wurden reguliert, um eine moderne Schifffahrt aufzubauen. So entwickelten sich Industriegebiete und Städte, wo bisher niemand gelebt und produziert hatte.

Die Sowjetregierung enteignete die Besitzer von Fabriken, handwerklichen Betrieben, Bergwerken, Transport- und Handelsunternehmen, um die Wirtschaft zu stärken. Alles wurde zum Volkseigentum erklärt und der Regierung unterstellt.

Arbeitsaufträge

1. Erläutere die Durchführung der Kollektivierung und der Industrialisierung.
2. Bewerte die Methoden zur Umsetzung von Kollektivierung und Industrialisierung. Nutze M1 und M2.
3. Begründe, warum von einer „Zwangskollektivierung" gesprochen wurde.

Die Entfaltung der Sowjetherrschaft

i

Analphabeten: Menschen, die weder schreiben noch lesen können.
KPdSU: ab 1933 einzige Partei in der UdSSR mit 3,5 Millionen Mitgliedern.

Bildung und Erziehung formen den Sowjetmenschen

Anfang des 20. Jahrhunderts war das *Analphabetentum* unter den Menschen in Russland weit verbreitet. Seit der Gründung der UdSSR besuchten alle Kinder die Schule. Über den Besuch einer weiterführenden Schule oder das Studium an der Universität entschied nicht mehr das Geld der Eltern, sondern die Intelligenz, der Lerneifer, aber vor allem die Einsatzbereitschaft für Partei und Staat.

Nur eine breite Volksbildung ermöglichte die Erziehung vor allem der Jugend als Nachwuchs für die Partei, für den Staat und die Wirtschaft. Das Land benötigte gut ausgebildete Facharbeiter und Techniker, um die Industrialisierung voranzutreiben, aber auch Menschen, die bedingungslos und gehorsam die Befehle der Partei ausführten.

Die Staatstruktur der UdSSR

Stalin ließ 1936 die neue Verfassung für die UdSSR festschreiben, die durch den Sowjetkongress bestätigt wurde. Das Wahlrecht erhielten alle Staatsbürger ab achtzehn Jahren.

Die Union der Sozialistischen Sowjetrepubliken war zwar ein Zusammenschluss von elf demokratischen Sowjetstaaten, in der Verfassung wurde jedoch die Führungsrolle der *KPdSU* verankert. Damit entstand eine Parteidiktatur. Verfolgung, Terror und Unterdrückung von Andersdenkenden waren durch die Formulierung „in Übereinstimmung mit den Interessen der Werktätigen“ gesetzlich möglich. Somit garantierte die Verfassung zwar die Grundrechte, aber deren Durchsetzung war eine Frage der Auslegung.

M1 *Staatswappen der UdSSR. Die roten Bänder mit der Aufschrift „Proletarier aller Länder, vereinigt euch!“ symbolisieren die Unionsrepubliken. Hammer und Sichel stehen für das Bündnis von Arbeitern und Bauern, die Erdkugel zeigt den Weltanspruch des Sozialismus und die Weltrevolution.*

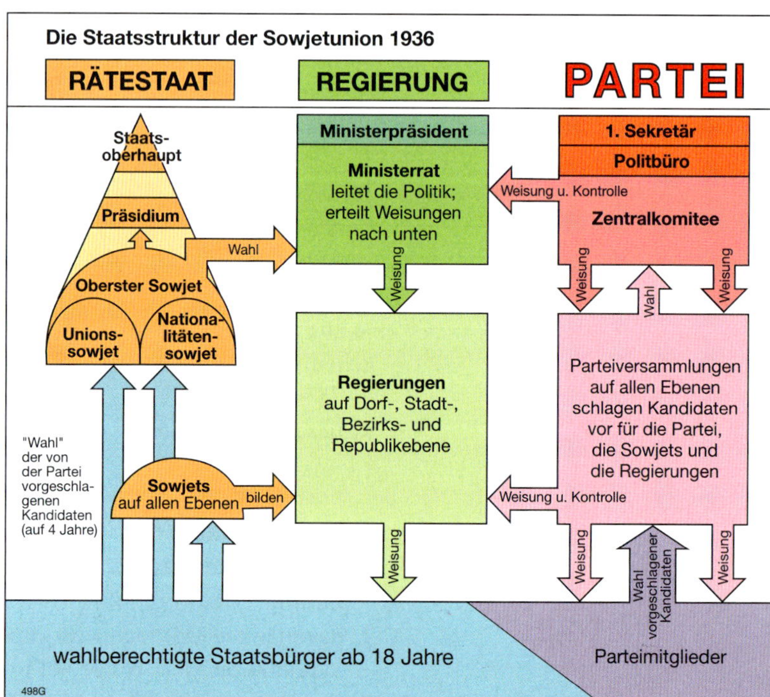

M2 *Die Staatsstruktur der Sowjetunion 1936.*

M3 *„Unsere Heimat soll blühen und gedeihen", Plakat mit Stalin, 1930.*

Der Kult um Stalin

Stalin regierte nicht allein durch Terror und Gewalt. Mit großem Geschick erreichte er, dass viele Bürger ihn fast so verehrten wie Lenin.

Unablässige Propaganda auf Spruchbändern an Häuserfronten und Wänden, bei Aufmärschen und Versammlungen vermittelte ihnen das Bild vom treusorgenden „Väterchen Stalin". Kino, Theater, Rundfunk, Zeitungen, Illustrierte und Bücher unterstützten diese Wirkung. Es gab politische Schulungen im Unterricht, in Betrieben und Verbänden.

Stalin – die Bewertung seiner Persönlichkeit und Politik

Nach dem Tode Stalins wurde das Ausmaß seiner Terrorherrschaft bekannt. In den Jahren von 1936–1950 starben in den sibirischen Straf- und Gefangenenlagern etwa zwölf Millionen Menschen. Im Jahr 1956 kam es zur Veröffentlichung der geheimen Aufzeichnungen von Lenin über Stalin.

Q1 *Politisches Testament Lenins:*

... Genosse Stalin hat, nachdem er Generalsekretär geworden ist, eine unermessliche Macht in seinen Händen, und ich bin nicht überzeugt, dass er es immer verstehen wird, von dieser Macht vorsichtig genug Gebrauch zu machen ... Stalin ist zu grob, und dieser Mangel ... kann in der Funktion des Generalsekretärs nicht geduldet werden. Deshalb schlage ich den Genossen vor, sich zu überlegen, wie man Stalin ablösen könnte, um jemand anderen an diese Stelle zu setzen ...

Behschnitt: Die Russische Revolution 1917–1929. S. 47.

Chruschtschow, der Nachfolger Stalins

Nach Stalins Tod übernahm Nikita S. Chruschtschow die Regierung. Unter seiner Führung stieg die Zahl der Parteimitglieder, und die Partei gewann eine größere Akzeptanz in der Bevölkerung. Er leitete eine Reform der Struktur in der KPdSU ein, die zu einer Lockerung der wirtschaftlichen, innen- und außenpolitischen Aktivitäten der UdSSR führte.

Die Sowjetunion wird zur Weltmacht

Am Ende der 30er-Jahre entwickelte sich die Sowjetunion nach den USA zur zweitgrößten Industriemacht der Welt. Nach dem Ende des Zweiten Weltkrieges (1939–1945) stieg die Sowjetunion zu einer Weltmacht auf. Das sozialistische Staatensystem bildete lange Zeit den Gegenpol zum kapitalistischen Weltsystem.

Arbeitsaufträge

1. Erkläre anhand des Schaubildes M2 die Staatsstruktur der UdSSR.
2. Beschreibe, wie die Menschen zum „Sowjetbürger" erzogen und gebildet wurden.
3. Informiere dich in unterschiedlichen Medien über weitere Beispiele des Personenkultes um Stalin.
4. Bewerte mithilfe von Q1 Stalin und seine Politik.
5. Diskutiert, ob Personenkult heute noch im gesellschaftlichen Leben eine Rolle spielt.

METHODE

Analyse von Propagandaplakaten

Plakate finden wir in der heutigen Zeit in vielen Bereichen des täglichen Lebens. Sie werden von der Geschichtswissenschaft zu den historischen Bildquellen gezählt. Durch Plakate werden politische Interessen formuliert, Weltbilder verbreitet, aber auch politische und religiöse Gegner verunglimpft.

Plakate in der Geschichte

Während des Ersten Weltkrieges wurden Plakate immer häufiger zu Propagandazwecken eingesetzt. Aggressive Illustrationen unterstrichen deren Botschaften. Sie zeigten, wie die Gestalter von Plakaten und Zeitgenossen die Geschehnisse gesehen haben oder wie sie für nachfolgende Generationen gezeigt werden sollten. Dabei stand die Wirkungsabsicht im Vordergrund.

Die sowjetische Regierung setzte Propagandaplakate vielfach bewusst ein, um das Volk für ihre Politik zu interessieren, zu begeistern und zu mobilisieren. Auf diese Weise sollten sie zur Entwicklung des Klassenbewusstseins beitragen.

Schritte zur Plakaterschließung

1. **Wie wirkt das Plakat auf dich?**
   Es wirkt kraftvoll und kämpferisch.
2. **Wie heißt das Thema des Plakates? Benutze ein Wörterbuch.**
   Das Plakat ist mit russischer Schrift beschriftet. Das Thema des Plakates lautet: „Proletarier aller Länder vereinigt euch!"
3. **Wann ist es entstanden?**
   Es entstand im Jahre 1918.
4. **An wen wendet sich das Plakat?**
   Das Plakat wendet sich an die russische Bevölkerung.
5. **Wer war / ist der Auftraggeber des Plakates?**
   Die Regierung der UdSSR hat das Plakat zum Gedenken an die Oktoberrevolution in Auftrag gegeben. Es ist dem 1. Jahrestag der proletarischen Revolution gewidmet.
6. **Wer hat das Plakat entworfen / gestaltet?**
   Ein bekannter russischer Zeichner und Grafiker, Aleksander Petrovic Aspit, hat das Plakat entworfen.
7. **Welche Gestaltungselemente** (Form, Farbe, Sprache, Schrift) **wurden verwendet und welche Bedeutung haben diese?**
8. **Mit welchem Ziel wurde es angefertigt?**
   Es wurde als Erinnerung an die Oktoberrevolution angefertigt.
9. **Welche Haltung / Auffassung vermittelt das Plakat?**
   Es zeigt den Sieg und die Verteidigung der Revolution.
10. **Wie wird es auf die Zeitgenossen gewirkt haben?**
    Es wird auf die Anhänger der Revolution kraftvoll und zukunftsweisend, auf die Gegner provozierend und kampfbereit gewirkt haben.

Plakatanalyse Gestaltungselemente (siehe Punkt 7)

M1 *Plakat zum ersten Jahrestag der Oktoberrevolution, 1918.*

1. *Arbeiter und Bauern „bewachen“ den Aufschwung des Landes*
2. *„Proletarier aller Länder vereinigt euch!“*
3. *Arbeiter mit Waffen und Vorschlaghammer*
4. *Jubelnde, fröhliche Menschen zeigen Hoffnung*
5. *Arbeiter tritt Symbole des alten Russlands nieder (Zarenmantel, Krone …)*
6. *Dunkle Farben symbolisieren das alte Russland*
7. *Klar gestaltete rote Plakatunterschrift*
8. *„1. Jahrestag der Proletarischen Diktatur Oktober 1917 – Oktober 1918“*
9. *Zerbrochene Ketten zeigen Befreiung der Arbeiter und Bauern*
10. *Farbe Rot = Symbol für Hoffnung und Kampfesmut*
11. *Neue Industrien vor aufsteigender Sonne verdeutlichen Aufstieg der Wirtschaft*
12. *Farbe Gelb, aufgehende Sonne = Symbol für aufstrebende Macht des Sozialismus und der Sowjets*
13. *Bauer mit Sense trägt Fahne des neuen Russlands*
14. *Ährenkranz = Symbol für Arbeiter und Bauernmacht*

METHODE

Propagandaplakate im Vergleich

Propagandaplakate waren und sind ein wichtiges Instrument in den Auseinandersetzungen zwischen unterschiedlichen politischen Systemen der Parteien. Bestimmte Motive werden immer wieder für verschiedene politische Ziele verwendet. Somit sind Plakate nicht nur durch Geschichtswissenschaftler vergleichbar.

Beim Plakatvergleich ist es notwendig, historische Sachverhalte mithilfe von festgelegten Kriterien problembezogen gegenüberzustellen. Es müssen Gemeinsamkeiten und Unterschiede, Ähnlichkeiten, Abweichungen oder Gegensätze beurteilt werden.

Schritte zum Vergleich von Plakaten

1. Wende die Schritte der Plakatanalyse für die einzelnen Plakate an.
2. Erarbeite mögliche Vergleichskriterien:
   - Zielgruppe
   - Gestaltungselemente
   - Auftraggeber
   - Botschaft des Plakates.
3. Stelle die Sachverhalte gegenüber.
4. Beurteile Gemeinsamkeiten und Unterschiede.

M1 *„I want You!", Uncle-Sam-Poster, Amerikanisches Plakat aus dem Ersten Weltkrieg zum Anwerben von Soldaten. Die USA tritt 1917 in den Ersten Weltkrieg auf der Seite der Alliierten ein, als Deutschland den uneingeschränkten U-Boot-Krieg eröffnete.*

Arbeitsaufträge

1. Formuliere Vergleichskriterien und wende die vorgegebenen Schritte auf M1 und M2 an.
2. Suche weitere Propagandaplakate aus der Geschichte (z. B. aus der Zeit des Ersten Weltkrieges).
3. Analysiere die ausgewählten Plakate.
4. Diskutiert und wählt mögliche Präsentationsformen (Lernplakate, Wandzeitungen, …) für die Plakatanalyse aus.
5. Präsentiert eure Analyse.

M2 *„Hast du dich schon als Freiwilliger eingeschrieben?", russisches Plakat zur Soldatenwerbung für den Bürgerkrieg, 1918–1921. Die „Rote Armee" wurde durch einen Beschluss des Rates der Volkskommisssare am 28. Januar 1918 gegründet. Ihr Aufbau wurde Leo Trotzki anvertraut.*

Weltmacht USA

Das amerikanische Jahrhundert

Die Vereinigten Staaten von Amerika entwickelten sich nach ihrer Staatsgründung in historisch kurzer Zeit zu einer *Weltmacht*.

Der Mythos vom „Land der unbegrenzten Möglichkeiten“ zog besonders Menschen aus Europa nach Amerika. Mit der Arbeitskraft, dem Wissen und Können der Einwanderer erreichten die USA bereits Ende des 19. Jahrhunderts die Spitze der weltweiten Industrieproduktion.

Einwanderer aus	in Millionen
Europa	25,5
Australien und Asien	0,7
Mittel- und Südamerika	0,3

M1 *Einwandererzahlen der USA zwischen 1830–1910.*

Jahr	Einwohner in Mio.
1880	50,2
1890	63,0
1900	76,2
1910	92,2
1920	106,0

M2 *Bevölkerungsentwicklung der USA.*

M3 *Einwanderer auf Ellis Island, New York, die per Schiff eingereist sind. Foto, 1902.*

i

Weltmacht: Großmacht mit weltweitem Einfluss.

Die US-Amerikaner ergriffen während des Ersten Weltkriegs abhängig von ihrer europäischen Herkunft Partei für die am Krieg beteiligten Staaten. Nach dem Kriegseintritt der USA am 4.4.1917 gab es Ausschreitungen gegen „Deutschamerikaner“.

„Make the world safe for Democracy“

Der Präsident der USA, Woodrow Wilson, setzte 1914 zu Beginn des Ersten Weltkrieges auf die Neutralität der USA. Da aber Großbritannien bereits vor dem Krieg der wichtigste Handelspartner der USA war und Deutschland als größter Konkurrent im Wettlauf um die Weltspitze der Industrieproduktion galt, unterstützten die USA die Alliierten mit großzügigen Kriegskrediten.

Der uneingeschränkte U-Boot-Krieg Deutschlands auch gegen die zivile Schifffahrt bewog die USA 1917 ihre Neutralität aufzuheben. Mit ihrem Kriegseintritt wollten die USA nicht nur ihre Interessen und die Freiheit der Meere sichern, sondern auch die Schaffung einer demokratischen, freiheitlichen Nachkriegsordnung unterstützen.

Die Idee setzt sich durch

Bei Kriegsende 1918 wurde der Vorschlag des amerikanischen Präsidenten zur Gründung eines Völkerbundes in den Vertrag von Versailles aufgenommen. Im April 1919 beschloss die Pariser Friedenskonferenz die Satzung des Völkerbundes, welche Grundsätze der internationalen Politik festschrieb.

Q1 *Aus der Satzung des Völkerbundes vom 28.4.1918:*

Artikel 8: Die Mitglieder des Bundes erkennen an, dass die Aufrechterhaltung des Friedens es nötig macht, die nationalen Rüstungen auf das Mindestmaß herabzusetzen, das nicht mit der nationalen Sicherheit und mit der Durchführung der durch ein gemeinsames Handeln auferlegten internationalen Verpflichtungen vereinbar ist. Der Rat bereitet unter Berücksichtigung der geographischen Lage und der besonderen Umstände jedes Staates die Pläne für diese Abrüstung zum Zweck einer Prüfung und Entscheidung durch die verschiedenen Regierungen vor. ...
Artikel 10: Die Bundesmitglieder verpflichten sich, die territoriale Unversehrtheit und die gegenwärtige politische Unabhängigkeit aller Bundesmitglieder zu achten und gegen jeden Angriff von außen her zu wahren. ...
Artikel 11: Es wird hierdurch ausdrücklich erklärt, dass jeder Krieg oder jede Kriegsdrohung, möge dadurch eins der Bundesmitglieder unmittelbar bedroht werden oder nicht, den ganzen Bund angeht und dass dieser alle Maßregeln zur wirksamen Erhaltung des Völkerfriedens treffen muss. ...

www.dhm.de/lemo/html/dokumente/versailles/index.html

„America first"

Die USA selbst beteiligten sich nach Ablehnung durch den Senat nicht an diesem Bund. Die Mehrheit der Amerikaner war wie der US-Senat für einen Rückzug der USA aus der europäischen Politik. Sie forderten die Konzentration auf die amerikanische Innen- und Wirtschaftspolitik.

Q2 *Begründung des US-Senats gegen eine Mitgliedschaft im Völkerbund:*

Das Recht, Kriege zu erklären, steht nach unserer Verfassung dem Kongress zu, und es sollte nicht erlaubt sein, unsere Truppen auf Wunsch oder Befehl anderer Nationen außerhalb unseres Landes einzusetzen ...
Das Leben eines Amerikaners darf nicht geopfert werden ohne den Willen des amerikanischen Volkes, vertreten durch seine gewählten Abgeordneten im Kongress ...

Zeiten und Menschen. S. 11

Arbeitsaufträge

1. Beschreibe mithilfe von M1 bis M3, wie sich die Einwohnerzahl der USA entwickelte.
2. Erkläre anhand von Q1, welche Idee das Verhältnis der Staaten untereinander bestimmen sollte.
3. Bewerte die in Q2 genannten Gründe für den Nichteintritt der USA in den Völkerbund und vergleiche diese mit der Satzung des Völkerbundes.

Die USA mischen sich ein

Die USA greifen nach dem amerikanischen Kontinent

Schon kurz nach ihrer Gründung betrachteten die USA Mittel- und Südamerika als selbstverständliches Einflussgebiet, aus dem besonders europäische Staaten gedrängt werden sollten. Um diese Ziele zu erreichen und um sich den Zugriff zu reichen Rohstoffvorkommen in diesen Ländern zu sichern, mischten sich die Vereinigten Staaten mehrfach, auch mit militärischen Mitteln, in die Angelegenheiten verschiedener Staaten Zentral- und Südamerikas ein. Dabei stellten die USA die Sicherung ihrer Handels- und Finanzinteressen über die Grundsätze des Volkerrechts.

Die USA streben nach mehr Einfluss

1898 verdrängten die USA Spanien mit einem Krieg aus seiner Kolonie Kuba und sicherten sich so den politischen Einfluss auf der Karibikinsel. Die Verfassung Kubas von 1902 erhielt auf Druck der USA einen Zusatzartikel, der den USA ein Recht auf militärisches Eingreifen zusicherte, falls sie ihre Interessen auf Kuba in Gefahr sahen. Zudem forderten die USA zwei *Militärstützpunkte* auf der Insel.

Als es im September 1906 einen Aufstand gegen die Regierung Kubas gab, besetzten US-amerikanische Soldaten die Insel. In den Folgejahren wurde Kuba direkt von den USA verwaltet.

i

Militärstützpunkt: Bis heute ist Guantanamo-Bay ein Militärstützpunkt der USA auf Kuba.

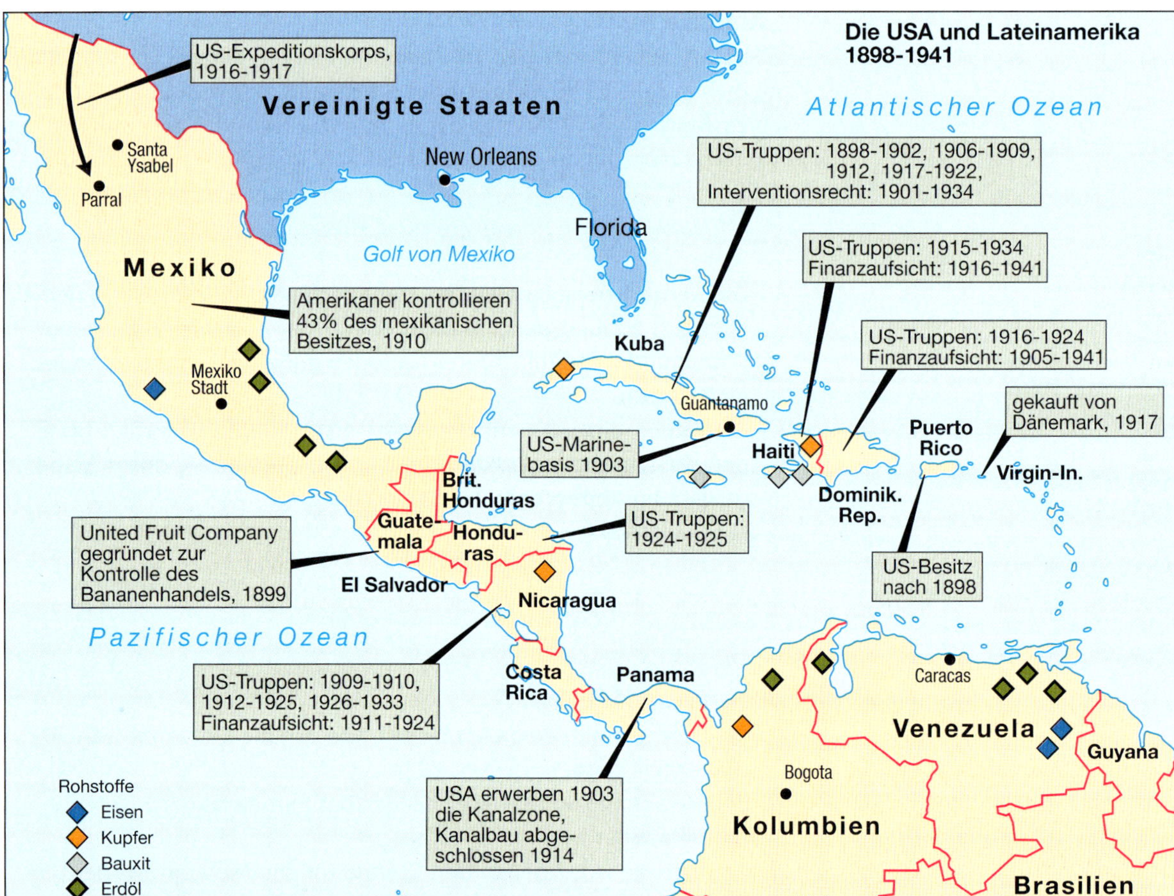

M1 *Einflussnahme der USA in Mittel- und Südamerika.*

METHODE

Analyse von Konflikten

Konflikte in Geschichte und Politik

Ein Konflikt ist die Auseinandersetzung zwischen verschiedenen Parteien, bei dem diese ihre unterschiedlichen, oft gegensätzlichen Interessen durchsetzen wollen. Konflikte werden sowohl friedlich als auch mit Gewalt ausgetragen. Konfliktsituationen können zwischen Personen, Gruppen oder Staaten auftreten.

Mithilfe konkreter Fragen lassen sich historische und auch aktuelle Konflikte untersuchen und darstellen. Bei der Konfliktanalyse werden die Akteure und ihre Motive sowie ihr Handeln und der Verlauf des Konfliktes untersucht.

Schritte zur Analyse eines Konfliktes

1. **Beschreibung des Ereignisses**

   Was geschah wann und wo?
   Wer war beteiligt?

2. **Analyse des Konflikts**

   Welche Interessen verfolgten die Konfliktparteien?
   Was waren Ursachen des Konflikts?
   Was war der Anlass des Konflikts?
   Welche Machtmittel konnten die Konfliktparteien nutzen?
   Wie war die Kompromiss- bzw. Gewaltbereitschaft ausgeprägt?
   Welche Lösungsmöglichkeiten sahen die beteiligten Parteien?
   Wie wurde mit den Interessen der Gegenseite umgegangen?

3. **Bewertung des Konflikts**

   Wie wurde der Konflikt gelöst?
   War die Konfliktlösung für alle Beteiligten akzeptabel?
   Welche Folgen hatte die Lösung für die Zukunft?
   Bedeutete die Lösung mehr Gerechtigkeit oder gefährdete sie die Interessen einer Seite?

Arbeitsaufträge

1. Stelle chronologisch dar, wie sich die USA in die Politik von Staaten Mittel- und Südamerikas einmischten.
2. Wende die Schritte zur Konfliktanalyse auf den Konflikt zwischen den USA und Kuba an.
3. Untersuche die Auseinandersetzung um den Panamakanal mithilfe der Schritte der Konfliktanalyse.
4. Vergleiche die Motive der USA in den untersuchten Konflikten und bewerte diese.
5. Informiere dich über einen aktuellen Konflikt. Untersuche diesen mithilfe der Analyseschritte und stelle ihn vor.

„Golden Twenties"

Wirtschaftsaufschwung und Wohlstand

Die USA gingen wirtschaftlich gestärkt aus dem Ersten Weltkrieg hervor. Die Produktion von Konsumgütern als Massenprodukte stieg stark an. Wichtige Voraussetzungen für das Wachstum der Industrie waren die Verwendung von Aluminium und Kunststoffen sowie der vielfältige Einsatz von Elektromotoren.

Der rasche Wirtschaftsaufschwung wirkte auch auf die Bauindustrie. In den Industriestädten entstanden neue Fabriken, Bürogebäude und Wohnviertel. Das alles führte zu einem deutlichen Anstieg des Lebensstandards und Wohlstandes der Amerikaner.

i

Rationalisierung: wirtschaftliche und zweckmäßige Organisation des Arbeitsprozesses.

Arbeit am laufenden Band

Grundlage des schnellen Wirtschaftswachstums waren die *Rationalisierung* der Produktionsprozesse und die Einführung der Fließbandarbeit durch Henry Ford in der Autoindustrie.

Q1 *Schilderung der Fließbandarbeit in einer deutschen Ford-Fabrik 1926:*

Für die Arbeiter ist die Hauptsache das Mitkommen. Das Arbeitsstück fließt weiter, schneckengleich langsam zwar, aber es fließt! Die Verzögerung des einen bringt den ganzen Betrieb in Unordnung, lenkt sofort die Aufmerksamkeit aller Kollegen und Vorgesetzten auf den „Bummler". Kommt ein Arbeiter an einer Stelle nicht recht mit, wird er stillschweigend an eine andere versetzt. Versagt er dort auch, fliegt er ohne jede Förmlichkeit. Das weiß auch jeder und setzt daher den letzten Handschlag daran, dem Tempo des nach der gegipfelten Einzelleistung laufenden Bandes zu folgen. Da gibt's keinen Raum für nebensächliche Gedanken, keine Zeit, etwa eine Zigarette anzuzünden, ein Wort mit dem Nachbarn zu reden oder gar auszutreten …

Nach: Fähnders; Karrenbrock; Rector: Sammlung proletarisch-revolutionärer Erzählungen. S. 101.

M1 *Das erste Fließband der Welt 1913 bei Ford.*

M2 *Fließbandproduktion um 1934.*

Q2 *Ein Beobachter über die Arbeitsbedingungen am Fließband:*

Bei Ford wurde die Produktion ständig verbessert. Weniger Ausschuss, mehr Aufseher ...
15 Minuten Frühstückspause, drei Minuten auf den Gang zur Toilette, überall die ... Antreiberei, greife darunter, setzte die Unterlegscheibe auf, ziehe die Schrauben fest, schlage den Bolzen fest, greife darunter, setztedieunterlegscheibeauf, ziehdieSchraubefest, greifedaruntersetzeauf-schraubfest-greifedaruntersetzeauf, bis jeder Funke Leben für die Produktion aufgesaugt wurde und die Arbeiter in der Nacht nach Hause gehen wie graue zitternde, leere Hülsen.

Dos Passos, J.: The Big Money. S. 73–75.

Der Wirtschaftsboom prägt den „American Way of Life"

Elektrizität, Autos, Radio, Kino, Kühlschränke und Waschmaschinen veränderten als Massenprodukt den Alltag. Da der wirtschaftliche Aufschwung kaum aufzuhalten schien und Massengüter deutlich preiswerter wurden, wollten jetzt auch Arbeiterfamilien am neuen Wohlstand teilhaben. Werbung und scheinbar günstige Finanzierungsangebote machten einen Kauf auf Raten zur Gewohnheit.

Ungefähr zwei Drittel der Haushaltsgegenstände und Autos wurden auf Raten gekauft. Die Industrialisierung der Nahrungsmittelindustrie veränderte auch die Ernährungsgewohnheiten. Fertigprodukte und Konservenbüchsen eroberten die Haushalte.

M3 *Bau des Empire State Buildings in New York. Foto, 1930.*

Städte verändern ihr Gesicht

Menschen mit höheren Einkommen zogen in Eigenheime in ruhigere, saubere Vororte der Stadt. Das Auto und neue Verkehrsmittel wie die U-Bahn machten die Menschen so mobil, dass sie nicht in unmittelbarer Nähe zu den Fabriken leben mussten. In den Zentren der Großstädte stiegen die Bodenpreise oft stark an. Banken und Wirtschaftsunternehmen bauten Wolkenkratzer als Symbol des wirtschaftlichen Aufschwungs und des wachsenden Selbstbewusstseins. Wohnviertel, in denen inzwischen überwiegend sozial schwache und farbige Arbeiter mit ihren Familien lebten, mussten diesen neuen Gebäuden weichen.

Die Idee, immer mehr Geld zu verdienen, Geschäfte zu machen, und der Glaube, dass alle Pläne erreichbar wären, machten Amerika erneut zum Land der unbegrenzten Möglichkeiten und prägten den „American Way of Life".

Arbeitsaufträge

1. Nenne Gründe des Wirtschaftsaufschwungs in den 1920er-Jahren.
2. Stelle Vor- und Nachteile der Fließbandarbeit aus Sicht eines Arbeiters und aus Sicht eines Unternehmers dar. Beziehe M1, Q1 und Q2 ein.
3. Beschreibe, wie der Wirtschaftsaufschwung die Lebensweise der Menschen veränderte.
4. Begründe, ob die Bezeichnung „Golden Twenties" zutreffend ist.
5. Führt ein Streitgespräch zur Frage „Ist Ratenkauf von Konsumgütern empfehlenswert?".

Wirtschaftskrise und New Deal

Ein Crash wird zur Krise

Politiker und Unternehmer sahen die absolute Freiheit der Wirtschaft ohne jegliche Einmischung des Staates als Triebkraft des Wachstums. Ab 1926 zeichnete sich eine Sättigung des Marktes ab. Die sich rasant entwickelnde Arbeitsproduktivität führte bald dazu, dass langlebige Konsumgüter wie Autos, Kühlschränke oder Radios kaum noch auf dem amerikanischen Markt verkauft werden konnten. Trotzdem versprachen ständig steigende Aktienkurse den Anlegern weiterhin hohe Gewinne. Diese verleiteten auch Handwerker und Farmer, ihre geringen Ersparnisse oder extra dafür aufgenommenen Kredite in Aktien zu investieren, um an der Börse zu verdienen.

Am 25. Oktober 1929, der später als *„Schwarzer Freitag"* bezeichnet wurde, brach der Börsenhandel zusammen.

i

„Schwarzer Freitag": Freitag, der 25.10.1929, gilt als „Schwarzer Freitag" für die Finanzwelt. Die massiven Kursverluste der New Yorker Börse leiteten eine weltweite Wirtschafts- und Finanzkrise ein.

Q1 *Am 24. Oktober 1929 berichtet die New York Times:*

Panische Angst erfasste große und kleine Spekulanten. Tausende von ihnen werfen ihre gesamten Aktien in den tumultartigen Markt, geben Signale an ihre Broker: „Verkaufen zu jedem Preis." Die Verluste sind entsetzlich. Tausende von großen Konten, gesund und sicher in der Woche zuvor, werden vollständig ruiniert. Furchterregte Spekulanten ... verfolgen regungslos das Unglück, das viele von ihnen ruiniert hat. Die Börse bietet ein Bild der Selbstzerfleischung. Verzweifelte Händler versuchen, Aktienblöcke loszuwerden, die niemand kaufen will. Die Preise stürzen tiefer und tiefer.

New York Times 24.10.1929.

M1 *Broker beim telefonischen Handel am 25.10.1929. An diesem Tag wurden 23 % mehr telefonische Aktienverkäufe als an einem durchschnittlichen Börsentag getätigt.*

Ist der „American Way of Life" zu Ende?

Der Börsencrash von 1929 wirkte sich auf alle Teile des Lebens aus. Da viele Fabriken wegen starker Verluste im Absatz nicht weiter produzieren konnten, stieg die Arbeitslosenzahl von 4 Millionen im Jahr 1930 auf 15 Millionen 1932. Tausende Banken mussten schließen. Die Werte der Aktien sanken weiter auf etwa 10 % der Werte vor 1929 und die Preise für Agrarprodukte waren auf 60 % gefallen. Da sie von ihrer Arbeit nicht mehr leben konnten, verließen viele Farmer ihr Land und suchten in den Städten Arbeit. Dort ließen sie aber nur die Zahl der Arbeitslosen und Obdachlosen anwachsen. Eine weltweite Wirtschaftskrise folgte.

New Deal – die Karten werden neu verteilt

Der Präsidentschaftswahlkampf von 1932 war hauptsächlich eine Debatte über die Ursachen der Wirtschaftskrise und über mögliche Abhilfen. Der Republikaner Herbert Hoover wollte auf den natürlichen Erholungseffekt bauen, während der Demokrat Franklin D. Roosevelt bereit war, die Macht der Regierung für ein Eingreifen in die Wirtschaft zu nutzen.

Bereits bei seiner Nominierung als Präsidentschaftskandidat im Juli 1932 versprach er eine „Neuverteilung der Karten für das amerikanische Volk". Roosevelt wurde mit seinem Konzept für mehr soziale Gerechtigkeit, dem „New Deal", gewählt.

- Stützung von Mindestpreisen für Agrarprodukte und Verringerung der landwirtschaftlichen Produktion zur Stabilisierung der Preise
- Einführung der 30-Stunden-Woche
- freiwilliger Arbeitsdienst (Civilian Conservation Corps – CCC) für die Aufforstung und Bodenverbesserung
- Bau von 122 000 öffentlichen Gebäuden, 77 000 Brücken und 1 Mio. Kilometern Straßen
- Bau von 20 Staudämmen im Tennesseetal
- staatliche Überwachung der Börsen
- Verbot von Kinderarbeit
- formelles Streikrecht
- Einführung von Mindestlöhnen, staatlichen Renten und einer Arbeitslosenversicherung
- Einführung eines veränderten Steuersystems
- Verbot von privatem Goldbesitz (von 1933 bis 1974)

M2 *Maßnahmen der New-Deal-Politik.*

Q2 *In seiner Antrittsrede im März 1932 kündigte Präsident Franklin D. Roosevelt Maßnahmen gegen die Krise an:*

Unsere vordringlichste Aufgabe ist es, den Leuten Arbeit zu geben. ... Gleichzeitig aber verwirklichen wir mithilfe dieser Beschäftigungspolitik sehr notwendige Projekte, die die Nutzung unserer natürlichen Reichtümer stimulieren und reorganisieren. ... Schließlich brauchen wir auf unserem Weg zur Arbeitsbeschaffung zwei Sicherungen gegen die Wiederkehr der Übel alter Ordnung. Es muss eine strikte Überwachung des ganzen Bank-, Kredit- und Investitionswesens geben ... und es muss für eine ausreichend vorhandene, aber gesunde Währung gesorgt werden ...

Zeiten und Menschen. Ausgabe Q, S. 21f.

M3 *„Wie viel brauchen wir noch?" Karikatur aus den USA, 1933.*

Arbeitsaufträge

1. Erkläre Ursachen und Folgen der Wirtschaftskrise. Beziehe Q1 ein.
2. Erläutere die Ziele der Politik Roosevelts mithilfe von Q2.
3. Ordne die Maßnahmen der New-Deal-Politik nach finanzpolitischen, wirtschaftlichen und sozialpolitischen Maßnahmen.
4. Interpretiere die Karikatur M3.

METHODE

Analyse historischer Filme

Filme zeigen, was sich zu einem bestimmten Zeitpunkt im Blickwinkel der Kamera befunden hat. Die Ereignisse oder Vorgänge können auf diese Weise – auch wenn sie längst Geschichte sind – in ihrer gefilmten Darstellung betrachtet und als Quellen ihrer Entstehungszeit befragt werden.

Filmdokument	Dokumentarfilm	Historischer Spielfilm	Historienfilm
– filmische Aufnahmen eines Ereignisses	– kommentierte Darstellung und Beschreibung von Ereignissen – zeitgenössische Filmdokumente werden verwendet	– zeigt, wie ein historisches Ereignis in der konkreten Entstehungszeit des Filmes gesehen und bewertet wird	– Handlung spielt in der Vergangenheit – typisch ist die detailreiche Rekonstruktion der Atmosphäre der jeweiligen Epoche
Beispiele: Wochenschau; Augenzeuge	Beispiele: Stadt im Mittelalter; Deutschland – ein Sommermärchen	Beispiele: Im Westen nichts Neues; Schindlers Liste	Beispiele: Luther; Alexander

M1 *Filmgattungen.*

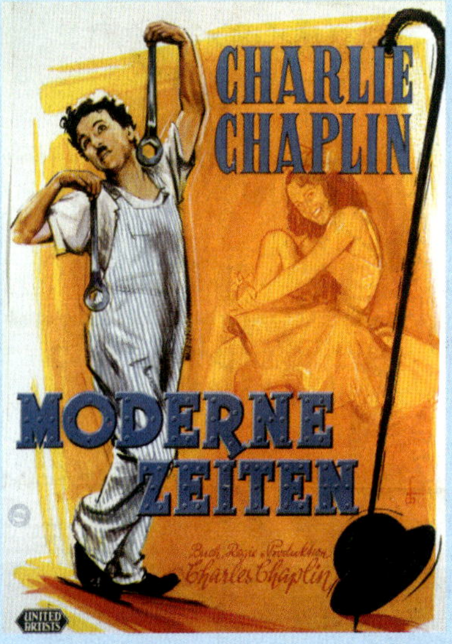

M2 *Filmplakat.*

„Modern Times"

Im Februar 1936 wurde in New York der Film „Modern Times" uraufgeführt. Der Film beginnt mit dem Untertitel „Moderne Zeiten. Eine Geschichte der Industrie, des privaten Unternehmertums, des Kreuzzugs der Menschheit bei ihrem Streben nach Glück". Charlie Chaplin, der das Drehbuch schrieb, spielte in der Figur des Tramp die Hauptrolle, führte Regie und komponierte die Musik zum Film.

Der Film ist eine Satire auf die durch Fließbandtechnologie geprägte Arbeitswelt und deren Auswirkungen auf die Arbeiter und die Gesellschaft bis zur Wirtschaftskrise der 1930er-Jahre.

Zeitprobleme auf Zelluloid gebannt

Wie eine Schafherde drängen die Arbeiter aus der U-Bahn in die Fabrik. Einer von ihnen ist Chaplin als der Tramp. In der Fabrik überwacht der Fabrikdirektor mit Kameras und Bildschirmen ständig die Tätigkeit seiner Mitarbeiter. Charlie arbeitet in der Fließbandfertigung, er schraubt und schraubt und schraubt – bis er durchdreht und schraubend auf die Straße läuft. Dort will er an einer Frau weiterschrauben, die die Polizei ruft. Der herbeigerufene Polizist verfolgt Charlie, der zurück in die Fabrik rennt, nicht ohne am Tor wieder die Stempeluhr zu bedienen.

Charlie wird entlassen. Auf der Straße sieht er, wie ein Langholzlaster die Heckfahne verliert. Als er dem Fahrer die rote Fahne hinterherbringen will, gerät er unter demonstrierende Arbeiter. Wegen der roten Fahne wird er als vermeintlicher Anführer verhaftet. Im Gefängnis verhindert Charlie ungewollt den Ausbruch von Mithäftlingen und wird als Held entlassen.

Arbeitslos trifft er auf der Straße ein Mädchen, das er bereits auf dem Transport ins Gefängnis kennengelernt hatte und in das er sich verliebte. Mit verschiedenen Gelegenheitsjobs versuchen beide sich durchzuschlagen. Am Ende des Films gehen sie gemeinsam auf einer menschenleeren Straße, vielleicht in eine sichere, bessere, aber ungewisse Zukunft.

i

Der Film „Moderne Zeiten" entstand als Tonfilm. Jedoch gibt es keine Dialoge. Nur einmal ist Charlie Chaplin singend zu hören. Sein Gesang ist jedoch nicht zu verstehen. Damit ist der Film auch eine Satire auf den Tonfilm.

Nicht alle lachten

In den USA wurde der Film stark kritisiert. Er wurde nicht nur als antikapitalistisch verurteilt, sondern auch als Kritik am amerikanischen Gesellschaftssystem verstanden. Wegen kommunistischer Tendenzen wurde „Moderne Zeiten“ in Italien sogar verboten und in Deutschland erstmals 1955 gezeigt.

Q1 *Auszug aus einem Interview mit Charlie Chaplin von 1931:*

... Auf meiner Reise durch das Land habe ich mit allen möglichen Menschen gesprochen – mit Eisenbahnern, Arbeitern, Mitreisenden –, und ich habe erfahren, dass die Zeiten jetzt noch härter sind als im letzten Jahr ...
Maschinen sollten der Menschheit nützen. Sie sollten kein Unheil bringen und sie nicht ihrer Arbeitsplätze berauben.
... Wenn es für die Zukunft überhaupt eine Hoffnung geben soll, dann muss meiner Meinung nach irgendein radikaler Wandel eintreten, damit man diese Zustände in den Griff bekommt.
Einige Leute, die sich gut arrangiert haben, sind nicht an einer Veränderung der gegenwärtigen Lage interessiert. Auf diese Weise wird man kaum bolschewistische oder kommunistische Ideen abwehren, die sich durchsetzen könnten. Hier stimmt etwas nicht. Man hat schlecht gewirtschaftet, wenn im reichsten Land der Welt fünf Millionen Menschen ohne Arbeit sind ...

Zitiert nach D. Robinson: Charlie Chaplin. Sein Leben, seine Kunst. S. 527 f.

Schritte zur Analyse von Filmen

1. Nenne die Gattung des Films. (Filmdokument, Dokumentarfilm, historischer Spielfilm, Historienfilm)
2. Fasse den Inhalt des Films/der Szene zusammen.
3. Beschreibe den historischen Aussagewert des Films.
4. Ordne den Film in die Filmgeschichte ein. (Entstehungszeit, gesellschaftspolitischer Hintergrund)
5. Untersuche die Aussagekraft ausgewählter Szenen und/oder Einstellungen, von Schnitt und Ton.
6. Setze die untersuchten Szenen in Beziehung zu bekannten Zuschauerreaktionen, Filmkritiken oder Quellen.

Arbeitsaufträge

1. Finde weitere Merkmale und Beispiele für die in M1 benannten Filmgattungen. Bewerte ihre Verlässlichkeit als Quelle.
2. Wende die Schritte der Filmanalyse auf den Film „Modern Times“ an.
3. Ordne die Bilder von Seite 71 den Filminhalten zu.
4. Vergleiche das Anliegen des Films mit Charlie Chaplins Aussagen in Q1.
5. Informiere anschaulich über Leben und Werk von Charlie Chaplin.

PROJEKT

Traumfabrik Hollywood

M1 *Der erste Cinematograph als Aufnahme- und Vorführgerät.*

M2 *Mobiler Filmwagen – eine technische Neuerung in Hollywood. Foto, 1930.*

Wie die Bilder laufen lernten

Fotografen erkannten schon in der ersten Hälfte des 19. Jahrhunderts, dass die Bewegung von Personen oder Tieren dargestellt werden konnte, wenn viele Fotos schnell hintereinander aufgenommen und gezeigt wurden.

Die ersten Filme mussten die Zuschauer jeder für sich im Kinetoscop beobachten. Das Kinetoscop war ein Guckkasten für eine Person, der 1893 zum ersten Mal auf Jahrmärkten vorgeführt wurde. Nach dem Einwurf einer Münze, konnte man einen kurzen Film betrachten. 1895 gelang in Paris den Brüdern Lumière die Entwicklung des Cinematographen, mit dem Bilder aufgenommen und gezeigt werden konnten.

Ende 1896 war der Durchbruch erreicht. Filme mit bewegten Bildern flimmerten in Europa und den USA über die Leinwände.

Der Film kommt nach Hollywood

Der Mythos Hollywood hatte seine Geburtsstunde 1912, als Cecil B. DeMille, der ein Jahr später die Paramount Studios gründete, in einem Pferdestall den Film "The Squaw Man" drehte. Es war die erste Spielfilmproduktion in Hollywood. DeMille folgten weitere Produzenten.

Hollywood bot zu Anfang des 20. Jahrhunderts nahezu ideale Bedingungen für die Filmindustrie: klare Luft und klare Sicht, sonniges Klima und vielfältige Landschaften wie das Meer, die Berge und die Wüste in unmittelbarer Nachbarschaft. Billige Arbeitskräfte, die als Filmstatisten und Filmkulissenbauer benötigt wurden, gab es an der damals kaum entwickelten Westküste ebenfalls.

Unterhaltung ohne Worte

Obwohl die ersten Filme Stummfilme waren, wurde das Kino immer beliebter. Ein Klavierspieler oder gar ein Orchester mit 50 bis 60 Musikern begleiteten in großen Kinos die Filmvorführungen. Stummfilmstars wie Charlie Chaplin, Oliver Hardy und Stan Laurel brachten die Menschen zum Lachen.

„You ain't seen nothing yet"

Mit der Entwicklung des Tonfilms 1927 erlebte das Kino einen weiteren Aufschwung. Die ersten Worte, die im Film „The Jazz Singer" gesprochen worden sind, lauteten „You ain't seen nothing yet".

Einige Stars der Stummfilmzeit blieben auch Publikumslieblinge des Tonfilms, andere wurden wegen ihrer Stimmen ausgelacht und beendeten die Karriere.

Gestaltet ein Daumenkino um zu überprüfen, „wie die Bilder laufen lernen".

Arbeitsaufträge

1. Erarbeite mit deiner Klasse eine Mind-Map zum Thema Kino und leite daraus Arbeitsthemen ab.
2. Untersuche und dokumentiere die Entwicklung des deutschen Kinos.
3. Gestaltet Filmbeiträge für ein eigenes Kinomagazin. Stellt dabei Filme aus verschiedenen Gattungen und Neuigkeiten aus der Welt des Kinos vor.

IN KÜRZE

Wichtige Begriffe:

Golden Twenties
New Deal
Weltwirtschaftskrise
Blutsonntag
Oktoberrevolution
Bolschewiki
Menschewiki
Kollektivierung
Sowjetherrschaft

Auf Initiative der USA wurde 1919 der Völkerbund gegründet, dem die USA jedoch nicht beitraten. Außenpolitisch konzentrierten sich die USA auf die Steigerung ihres Einflusses auf dem amerikanischen Kontinent. Weiter anhaltende Einwanderungen, wirtschaftlicher Fortschritt durch Fließbandproduktion und die Verwendung neuer Materialien und Technologien führten zu einem starken Wirtschaftsaufschwung. Da die Nachfrage nicht mit der ständig steigenden Produktion mithalten konnte, kam es zu Überangebot und Preisverfall. Im Zusammenhang mit dem Börsencrash entwickelte sich die Krise zur *Weltwirtschaftskrise*. Staatliche Beschäftigungsprogramme und die stärkere staatliche Lenkung der Wirtschaft durch die *New Deal-Politik* führten zur Überwindung dieser Krise.

Die Verschlechterung der Lebenslage der russischen Bevölkerung durch den Ersten Weltkrieg löste Proteste gegen die Zarenherrschaft aus, die zum Sturz des Zaren in der Februarrevolution führten. Da die provisorische Regierung den Krieg fortsetzte, konnten die Arbeiter- und Soldatenräte durch die Forderung den Krieg zu beenden immer stärkeren Einfluss gewinnen. Mit der *Oktoberrevolution* errichteten die von Lenin geführten *Bolschewiki* die Herrschaft der Arbeiterklasse in Russland und schlossen mit Deutschland einen Friedensvertrag. In blutigen Kämpfen mit den inneren und äußeren Feinden der Revolution setzten sich die Bolschewiki durch und gründeten 1922 die UdSSR als ersten, von einer kommunistischen Partei geführten Staat.

Die Weimarer Republik

Reichstag während der konstituierenden Sitzung. Foto, 19.10.1920.

Freiheit

Aufbau einer Demokratie

Die Deutsche Revolution 1918/1919

Im Herbst 1918 hatten die Waffenstillstandsverhandlungen zwischen den Mittelmächten und den Alliierten zur Beendigung des Ersten Weltkrieges begonnen. Die deutsche Hochseeflotte sollte nach dem Willen ihrer Offiziere einen letzten Kampf gegen England bestehen. Jedoch gab es von den Soldaten und Matrosen Widerstand, weil der Kampf als aussichtslos galt. Die schlechte Versorgung auf den Schiffen und der zum Teil nicht ausgezahlte Sold waren ein weiterer Grund für die spätere Befehlsverweigerung. Die Soldaten erkannten, dass sie nur geopfert werden sollten. Die Besatzungen der Schiffe kehrten in die Häfen zurück oder lehnten sich gegen ihre Offiziere auf. Außerdem unterstützten sie die Forderung zur Freilassung der inhaftierten Matrosen, die sich ihren Offizieren verweigert hatten.

Am 3. November 1918 wehten die roten Fahnen der Revolution auf den Kriegsschiffen. Demonstrationszüge von verbündeten Soldaten und Matrosen zogen durch Kiel. Immer mehr Arbeiter schlossen sich ihnen an. Am 4. November war die Stadt in der Hand der Arbeiter, Soldaten und Matrosen. Diese spontane revolutionäre Welle erfasste weitere Städte in ganz Deutschland. Überall bildeten sich Arbeiter- und Soldatenräte, die ihre Forderungen durchsetzen wollten.

M1 *Der Beginn der Deutschen Revolution in Deutschland.*

Die Abdankung des Kaisers

Die Arbeiter- und Soldatenräte forderten nicht nur ein Ende des Krieges, sondern auch die Abdankung des Kaisers. Weiterhin wurden die Rufe nach Demokratie und der Bildung einer Republik laut. Immer mehr Menschen forderten auch eine Räteregierung nach dem Vorbild Russlands ein. Da der Kaiser seine Macht nicht freiwillig aufgab, verkündete der Reichskanzler Prinz Max von Baden ohne dessen Zustimmung den Rücktritt von Kaiser Wilhelm II. am 9. November 1918.

Friedrich Ebert und das Amt des Reichskanzlers

Prinz Max von Baden ernannte Friedrich Ebert zum neuen Reichskanzler. Mit ihm hofften die führenden Politiker der alten Regierung, die Parteien, die Adligen sowie auch viele Angehörige des Großbürgertums, ihre Macht zu erhalten und eine neue Regierung bilden zu können. Ebert erhielt dieses Amt, weil er der stärksten im Reichstag vertretenen Partei, der SPD, vorstand. Die linken Sozialdemokraten und die Spartakisten unter Karl Liebknecht und Rosa Luxemburg forderten den Aufbau einer Räteregierung. Ebert und die Sozialdemokraten sahen die Bildung einer *parlamentarischen Republik* als ihr Ziel an. Dabei stand die Wahl einer *verfassungsgebenden Nationalversammlung* im Vordergrund.

i

Parlamentarische Republik: vom Volk gewählte demokratische Staatsform.
Verfassungsgebende Nationalversammlung: gewählte Volksvertretung, die zur Verfassungsgebung berufen wurde oder das Parlament bildet.

Zwei Republiken werden ausgerufen

Ebert hatte soeben erst das Amt des Reichskanzlers übertragen bekommen, als sein Parteigenosse Philipp Scheidemann am 9.11.1918 um 14:00 Uhr die deutsche Republik ohne Wissen von Ebert ausrief. Karl Liebknecht verkündete gegen 16:00 Uhr die freie sozialistische Republik.

Q1 *In seinen Erinnerungen schrieb Philipp Scheidemann:*

„… Scheidemann, kommen Sie gleich mit!" – Ich wehrte ab. „Du musst, wenn Unheil verhütet werden soll!" – „Draußen stehen Zehntausende, die verlangen, dass Sie reden." – „Komm schnell, vom Schlossbalkon aus redet Liebknecht …!" – „Na, wenn schon!" „Nein, nein kommen Sie mit!" „Du musst reden!" „… Liebknecht will die Sowjetrepublik ausrufen!" – Nun sah ich die Situation klar vor Augen. Ich kannte Liebknechts Forderungen: „Alle Macht den Arbeiter- und Soldatenräten!" – Deutschland also eine russische Provinz, eine Sowjetfiliale! Nein! Nein! … (Ich) sprach nur wenige Sätze: „Arbeiter und Soldaten! Das deutsche Volk hat auf der ganzen Linie gesiegt. Das Alte, Morsche ist zusammengebrochen, der Militarismus ist erledigt. Die Hohenzollern haben abgedankt! Es lebe die deutsche Republik!" …

Nach: Scheidemann, Philipp: Memoiren eines Sozialdemokraten.

M2 *Philipp Scheidemann ruft die Republik aus. Foto, 1918.*

Arbeitsaufträge

1. Gestalte eine Zeitleiste mit den wichtigsten Ereignissen des Jahres 1918. Beschreibe mithilfe der Zeitleiste die Ereignisse 1918.
2. Berichte über die Abdankung des Kaisers und beschreibe die Rolle des Reichskanzlers Prinz Max von Baden.
3. Erkläre, warum zwei Republiken ausgerufen wurden. Nutze Q1.

Die Verfassung der Weimarer Republik

Die „vorläufige" Regierung

Friedrich Ebert bildete am 10. November 1918 aus Vertretern der SPD und der *USPD* eine Regierung. Es galt, die Weiterarbeit der lebenswichtigen Betriebe zu ermöglichen und die Bevölkerung mit Lebensmitteln zu versorgen. Die Regierung musste die Rückführung der Fronttruppen organisieren und den rückkehrenden Soldaten Arbeitsplätze beschaffen. Das betraf fünf Millionen Soldaten. Die Betriebe stellten ihre Produktion von Kriegsmaterial auf Waren des täglichen Bedarfs um. Zur Lösung dieser Aufgaben war die neue Regierung auf die Hilfe der bestehenden Verwaltungen und Ämter angewiesen. Obwohl die ehemaligen kaiserlichen Beamten dem neuen Staat ablehnend gegenüberstanden, wurden sie mit Aufgaben für den Staat betraut. Eine Veränderung der Wirtschafts- und Gesellschaftsordnung in Deutschland sahen die Mitglieder der Regierung als Aufgaben für spätere Regierungen an.

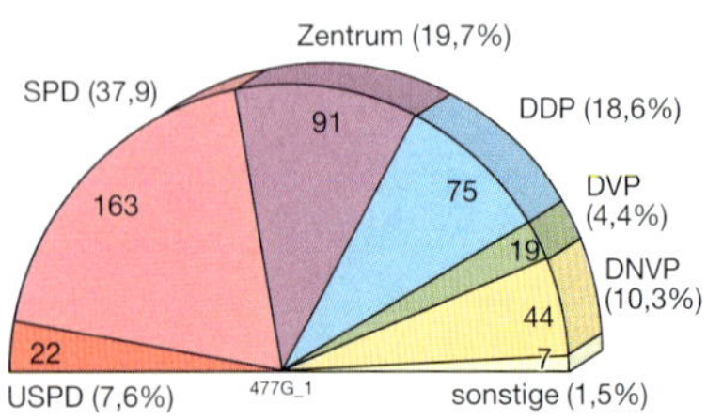

M1 *Sitzverteilung in der Nationalversammlung am 19.01.1919. Die Prozentzahlen geben die Anteile an den Wählerstimmen an.*

Die Wahlen zur Nationalversammlung

Der Jahreswechsel 1918/1919 war geprägt vom Wahlkampf aller Parteien für die Wahlen zur Nationalversammlung. Die neu gegründete *KPD* beteiligte sich nicht. Am 19. Januar 1919 fanden die Wahlen statt. Dabei galt das allgemeine, gleiche, geheime und direkte Wahlrecht für das gesamte deutsche Volk. Zum ersten Mal in der deutschen Geschichte hatten auch Frauen das Recht zu wählen. Bei dieser Wahl trugen die Befürworter der parlamentarischen Republik den eindeutigen Sieg davon.

i

USPD: Unabhängige Sozialdemokratische Partei Deutschlands, die aus einer Gruppe von SPD-Abgeordneten hervorging.
KPD: Kommunistische Partei Deutschlands, die aus dem Spartacusbund entstand.

Die Konstituierung der Nationalversammlung

Die konstituierende Sitzung der Nationalversammlung fand in Weimar, einer Stadt in Thüringen statt, um den Unruhen und Krawallen in Berlin zu entgehen. Die ersten Aufgaben der Nationalversammlung waren die Ausarbeitung einer bürgerlichen Verfassung, die Besetzung der Staatsämter und der Abschluss eines Friedensvertrages.

Die demokratischen Parteien schlossen sich zur „Weimarer Koalition" von SPD, Zentrum und DDP zusammen und bildeten unter dem Reichskanzler Philipp Scheidemann eine Regierung. Am 11. Februar wurde Friedrich Ebert zum ersten Präsidenten der ersten deutschen Republik gewählt.

Q1 *Ansprache des Reichspräsidenten Friedrich Ebert am 11. Februar 1919:*

> ... Mit all meinen Kräften und mit voller Hingabe werde ich mich bemühen, mein Amt gerecht und unparteiisch zu führen ... Ich gelobe, dass ich die Verfassung der Deutschen Republik getreulich beachten und schützen werde. Ich gelobe und werde als Beauftragter des ganzen Volkes handeln, nicht als Vormann einer einzelnen Partei.
> Ich bekenne aber auch, dass ich ein Sohn des Arbeiterstandes bin, aufgewachsen in der Gedankenwelt des Sozialismus, und dass ich weder meinen Ursprung noch meine Überzeugung jemals zu verleugnen gesonnen bin.
> Nach: Haschke, G./Tönnies, N.: Friedrich Ebert. S. 128 ff.

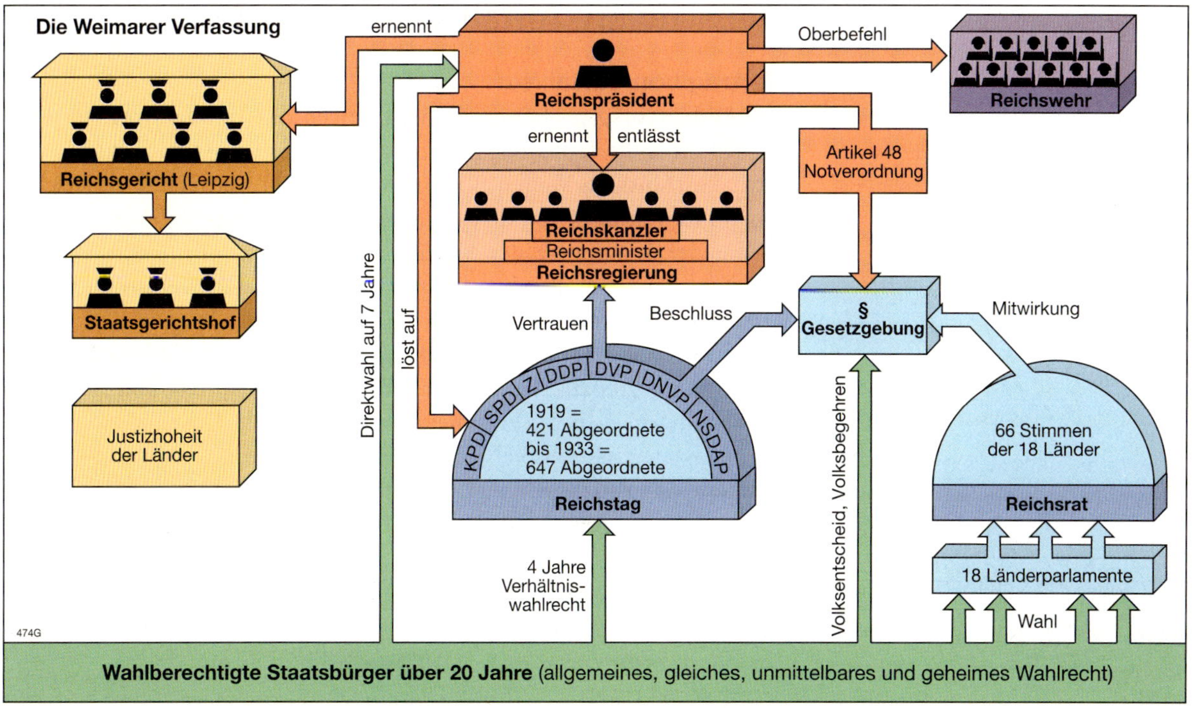

M2 *Die Weimarer Verfassung.*

Die Weimarer Verfassung

In der am 31. Juli 1919 verabschiedeten Verfassung wurden die Gewaltenteilung, das Verhältniswahlrecht, Bürger- und Menschenrechte und die Bundesstaatlichkeit als Grundsätze festgeschrieben. Damit war die erste demokratische Republik auf deutschem Boden entstanden. Eine besondere Bedeutung bekam der Artikel 48, der auch als „Notstandsartikel" bezeichnet wurde.

Q2 *Artikel 48 der Weimarer Verfassung:*

Der Reichspräsident kann, wenn im Deutschen Reiche die öffentliche Sicherheit und Ordnung erheblich gestört oder gefährdet wird, die zur Wiederherstellung der öffentlichen Sicherheit und Ordnung nötigen Maßnahmen treffen ... Zu diesem Zwecke darf er vorübergehend die ... Grundrechte ganz oder teilweise außer Kraft setzen.

Michaelis, H./Schraeppler, E.: Ursachen und Folgen, Bd. 3.

Arbeitsaufträge

1. Erläutere, warum die Regierung unter Ebert die ehemaligen Staatsbeamten nicht aus ihren Diensten entließ.
2. Skizziere die Schritte zur Bildung der Nationalversammlung.
3. Erkläre, wie die „Weimarer Republik" zu ihrem Namen kam.
4. Nenne anhand von Q1 die Grundsätze der Politik von Friedrich Ebert.
5. Beschreibe den Staatsaufbau der Weimarer Republik mithilfe von M2.
6. Begründe anhand von Q2, warum der Artikel 48 als „Notstandsartikel" bezeichnet wurde.

Der schwere Anfang von 1919 – 1923

Versailles: Ort, an dem 1871 nach dem deutschen Sieg über Frankreich das Deutsche Kaiserreich ausgerufen wurde.

Vertrag von Versailles

Die Verhandlungen über die Bestimmungen des Vertrages von *Versailles* fanden ohne die Teilnahme der deutschen Regierung statt. Sechs Monate nach Abschluss des Waffenstillstandes wurden die Vertreter des deutschen Staates in Versailles von den Alliierten empfangen. Am 28. Juni 1919 – es war der 5. Jahrestag des Mordes von Sarajewo – unterschrieben die Vertreter der USA, Frankreichs, Großbritaniens und Deutschlands den Friedensvertrag von Versailles.

Der Versailler Vertrag verbot die allgemeine Wehrpflicht in Deutschland und begrenzte die deutsche Berufsarmee auf 100 000 Soldaten. Zudem untersagte er die Vereinigung mit Österreich und jegliche moderne Waffen – wie zum Beispiel Flugzeuge, Schlachtschiffe, U-Boote, schwere Artillerie und Panzer. Mit diesem Vertrag wollten die Alliierten dem Deutschen Reich die Fähigkeiten nehmen, einen erneuten Krieg zu führen.

M1 *Europa nach dem Ersten Weltkrieg. Die deutschen Kolonien wurden unter den Siegermächten aufgeteilt.*

Der Paragraph 231

Dieser grundlegende Paragraph wies die Kriegsschuld einseitig Deutschland und den Mittelmächten zu. Deutschland musste damit anerkennen, dass es für alle Schäden verantwortlich war, die durch den Krieg entstanden waren. Es wurde zur Wiedergutmachung verpflichtet, zu Reparationen in Form von Geldzahlungen, Sachleistungen und Warenlieferungen. Die genaue Höhe der Reparationszahlungen bestimmten die Siegermächte in weiteren Verhandlungen.

„Der Friedensvertrag sei das Todesurteil"

Die Oberste Heeresleitung sah keine Möglichkeit, sich der Unterzeichnung mithilfe militärischer Gewalt zu widersetzen. Somit hatte die deutsche Regierung keine Alternative und musste den Vertrag unterschreiben. Die Nationalversammlung reagierte tief empört auf den Versailler Vertrag und löste sich auf.

Q1 *Walther Rathenau sagte über den Versailler Vertrag:*

Deutschland gerät in einen Zustand gleich nach dem Dreißigjährigen Kriege. Es wird politisch schwach, industriell vernichtet sein. Ein Viertel der Bevölkerung wird entweder Hungers sterben oder zur Auswanderung gezwungen sein. ...
Berlin und die anderen größeren Städte werden verfallen und sich langsam mit Staub bedecken; die Mauern werden Risse zeigen, die Straßen bekommen Löcher, nichts wird instand gehalten ...

Zitiert nach: Schulin, Ernst (Hg.): Gespräche mit Rathenau. S. 244.

Q2 *Reichskanzler Phillip Scheidemann äußerte sich wie folgt:*

Der Vertrag ist unerträglich und unerfüllbar. Welche Hand müsste nicht verdorren, die sich und uns in solche Fesseln legte.

Nach: Verhandlungen zur verfassungsgebenden Versammlung. Bd. 327. S. 1084.

Q3 *Der Journalist Ernst Troeltzsch schrieb über den Vertrag:*

Wo vor Kurzem noch überspannter Optimismus herrschte, grassiert nun schiere Verzweiflung: Armut, ... verhüllte Fremdherrschaft ...

Zitiert nach: Heß, Jürgen C.: Das ganze Deutschland soll es sein. S. 97.

Arbeitsaufträge

1. Analysiere die Karte M1 und ordne die Vertragsbestimmungen tabellarisch (militärisch, politisch).
2. Erkläre die Reaktionen auf den Friedensvertrag. Nutze Q1 bis Q3.
3. Begründe, warum der Vertrag auch als „Diktatfrieden" bezeichnet wurde.
4. Beurteile, ob der Versailler Vertrag den Frieden langfristig sichern konnte.

Die Gegner der Demokratie

Die bürgerlich-demokratische Verfassung der Weimarer Republik war noch nicht vollständig ausgearbeitet, da standen dem Staat schon zahlreiche Gegner gegenüber.

Anhänger des alten Kaiserreiches
Sie wollten ihren Kaiser und dessen Reich zurück. Der Erste Weltkrieg war für sie nur durch die Novemberrevolution 1918/1919 verloren gegangen. Die neue Regierung unter Ebert bezeichneten sie als „Novemberverbrecher" und Vaterlandsverräter".

Anhänger des Sozialismus
Um die Jahreswende 1918/1919 erhoben sich die Spartakisten, um die Wahlen zur Nationalversammlung zu verhindern. Angehörige der Freikorps ermordeten die Anführer Rosa Luxemburg und Karl Liebknecht. Sie wollten einen sozialistischen Staat nach dem Vorbild der Sowjets errichten. Die Kommunisten bezeichneten die Reichsregierung als „Arbeiterschlächter" und „Spartacusmörder".

Die Gegner der

Anhänger eines „Führerstaates"
Diese wollten den Kaiser zwar nicht zurück, aber einen „starken Mann" an der Spitze des Staates. Sie lehnten die bürgerlich-demokratische Republik ab.

Der Kapp-Lüttwitz-Putsch
Unter der Führung von Generallandschaftsdirektor Kapp und Reichswehrgeneral Lüttwitz wollten Soldaten im März 1920 die Reichsregierung stürzen. Sie besetzten das Regierungsviertel und erklärten Kapp zum Reichskanzler. Ein Generalstreik der Arbeiter im Land ließ den Putschversuch scheitern. Die von Arbeitern gebildete „Rote Armee" verwickelte die Reichswehr in schwere Kämpfe.

Kommunistische Aufstände 1920/1921
Die „Rote Armee" der Arbeiter wollte den Sieg von Kapp und Lüttwitz und die Errichtung eines nationalistischen Staates verhindern. Anders als beim Kapp-Lüttwitz-Putsch schlugen die Freikorps die Aufständischen blutig nieder, da die Arbeiter nach dem Ende der Kämpfe nicht bereit waren ihre Waffen niederzulegen.

Die „Dolchstoßlegende"
Hindenburg erklärte am 18.11.1919 vor dem Reichstag, dass ein englischer General mit Recht gesagt hatte, dass die deutsche Armee am Ende des Ersten Weltkrieges von hinten erdolcht worden sei. Die Regierung und die Bevölkerung hätten die deutsche Armee in ihrem Kampf gegen die Alliierten nicht länger unterstützt. Alle Gegner der Republik griffen diese „Dolchstoßlegende" auf. Somit galt die Reichsregierung als „Verräter" an einem Sieg der Deutschen über die Alliierten.

Politische Morde
Ein Offizier ermordete 1919 auf offener Straße den Journalisten und Vorsitzenden der USPD Kurt Eisner. Matthias Erzberger, Vizekanzler und Finanzminister wurde 1921 ermordet. Ihm gab man die Schuld an der Unterzeichnung des Versailler Friedensvertrages. Im Juni 1922 ermordeten rechtsradikale Terroristen den Außenminister Walther Rathenau.

Weimarer Republik

Artikel 48 der Weimarer Verfassung
Der Reichspräsident konnte durch den Artikel die bürgerlich-demokratischen Grundrechte ohne Zustimmung des Reichstages außer Kraft setzen, was das Bestehen der Weimarer Republik gefährdete.

Der Hitler-Ludendorff-Putsch
Adolf Hitler wollte in Bayern gemeinsam mit General Ludendorff einen Staatsstreich durchführen. Am 8. November 1923 erklärten sie die Reichsregierung für abgesetzt und riefen eine provisorische deutsche Nationalregierung aus. Die bayrische Polizei beendete den Putsch und Hitler wurde zu fünf Jahren Haft verurteilt. Davon verbüßte er aber nur neun Monate im Gefängnis. Ludendorff wurde von einem Gericht freigesprochen.

Arbeitsaufträge

1. Nenne die Gegner der Weimarer Republik, ihre politischen Richtungen und Ziele.
2. Beurteile, wie stabil die Demokratie in der Weimarer Republik war.
3. Erläutere, welche Gefahren die „Dolchstoßlegende" in sich barg.

Die erste deutsche Republik

Das Jahr der Inflation – 1923

Die enorme Höhe der Reparationszahlungen und Warenlieferungen aus dem Versailler Friedensvertrag verschärften die ohnehin angespannte wirtschaftliche Lage des Landes zu Beginn des Jahres 1923. Die ständigen Unruhen und Streiks lähmten die Wirtschaft, sodass dem Staat geringere Steuern zuflossen. Aus Steuern mussten aber die hohen Kriegsschulden beglichen, die Kriegswaisen und Witwen, die Kriegsversehrten, die Alten und Erwerbslosen versorgt werden.

Der Wert des Geldes sinkt

Als Ausweg aus der Situation ließ die Reichsregierung mehr Papiergeld drucken. Aber die Goldreserven, die die Banknoten vor dem Krieg deckten, waren aufgebraucht. Das vermehrte Papiergeld besaß keine *Deckung* und verlor an Wert. Im Jahre 1913 entsprach ein Dollar einem Wert von 4,20 Mark. Im November 1923 kostete ein Dollar 4 200 000 000 Mark.

Die Notenpresse konnte mit der Geschwindigkeit der Entwertung nicht mehr Schritt halten. Der Wert der Geldscheine wurde durch Aufdruck zum Beispiel in Milliarden-Markscheine umbewertet.

i

Deckung: Man spricht von Währungsdeckung, wenn die Summe des umlaufenden Geldes vollständig den Werten der Edelmetalle oder Fremdwährungen entspricht, die im Besitz der eigenen Notenbank sind.

M1 *Geldschein aus der Zeit der Inflation.*

Das Leben der Menschen verändert sich

Die Geldentwertung stieg 1923 so rasch an, dass jede Woche und schließlich sogar jeden Tag Löhne und Preise neu festgesetzt werden mussten. Im Herbst zahlten die Betriebe und Fürsorgestellen jeden Nachmittag das Geld aus. Kinder und Mütter standen schon an der Straßenecke bereit, um das Geld der Väter und Männer sofort in Ware umzusetzen, da es am nächsten Tag schon so gut wie wertlos war.

Im November musste ein Arbeiter für ein Pfund Roggenbrot 24 Milliarden Mark bezahlen. Viele Kinder waren unterernährt. Immer wieder kam es zu Hungerkrawallen. Die Menschen konnten nur überleben, wenn sie Sachwerte wie Schmuck gegen Lebensmittel eintauschten.

M2 *Geldtransport in „wertvollen" Waschkörben. Als ein Waschkorb unbewacht blieb, wurde er gestohlen. Das Geld hatten die Diebe jedoch zurückgelassen. Der Korb war ihnen wertvoller als sein Inhalt.*

i

Devisen: Geld in ausländischer Währung.
1 Billion Mark = 1 Rentenmark, Ende 1923.

Q1 *Lebensmittelpreise aus der Inflationszeit (Juni 1923):*

1 Pfund Rindfleisch	8 500–12 000 Mark
1 Pfund Molkereibutter	3 000–15 000 Mark
1 Pfund Margarine	7 600–9 600 Mark
1 Pfund Schmalz	12 000–12 400 Mark
1 Pfund Speisekartoffeln	112–130 Mark
1 Pfund Kaffee, geröstet	26 000–36 000 Mark
1 Pfund Tee	30 000–48 000 Mark
1 Pfund Kakao	7 500–14 000 Mark
1 Liter Milch	1 440 Mark
1 Pfund Zucker	1 400–1 550 Mark
1 Pfund Weizenmehl	1 900–2 600 Mark
1 Markenschrippe (Brötchen)	80 Mark
Briefporto:	Berlin 40 Mark, außerhalb 100 Mark
Straßenbahn:	600 Mark, Kind 300 Mark

Nach: Ebeling, Hans: Ursachen und Folgen. Band V. S. 532 f.

Die Folgen der Inflation

Die Inflation verschärfte die Spannungen innerhalb der Gesellschaft. Wer Sachwerte und *Devisen* besaß, konnte mit dem wertlosen Geld seine Schulden bezahlen. Dies waren Gutsbesitzer, Großbauern, die Besitzer von Betrieben und Werkstätten, denn Grundbesitz, Maschinen und Wohnhäuser blieben wertbeständig. Großindustrielle boten ihre Waren auf dem Weltmarkt zu Schleuderpreisen gegen ausländische Währungen an. Sie erzielten hohe Gewinne, vor allem weil sie die Arbeiter schlecht bezahlten und die einheimischen Rohstoffe zu geringen Preisen bekamen.

Aber auch der Staat zog einen Nutzen aus der Situation. Er konnte seine Kriegsanleihen aus dem Krieg bei den Bürgern ablösen, und zwar zum alten Kaufpreis.

Die „kleinen" Sparer hingegen hatten ihre Guthaben verloren, ganz gleich, ob sie das Geld bei der Sparkasse, in einer Lebensversicherung oder in Staatspapieren angelegt hatten. Die Menschen, deren Ersparnisse entwertet waren, waren von der Republik enttäuscht. Sie gaben ihr die Schuld an der Inflation. Viele von ihnen wurden sogar zu Gegnern der Republik. So erhielten die radikalen Parteien am linken und rechten Rand enormen Zulauf von unzufriedenen und verzweifelten Menschen.

Im November 1923 war das Geld vollkommen wertlos und eine neue Währung, die Rentenmark, musste geschaffen werden. Jetzt gab es einen kontrollierten Geldumlauf und die Wirtschaft begann sich zu erholen.

Arbeitsaufträge

1. Nenne Ursachen der Inflation.
2. Beschreibe den Verlauf der Inflation.
3. Erläutere die politischen, wirtschaftlichen und sozialen Folgen der Inflation für die Weimarer Republik.
4. Schreibe einen Artikel über die Auswirkungen der Inflation für eine Tageszeitung.

Die Jahre der Stabilisierung

Die deutsche Außenpolitik

Seit 1924 änderte sich die deutsche Außenpolitik gegenüber den Siegermächten des Weltkrieges. Außenminister Stresemann suchte den Weg der Gespräche und Verständigung. Er zeigte den Siegermächten nicht nur die Notlage der Republik, sondern erreichte in zahlreichen Konferenzen die Senkung der Reparationszahlungen für Deutschland. Neue Handels- und Wirtschaftsverträge wurden abgeschlossen.

Im Jahr 1922 unterzeichneten die Sowjetunion und Deutschland den Rapallo-Vertrag über die Aufnahme diplomatischer Beziehungen zwischen beiden Staaten. Der Locarno-Vertrag garantierte die Westgrenzen Deutschlands. Außerdem schlossen die Sowjetunion und Deutschland 1926 den Vertrag über Freundschaft und Zusammenarbeit ab. Somit durchbrach die Regierung der Weimarer Republik die politische Isolation. Doch nicht alle Deutschen werteten dies positiv. Die Verträge riefen Widerstand von rechts und links hervor.

Der Dawes-Plan

Obwohl es in Deutschland mit der Rentenmark eine neue Währung gab, stieg die wirtschaftliche Leistungsfähigkeit nach der Inflation nur sehr langsam. Die Reparationen konnte Deutschland aber nur an die Alliierten bezahlen, wenn die Wirtschaftskraft anstieg. Genauso sahen es die Sachverständigen der Reparationskommission.

Aufgrund fehlender Absatzmärkte für ihre Wirtschaft waren die Amerikaner gezwungen, zurück in das verarmte Europa zu gehen. Der Aufschwung der USA war somit mit dem Aufschwung in Deutschland verbunden. So sah es auch Charles Gate Dawes. Er entwickelte einen Darlehnsplan, den Dawes-Plan, der nach ihm benannt wurde. Im Plan war vorgesehen, ein Darlehn von 800 Millionen Goldmark zu vergeben und die Wirtschaftseinheit Deutschlands wieder herzustellen.

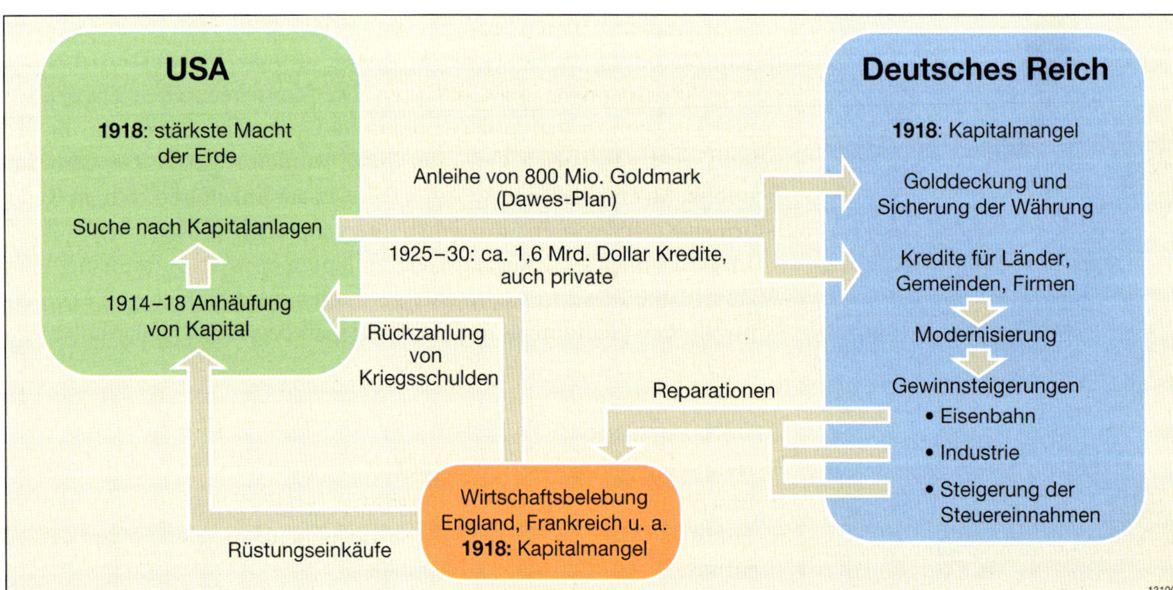

M1 *Schaubild zum Dawes-Plan.*

M2 *Paul von Hindenburg (1847–1934).*

Die Reaktion auf den Dawes-Plan

Der Plan sah ausländische Kontrollen der Geldgeber vor und beschnitt somit die Selbstständigkeit Deutschlands. Die deutsche Wirtschaft benötigte aber dringend das Geld. Vor allem Außenminister Gustav Stresemann kämpfte um das Zustandekommen des Planes für Deutschland und erreichte, dass der Reichstag den Bestimmungen des Dawes-Planes zustimmte. Mit dessen Einführung und den damit verbundenen Krediten blühte die Wirtschaft auf und die Arbeitslosigkeit sank. Immer mehr Unternehmer investierten wieder in Deutschland.

Die Wahl zum Reichspräsidenten

Der Dawes-Plan brachte der Weimarer Republik für die Jahre 1924–1928 politische Stabilität. Reichstag und Regierung konnten die bürgerlich-demokratische Verfassung umsetzen. Nach dem Tode Eberts im Jahre 1925 wählte das Volk erstmals direkt den neuen Reichspräsidenten gemäß der Verfassung der Weimarer Republik. Paul von Hindenburg entschied diese Wahl knapp für sich.

Mehr Rechte der Frauen

Die Weimarer Republik räumte den Frauen mehr politische Rechte ein. Sie durften bei Wahlen und politischen Entscheidungen ihre Stimme abgeben und konnten auch selbst in die Nationalversammlung gewählt werden. 1919 saßen in der Nationalversammlung 41 Frauen als Abgeordnete. Dies war das Ergebnis des Kampfes von Frauenrechtlerinnen um die Gleichberechtigung der Frau in der Gesellschaft. Während des Krieges hatten die Frauen ihren „Mann" stehen müssen und drängten stärker in das Erwerbsleben. Die Frauen erlernten Berufe, um wirtschaftlich selbstständig zu sein. 1925 waren mehr als ein Drittel aller Berufstätigen Frauen.

Q1 *Eine Abiturientin des Jahrganges 1927 erinnert sich an ihre Schulzeit:*

> ... Und mir wurde zum ersten Mal klar, dass Frauen auch etwas werden können. Da beschloss ich, ... aufs Knabengymnasium zu gehen ... Mein Wunsch nach Schulwechsel wurde dann ein richtiges Politikum. Zwar waren meine Eltern auf meiner Seite, doch musste der Stadtrat zu dieser unerhörten Sache seine Einwilligung geben. ... Die Sozialdemokraten, die in der Mehrheit waren, dachten fortschrittlicher. Sie erlaubten mir ... den Übertritt ins Knabengymnasium.
>
> Nach: Scheib, A.: Die Dolmetscherin des schrägen Vogels, in: Süddeutsche Zeitung, 13./14. Dezember, 1986.

Arbeitsaufträge

1. Beschreibe die Politik Stresemanns und deren Folgen für die Weimarer Republik.
2. Erkläre mithilfe von M1 den Inhalt des Dawes-Planes.
3. Erläutere die Folgen des Dawes-Planes.
4. Stelle die veränderte Rolle der Frau in der Weimarer Republik dar.
5. Begründe, warum Frauen in der Weimarer Republik mehr Rechte erhielten.

Die Goldenen Zwanziger

Der wirtschaftliche Aufstieg

Mithilfe des Dawes-Planes und der damit verbundenen Stabilisierung der Währung begann sich die Wirtschaft in Deutschland zu erholen. In die Industriebetriebe wurde investiert. Es entstanden große Konzerne, unter anderen IG Farben, AEG und Siemens. In Deutschland produzierte Elektrogeräte wurden in die ganze Welt verkauft. In der Elektrotechnik und der Chemieindustrie wurde Deutschland führend auf dem Weltmarkt. Neue Maschinen ermöglichten die Fließbandarbeit, die Serienproduktion und enorme Gewinne für die Unternehmen. Auch die Industrialisierung in der Landwirtschaft erreichte 1929 das Vorkriegsniveau.

Der Ausbau der Verkehrswege

Verkehrsverbindungen wurden ausgebaut und ermöglichten so schnellere Transporte von Gütern und Rohstoffen. Der Bau des Mittellandkanales bot eine günstige Verbindung für die Schifffahrt quer durch Deutschland. Der Autoverkehr entwickelte sich. Die Serienproduktion in der Autoindustrie begann mit der Herstellung des Personenwagens, der den Spitznamen „Kommissbrot" bekam. Der Bau von Ganzmetallflugzeugen beflügelte den Ausbau der Luftfahrt. *Luftschiffflüge* nach Amerika boten eine Alternative zur Schiffsreise.

i
Luftschiffe: So wurden Zeppeline genannt.

M1 *Personenwagen, genannt als „Kommissbrot", weil es dem Kommissbrot in der Form glich.*

M2 *Flughafen „Tempelhof".*

Bildung, Wissenschaft und Kunst

Schon 1925/26 hatte die Republik für die Förderung der Volksbildung, für Kunst und Wissenschaft doppelt so viel ausgegebenen wie das Kaiserreich 1913/1914. Für alle Kinder gab es fortan eine gemeinsame Grundschule. Bisher hatten die Gymnasien eigene Vorschulen. Jetzt sollte es gleiche Aufstiegsmöglichkeiten für alle geben. Volkshochschulen und Volksbühnen entstanden, um das Volk an Künste und Wissenschaften heranzuführen. In der Zeit von 1919 – 1927 erhielten neun deutsche Gelehrte wissenschaftliche Nobelpreise, unter anderem Albert Einstein.

Deutsche Dichter, Musiker, Maler und Bildhauer fanden für ihre Leistungen großes Ansehen in der Welt. Die jährlich stattfindenden Buchmessen in Leipzig waren ein Anziehungspunkt für viele nationale und internationale Verlage. Zeitungen, Zeitschriften und Illustrierte eroberten sich einen Platz im Leben der Menschen, denn sie informierten über das aktuelle Geschehen und die interessantesten Neuigkeiten der Gesellschaft.

M3 *Radio, Mende 1929.*

Neue Medien entwickeln sich

Nach dem Ersten Weltkrieg konnte das Telefon als wichtiges Verständigungs- und Nachrichtenübertragungsmittel weiter ausgebaut werden. Die neuen technischen Errungenschaften ermöglichten es seitdem, nationale und internationale Telefongespräche zu führen. Zunächst diente es vor allem für geschäftliche Zwecke. Aber bald schon war das „Fräulein vom Amt“, welches die Gespräche vermitteln musste, ein fester Begriff im Alltagsleben.

Schon um 1900 hatten Forscher damit begonnen, eine Technik zu entwickeln, um Schallwellen ohne Einsatz von Drähten zu übertragen und zu empfangen. Im Oktober 1923 strahlte der Rundfunk zum ersten Mal eine Unterhaltungssendung in Deutschland aus. Damit begann die Entwicklung des heutigen Massenmediums Radio. 1924 wurden neue Sender in den Großstädten Hamburg, München, Stuttgart und Frankfurt am Main eröffnet. In Leipzig kam es zur Gründung der mitteldeutschen Rundfunk AG. Im gleichen Jahr fand die erste Berliner Funkausstellung statt.

Der Film zieht die Menschen in seinen Bann

In den frühen 1920er-Jahren entstanden in den Städten gewaltige Filmpaläste, in denen Spielfilme zunächst als Stummfilme zu erleben waren. Seit 1927 trat der Tonfilm seinen Siegeszug durch die Kinos an. Das Kino wurde zur Massenkultur. Zu dieser Zeit strömten fast zwei Millionen Deutsche täglich in die Kinos. Ein Jahrzehnt später gab es die ersten Farbfilme. 1929 existierten 3200 Kinos in Deutschland, allein 350 in der Hauptstadt Berlin. Charlie Chaplin und Marlene Dietrich entwickelten sich zu den ersten Weltstars in der Filmgeschichte. 1930 hatte sich die Technik so weit entwickelt, dass die erste vollelektronische Fernsehübertragung möglich geworden war.

Ein neues Lebensgefühl entsteht

Auch heute noch stößt man auf den Begriff „Goldene Zwanziger“, der die Veränderung des Lebensgefühls nach dem Ersten Weltkrieg und den ersten Jahren der Weimarer Republik bezeichnet. Vor allem in den großen Städten entwickelte sich rasant eine Vergnügungsindustrie. Die Menschen wollten alles Versäumte nachholen. Immer mehr Tanzlokale, Revuetheater, neue Hotels, Kabaretts und vornehme Restaurants eröffneten. Varietees, Theater mit wechselnden unterhaltsamen Programmen, genossen große Beliebtheit und entstanden in einer Vielzahl. Sie trugen zu den Veränderungen in Kunst und Kultur bei.

Jazz, Tango und Charleston waren die Modetänze der damaligen Zeit. Der *„Eintänzer“* als Unterhalter für die Frauen war in Mode gekommen. Diese betonten ihr neues Selbstbewusstsein. Frauen prägten das neue kulturelle Leben in Berlin ebenso mit, zum Beispiel Else Lasker-Schüler im romanischen Café, die erfolgreiche Schriftstellerin Vicki Baum oder auch die beliebte Filmdarstellerin Leni Riefenstahl.

i

Eintänzer: Arbeitsloser, oftmals ehemaliger Offizier, der pro Tanz von Frauen bezahlt wurde und sich damit seinen Lebensunterhalt verdiente.

Arbeitsaufträge

1. Beschreibe das Leben in den 1920er-Jahren.
2. Ergründe, warum diese Zeit als „Goldene Zwanziger“ bezeichnet wird.

Zwischen Fortschritt und Stagnation

Der soziale Fortschritt

Der wirtschaftliche Aufstieg begünstigte soziale Verbesserungen. Die Sicherung des Arbeitsfriedens und der Ausbau der sozialen Fürsorge waren beachtenswerte Leistungen. Die Betriebe verkürzten die Arbeitszeit auf acht Stunden an sechs Tagen die Woche. Die Arbeitgeber erkannten die Gewerkschaften als Vertreter der Arbeitnehmer an. Sie handelten mit den Gewerkschaften allgemeine Tarifverträge aus. Schlichtungsstellen und Arbeitsgerichte sorgten für friedliche und gerechte Beilegung von Konflikten. 1927 führte der Staat die gesetzliche Arbeitslosenversicherung ein.

Die Fürsorge der Weimarer Republik

Der Staat leistete nach dem Ersten Weltkrieg für viele Arme Hilfe. Das waren 1,4 Millionen Kriegsverletzte, die nur noch zum Teil arbeiten konnten. Außerdem musste der Staat die Versorgung für 2,5 Millionen Witwen und Waisen übernehmen. Für über 300 000 Kleinrentner, deren mühsam gespartes Alterskapital in der Inflation zerflossen war, musste ebenfalls Geld zur Verfügung gestellt werden. Die Arbeiterschutzgesetze Bismarcks fanden eine entscheidende Fortführung in dem Ausbau der Sozial- und Krankenversicherung. Die Hilfe für werdende Mütter, für Säuglinge, Krüppel und andere Hilfsbedürftige hatte auch der Staat zu tragen. Die Sterblichkeit der Säuglinge und der Tuberkulosekranken sank durch die besseren Vorsorgemaßnahmen. Die Jugendfürsorge wurde ausgebaut und es entstanden Jugendherbergen, Sport- und Spielplätze.

Der „soziale" Wohnungsbau

Wichtig wurde die Schaffung neuen Wohnraumes für die Menschen. Viele Wohnviertel in unseren heutigen Städten stammen aus dieser Zeit. Statt der alten Mietskasernen planten die Architekten großzügiger und mit mehr Raum für die Natur. Gegen den Preiswucher im Wohnungsbau wurden Mieterschutzgesetze erlassen, welche die Mietpreise festsetzten und den Mietern Rechte zusicherten.

M1 *Beispiel für sozialen Wohnungsbau in Leipzig-Lößnig, „Rundling", heutiges Foto.*

M2 *Spielzeugschnitzerin.*

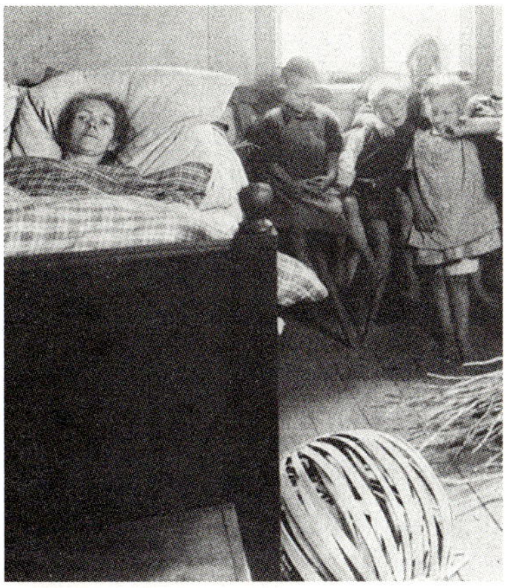

M3 *In der Wohnung eines Korbflechters.*

M4 *Eine alte Frau transportiert Christbaumschmuck.*

Die Vergessenen des sozialen Fortschrittes

Etwa 700 000 Heimarbeiter mit ihren Familien gehörten zu den Menschen, die nicht am sozialen Fortschritt teilhatten. Im Sommer 1930 berichtete der Schriftsteller Alexander Stenbock-Fermor über deren Leben.

Q1 *Spielzeugschnitzer und Holzarbeiter im sächsischen Erzgebirge:*

In den Wohnstuben sitzen die Alten und Jungen, Männer, Frauen und Kinder über den Holzsachen gebückt; sie schnitzen, leimen, malen, drechseln. ... Für diese kleinen Holzkunstwerke erhalten die Arbeiter 1 bis 10 Pfennig, je nach Größe. Der wöchentliche Durchschnittsverdienst während der Zeit der Arbeitsaufträge liegt um 16 Mark herum.

Nach: Stenbock-Fermor, Alexander: Deutschland von unten. S. 19–21.

Q2 *Korbflechter im Frankenland:*

Wir kommen in ein uraltes baufälliges Haus. In 7 dunklen Räumen wohnen 6 Familien in drückender Enge. Im oberen Stock treten wir in ein schmales Zimmer. Ein Bett nimmt fast die Hälfte des Raumes in Besitz. Im Bett liegt eine Frau. Im ersten Augenblick glaube ich: eine Leiche. Aber die Frau, die 35-jährige Frau eines Schanzenbinders, hat die Lungentuberkulose.
In dem Raum arbeitet der Mann vom frühen Morgen bis in die Nacht. Die Frau ist in keiner Krankenkasse und erhält nicht einen Pfennig Unterstützung. Der Mann verdient in der Woche 4 bis 5 Mark! ... Die Luft im Zimmer ist zum Erbrechen.

Nach: Stenbock-Fermor, Alexander: Deutschland von unten. S. 65–67.

Q3 *Glasbläser und Christbaumschmuckhersteller in Thüringen:*

Ich fahre nach Lauscha und in die Gegend der Glasbläser, der Christbaumschmuckindustrie. In Lauscha sind 4 Glashütten, sie liefern den Heimarbeitern die dünnen Glasröhren, aus denen Christbaumkugeln und Augen geblasen werden. Der Christbaumschmuck wird hauptsächlich nach Amerika versendet. Amerika liebt bunten Baumschmuck. Täglich werden 15 Stunden gearbeitet, auch der Sonntag muss herhalten. Bis spät in die Nacht zischen in allen Häusern die Gasflammen. Die alten Frauen schleppen täglich die Lieferkörbe mit den Christbaumschmuckschachteln zu den Verlegern, vier Stunden über die Berge. Verdienst pro Korb 1,80 Mark.

Nach: Stenbock-Fermor, Alexander: Deutschland von unten. S. 74–76.

Arbeitsaufträge

1. Berichte über die sozialen Maßnahmen der Weimarer Republik in den 1920er-Jahren.
2. Begründe, warum der soziale Fortschritt möglich wurde.
3. Beschreibe das Leben und die Probleme der Heimarbeiter.

M1 *Tee-Extrakt-Kännchen, Marianne Brandt, 1924.*

M2 *Entwurf für Reklamebauten, Herbert Bayer, 1924.*

Das Bauhaus

M3 *Bauhaus-Stuhl, 1926.*

Die Idee des Bauhauses

Das Staatliche Bauhaus, ein Zusammenschluss von Kunstgewerbeschule und Hochschule für bildende Künste, gründete Walter Gropius 1919 in Weimar. Er wollte damit seine Idee von der Einheit der Künste, des Handwerks und der Technik umsetzen. Seine Forderung lautete: „Architekten, Bildhauer, Maler, alle müssen zum Handwerk zurück." Das Bauen war für Gropius das Ziel aller bildnerischen Tätigkeiten.

Bekannte Künstler wie Paul Klee, Wassily Kandinsky, Josef Albers und Ludwig Mies van der Rohe prägten den Bauhausstil. Inhalte der Ausbildung waren ein Vorkurs zu Formen und Farben und eine kunsttheoretische Ausbildung. Handwerksmeister in Werkstätten vermittelten Kenntnisse über die Materialien Holz, Ton, Glas und Gewebe.

Das Entwerfen von Einfamilienhäusern, Wohnsiedlungen, Fabriken, aber vor allem die Entwicklung von Gegenständen des Alltages waren weitere Inhalte. Klare, sachliche und übersichtliche Formen, frei von Schnörkeln und dem Stilmix der Kaiserzeit, die der Funktion des Gegenstandes entsprachen, standen im Vordergrund. Moderne Materialien wie Glas, Stahl und Beton gehörten in die Produktpalette. *Prototypen* für die billige und wenig aufwendige Massenproduktion wurden konzipiert. In der Fotografie experimentierten die Künstler unter anderem mit Fotomontagen. Schrift und Grafik waren grell und gewagt. Reklame wurde mit einer gleichmäßigen und schnörkellosen Schrift gestaltet. Heute finden wir dies in der Gestaltung der modernen Werbung wieder.

i

Prototyp: Urbild, Entwurfsmuster.

Arbeitsaufträge

1. Nenne die Materialien, die die Künstler des Bauhauses verwendeten.
2. Stelle in einem Kurzvortrag einen Künstler des Bauhauses vor. Nutze die modernen Medien.
3. Erkläre, warum Walter Gropius das Bauhaus schuf.

PROJEKT

Das Bauhaus

Die 1920er-Jahre waren die Zeit einer großen Vielfalt künstlerischen Schaffens in den Bereichen Kunst, Kultur, Musik, Architektur, Malerei, Theater und Werbung. Einen Höhepunkt künstlerischen Schaffens der Zeit bildete das Bauhaus. Dort setzten die Künstler die Einheit von Kunst, Handwerk und Technik um.

Planung und Durchführung

1. Diskutiert in der Gruppe, welcher Bereich des Bauhauses euch interessiert.
2. Überlegt, woher ihr zusätzliche Informationen bekommen könnt. Beschafft euch diese Informationen.
3. Findet heraus, ob in eurem Heimatraum Ausstellungen, Gebäude, Wohnsiedlungen etc. aus dieser Zeit zu finden sind.
4. Verteilt in der Gruppe entsprechende Arbeitsaufträge und Ziele.
5. Vereinbart einen Arbeitszeitraum.
6. Legt fest, wie ihr eure Arbeitsergebnisse präsentieren wollt.

Ideensammlung für Projekte zu den 1920er-Jahren

- Gestaltet eine Ausstellung in eurer Schule über die Kunst des Bauhauses. Verwendet eigene künstlerische Arbeiten.
- Entwerft eigene Modelle, zum Beispiel Möbel, Haushaltsgegenstände etc. aus Materialien, die das Bauhaus verwendete, und stellt sie aus.
- Entwerft nach euren Vorstellungen Städte, Dörfer, Gebäude oder Fabriken, die in Formen und Farben dem Bauhausstil ähneln.
- Findet Objekte des Bauhauses in eurer Umgebung und stellt eure Ergebnisse zum Beispiel als Wandzeitung, Plakat oder PowerPoint-Präsentation vor.

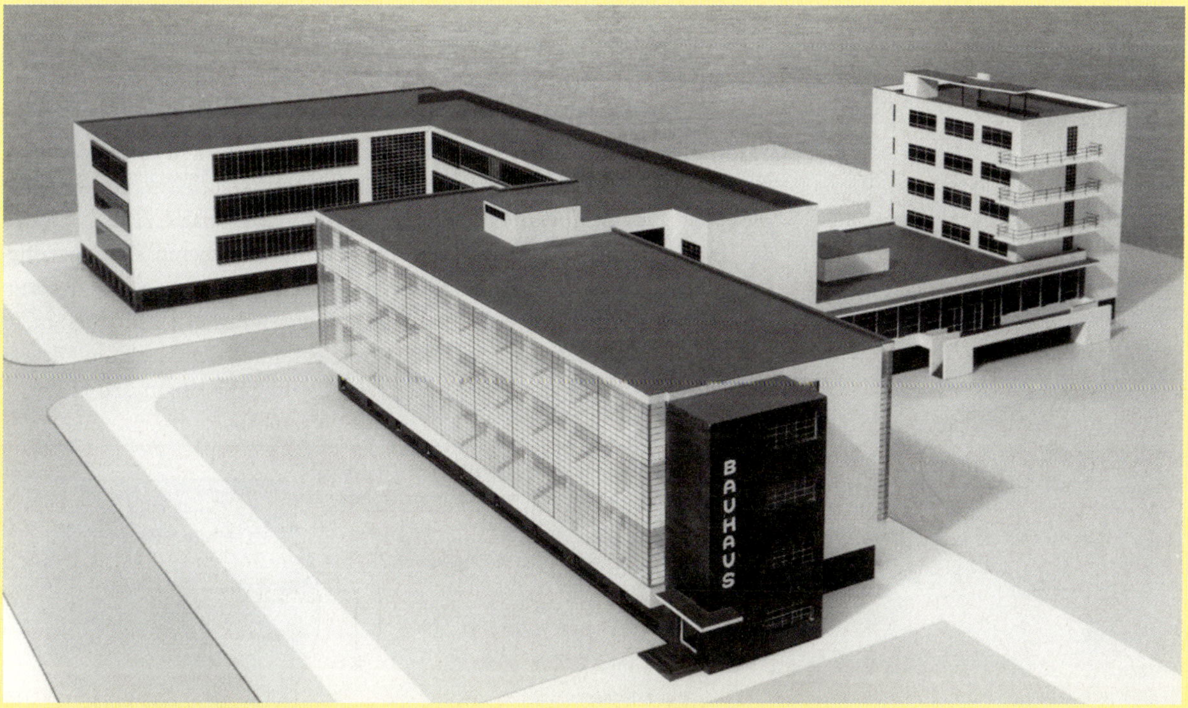

M1 *Modell des Bauhauses in Dessau aus der Zeit des Baubeginns (um 1925).*
Uns fällt es heute schwer, an diesem Baukörper etwas Besonderes zu finden, sehen doch Schulen, Krankenhäuser und auch Wohnhausbauten unserer Zeit ähnlich aus. Für die damalige Zeit aber war diese Bauweise vollkommen neu.

Die Krise ist da – das Jahr 1929

„Aufschwung mit gepumptem Geld"

Im Deutschen Reich hatte durch den Dawes-Plan eine Stabilisierung der wirtschaftlichen Verhältnisse eingesetzt. Die Menschen nahmen die „goldenen Zwanziger" als positive Jahre wahr, in denen der einfache Mann, wenn er Arbeit hatte, sich einen gewissen Luxus ermöglichen konnte. Aber die Politiker sahen die wirtschaftliche Entwicklung des Landes mit großer Sorge. Der Aufschwung basierte auf Krediten, die vor allem aus den USA flossen. Keiner schien sich Gedanken darüber zu machen, was passieren würde, wenn die Kredite plötzlich zurückgezahlt werden müssten.

Q1 *Stresemann betrachtete die Entwicklung mit Sorge:*

... Ich möchte Sie bitten, bei Ihren Beurteilungen der wirtschaftlichen Lage Deutschlands und auch der anderen hiermit zusammenhängenden Fragen den Gedanken zugrunde zu legen, dass wir in Deutschland in den letzten Jahren von gepumptem Geld gelebt haben. Wenn einmal eine Krise bei uns kommt und die Amerikaner ihre kurzfristigen Kredite abrufen, dann ist der Bankrott da. Was wir an Steuern erheben, geht bis an die Grenze dessen, was ein Staat überhaupt tun kann. Ich weiß nicht, woher neue Steuern geholt werden können. Die Statistiken zeigen, ... wie viel fremdes Geld wir überhaupt aufgenommen haben, um uns aufrechtzuerhalten. Wir sind nicht nur militärisch entwaffnet, wir sind auch finanziell entwaffnet. Wir haben keinerlei eigene Mittel mehr ...

Nach: Stresemann, Gustav: Vermächtnis. Band III. S. 385.

Die Weltwirtschaftskrise

Im Oktober 1929 trat ein, was Stresemann befürchtet hatte. Die Überproduktion in der US-Wirtschaft führte zum Börsencrash. Dieser löste eine schwere Wirtschaftskrise aus. Zunächst hatte die Wirtschaft der USA geboomt. Plötzlich wurde die Nachfrage nach Gütern aus allen Bereichen der Produktion sehr gering. Die Unternehmen gerieten in Schwierigkeiten und es kam zu unkontrollierten Aktienverkäufen, weil jeder sein Geld sichern wollte. Da auch die Banken von den Aktieneinbrüchen nicht verschont blieben, begannen diese, ihre Gelder aus den Krediten zurückzufordern. Deutschland geriet in den Sog der tiefen Krise in den USA.

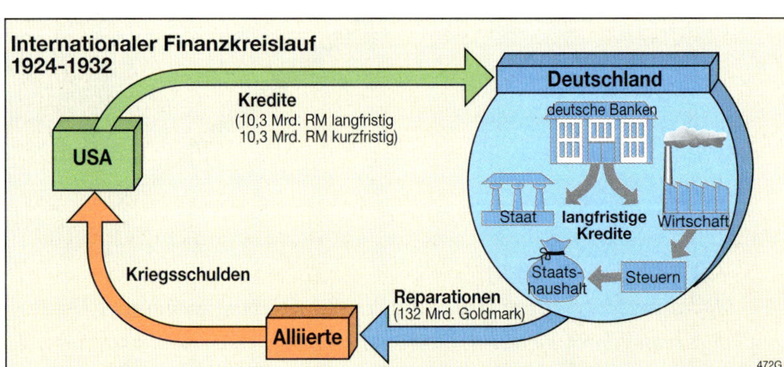

M1 *Der Kreislauf des Geldes.*

M2 *Ein Berliner Hinterhof: Eine alte Frau näht Säcke und junge Arbeitslose stehen herum.*

Die Folgen der Weltwirtschaftskrise

In Deutschland wurde das Geld knapp. Die Unternehmer und Handwerker erhielten von den Banken keine Betriebsdarlehn mehr, um Maschinen und Rohstoffe zu kaufen. Sie verringerten ihre Produktion oder stellten diese ganz ein. Der Absatz der Waren ins Ausland begann überall zu stocken. Private wie auch staatliche Investitionen fielen vor allem im Bauwesen, das den Großteil der Arbeiter beschäftigte, weg. Jetzt waren die Arbeitgeber gezwungen den Arbeitern und Angestellten zu kündigen.

Aufgrund fehlender Nachfrage und der weltweiten Überproduktion fielen die Preise für landwirtschaftliche Produkte. Viele Bauern konnten ihre Schulden nicht mehr bezahlen, sodass es zu zahlreichen Zwangsversteigerungen von Höfen kam.

Die Krise breitete sich weltweit aus. Die schlechte wirtschaftliche Lage setzte sich auch im Jahr 1930 fort. Die Zahl der Arbeitslosen wuchs weiter. Für Sozialleistungen (z. B. Arbeitslosengeld) musste der Staat ständig mehr Geld ausgeben.

Viele Menschen, die arbeitslos waren oder denen Arbeitslosigkeit drohte, schlossen sich den linken oder rechten Parteien an. Die Gegner der Weimarer Republik nutzten die Folgen der Weltwirtschaftskrise für ihre politischen Ziele aus.

Arbeitsvorschläge

1. Beschreibe den Kreislauf des Geldes im Schaubild M1.
2. Erkläre, warum Stresemann vor dem sorglosen Umgang mit den Krediten aus den USA warnt. Nutze Q1.
3. Stelle die Weltwirtschaftskrise und deren Folgen in Deutschland dar.

Der Niedergang (1930 – 1933)

Die Republik in Gefahr

Die Gegner der Republik lieferten sich nicht nur Straßenkämpfe, sondern trugen ihre politischen Auseinandersetzungen auch ganz offen im Reichstag aus.

Q1 *Zeitungsbericht über die Ereignisse am 7. Dezember 1932, als ein kommunistischer Zuhörer die Debatte durch Zwischenrufe störte:*

... Das war das Signal für eine Massenschlägerei, bei der Aschenbecher, Pultdeckel und aus der Wand gerissene Telefonapparate als Waffen eingesetzt wurden. Die Glasscheiben der Verbindungstüren gingen zu Bruch, ein Kronleuchter stürzte ab. Schließlich wurden die Kommunisten von den Nationalsozialisten bis in den Wandelgang zurückgedrängt, in dem diese sich gewöhnlich aufhielten. Im Laufe des Handgemenges erlitten mehrere Abgeordnete blutige Verletzungen.

Berliner Tageblatt, Nr. 581, 08.12.1932.

i

SA: Abkürzung für Sturmabteilung; eine Kampfgruppe der NSDAP.

Die Ohnmacht der Demokratie

Reichspräsident Hindenburg war nicht in der Lage, die Situation durch politische Entscheidungen zugunsten der Republik zu stabilisieren. Seine Politik war oft widersprüchlich. Berater versuchten, ihn in ihrem Sinne zu beeinflussen. Die gespaltene Arbeiterbewegung konnte sich nicht gegen die Feinde der Demokratie durchsetzen. Die Anhänger der SPD wollten die parlamentarische Demokratie erhalten. Die KPD strebte ein „Sowjetdeutschland“ und die Weltrevolution an. Dabei übersahen die Führer der Arbeiterbewegung, dass sie durch ihr Verhalten den gemeinsamen Feind, die NSDAP, stärkten. Währenddessen änderten sich die politischen Verhältnisse immer mehr zugunsten dieser Partei.

1930: 5 Notverordnungen

1932: 66 Notverordnungen

Beispiele:

18.7.1932
Die Reichsregierung erlässt ein Verbot von Demonstrationen unter freiem Himmel.

09.08.1932
Einrichtung von Sondergerichten und Festlegung, politische Morde zukünftig mit Todesurteil zu ahnden. Es dürfen keine Rechtsmittel eingelegt werden.

04.11.1932
Autodiebstahl wird mit hoher Gefängnisstrafe belegt. In Berlin werden täglich 10 Autos gestohlen.

28.12.1932
Die deutsche Margarineproduktion muss inländische Produkte benutzen.

M1 *Anzahl der Notverordnungen in den Jahren 1930 – 32.*

Der neue Reichskanzler von Papen

Die Weltwirtschaftskrise hatte auch Folgen für die Arbeit der Regierung. Die politischen Parteien waren nicht in der Lage, die Probleme zu lösen. Der Reichspräsident erließ immer mehr Notverordnungen, um die innenpolitische Lage zu stabilisieren.

Reichspräsident Hindenburg setzte am 1. Juni 1932 Franz von Papen als neuen Reichskanzler ein. Von Papen konnte, vorbereitet von seinem Vorgänger Reichskanzler Brüning, die Reparationszahlungen aus dem Ersten Weltkrieg durch einen Einmalbetrag ablösen. Gleichzeitig hob von Papen das *SA*-Verbot auf, um von den Mitgliedern der NSDAP toleriert zu werden. Die Absetzung der Regierung unter Führung der SPD und des Zentrums begründete von Papen mit der Behauptung, die Ruhe und Ordnung im Reich sei gefährdet. Die Reichswehr besetzte daraufhin die Ministerien, und alle demokratisch gewählten Beamten wurden entlassen. Da kein Widerstand aus ihren Reihen kam, sahen selbst die Anhänger der Republik dies als Schwäche an, und der Unmut gegenüber der Republik wuchs. Der Ruf nach einem starken Mann an der Spitze der Regierung wurde immer lauter.

Die Reichstagswahlen 1932

Die Wahlen zeigten, dass sich die Mehrheit der Wähler links und rechts orientierten. Die KPD und die NSDAP besaßen gemeinsam die absolute Mehrheit. Eine gemeinsame Regierungsbildung zwischen beiden Parteien kam nicht in Betracht, weil ihre politischen Interessen gegensätzlich waren. Der Reichstag war nicht mehr handlungsfähig.

Reichskanzler von Papen entschloss sich daraufhin, Hitler ein Angebot für ein Regierungsbündnis zu machen, um eine handlungsfähige Regierung zu bilden. Er bot Hitler das Reichsernährungsministerium und das Auswärtige Amt an. Hitler lehnte ab, weil er und die NSDAP andere Ziele verfolgten. Am 13. August erschien Hitler beim Reichspräsidenten Hindenburg und forderte die Übertragung der Regierung auf die Nationalsozialisten. Hindenburg beantwortete Hitlers Ansinnen aber mit einem klaren „Nein".

Q2 *Antwort Hindenburgs auf Hitlers Ansinnen:*

Er könne es vor Gott, seinem Gewissen und dem Vaterland nicht verantworten, einer Partei die gesamte Regierungsgewalt zu übertragen, noch dazu einer Partei, die einseitig gegen Andersdenkende eingestellt wäre.

Nach: Aufzeichnungen Staatssekretär Meißners, 13.8.1932; in: Vogelsang, Thilo: Reichswehr, Staat und NSDAP. S. 479 f.

M2 *Collage von John Heartfield „Der Reichstag wird eingesargt". 1932.*

Arbeitsvorschläge

1. Beschreibe die Situation in Deutschland im Jahre 1932.
2. Erkläre, warum die Wähler sich den radikalen Parteien zuwandten.
3. Interpretiere M2.
4. Erläutere, warum Hindenburg Hitlers Forderung ablehnte.

(M1) *Wahlplakat SPD, 1932.*

(M2) *Wahlplakat Zentrum, 1932.*

Die Radikalisierung der Politik

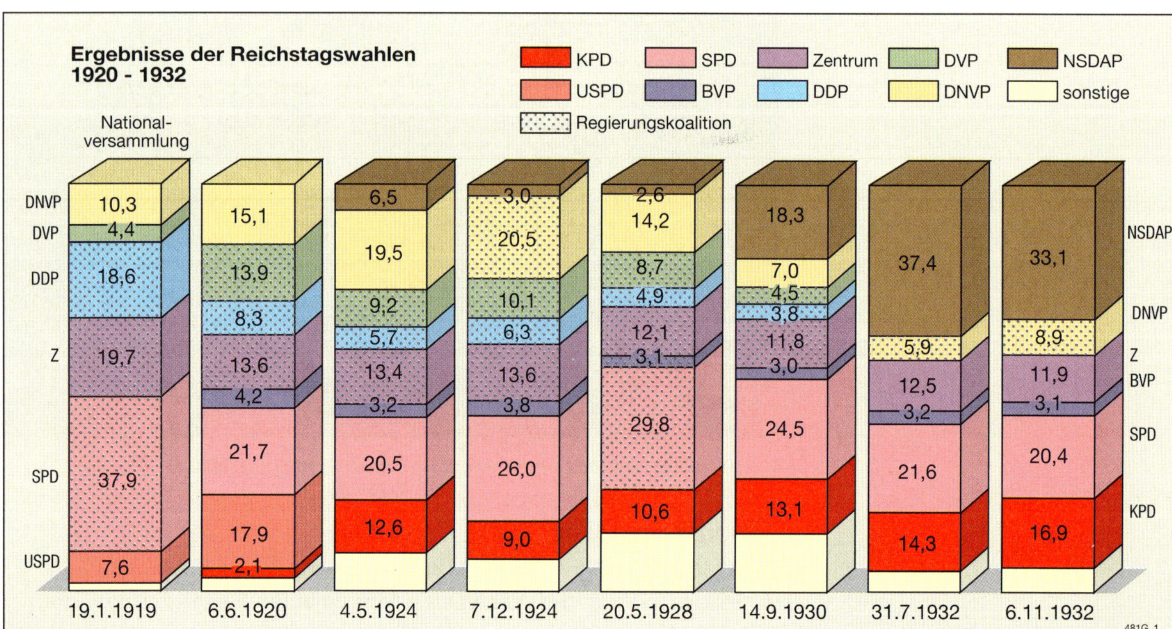

(M3) *Ergebnisse der Reichstagswahlen 1920–1932.*

M4 *Wahlplakat KPD, 1932.*

M5 *Wahlplakat NSDAP, 1932.*

Arbeitsvorschläge

1. Betrachte die Wahlplakate und wähle das Plakat aus, das dich am stärksten anspricht. Begründe deine Wahl.
2. Analysiere die Wahlplakate.
   Wie stellen sich die Parteien selbst dar? Welche Sinnbilder, Farben oder Symbole werden verwendet? Welche Gegner der Parteien werden benannt?
3. Erläutere, wie die Inhalte der Plakate die Haltung der Parteien zur Weimarer Republik aufzeigen.
4. Heute verhindert eine Klausel die Möglichkeit, dass Parteien, die weniger als fünf Prozent der Stimmen erhalten, nicht ins Parlament einziehen können. Begründe, inwiefern diese Klausel Vor- und Nachteile mit sich bringt.
5. Werte die Wahlstatistiken mithilfe der nachfolgenden Fragen aus. Was wird in der Statistik erfasst? Über welchen Zeitraum sind die Daten erhoben wurden? Worauf beruhen die Zahlen? Wie wird das statistische Material dargestellt? Welche Informationen enthalten die erfassten Daten? Welche Entwicklung stellen die Daten dar? Welche weiteren Informationen sind noch hinzuzuziehen?
6. Beschreibe, wie sich das Wahlverhalten in der Weimarer Republik veränderte.
7. Erläutere Gründe für das veränderte Wahlverhalten.

M1 *Straßenkämpfe in der Weimarer Republik zwischen der Polizei und Arbeitern, die sich über das Demonstrationsverbot zum 1. Mai 1929 in Berlin hinwegsetzten.*

Das Ende der Weimarer Republik

Straßenkämpfe toben in Deutschland

Nach dem Ausbruch der Weltwirtschaftskrise im Jahr 1929 wurde immer deutlicher, dass die Gegner der Republik erstarkten. Die Weltwirtschaftskrise belastete den mühsam aufgebauten Sozialstaat enorm. Sechs Millionen Menschen waren arbeitslos und auf die Wohlfahrtsunterstützung angewiesen.

Der Reichstag, in dem rechte und linke Extremisten die Mehrheit hatten, war handlungsunfähig geworden. Seit 1930 war es nicht mehr gelungen, eine Regierung durch freie Wahlen zu bilden. Das Ansehen der Republik und des Parlaments sank im Volk. Die Wahlkämpfe verschärften die Auseinandersetzungen zwischen den Parteien und ihren Mitgliedern. Immer häufiger musste die Polizei Wahlveranstaltungen der Parteien schützen. Es kam es zu heftigen Straßenkämpfen zwischen den Kommunisten und Nationalsozialisten.

Reichskanzler Franz von Papen erkaufte sich die parlamentarische Duldung seiner Regierung durch die NSDAP, die zur stärksten Rechtspartei aufgestiegen war. Am 16. Juni 1932 hob er das Verbot der SA auf. Die SA marschierte sofort zum Kampf gegen den „Roten Frontkämpferbund“ der KPD auf. In Berlin und anderen Großstädten tobten Straßenkämpfe. Das Jahr 1932 war gekennzeichnet durch Terror von beiden Seiten. Bei den Auseinandersetzungen und Morden, die politisch motiviert waren, gab es 300 Tote und 1 200 Verletzte.

Diese Spannungen und Konflikte waren mit den Möglichkeiten, die die Verfassung bot, nicht mehr beherrschbar. Die Weimarer Republik stand kurz vor dem Kollaps.

1918/1919:
Deutsche Revolution

28. Juni 1919:
Gründung Weimarer Republik,
Versailler Vertrag

1923:
Inflation

1924–1929:
Goldene Zwanziger

1929:
Weltwirtschaftskrise

1933:
Ende der Weimarer Republik

1920 | 1925 | 1930 | 1935

IN KÜRZE

Wichtige Begriffe:

Deutsche Revolution
Weimarer Republik
Weimarer Verfassung
Artikel 48
Reichspräsident
Versailler Friedensvertrag
Reparationen
Inflation
Goldene Zwanziger
Bauhaus

Der Verlauf des Ersten Weltkrieges war Ursache für den Ausbruch der Deutschen Revolution am Ende des Jahres 1918/1919. In deren Ergebnis entstand die Weimarer Republik. Diese wurde am 31. Januar 1919 ausgerufen. Sie war eine parlamentarische Demokratie. Mit dem Artikel 48 der Weimarer Verfassung erhielt der Reichspräsident hohe Machtbefugnisse. Von Anfang an hatte die Republik viele Feinde, die sich gegen eine demokratische Umgestaltung des Landes wandten. Die Regierung unterzeichnete am 28. Juni 1919 den Versailler Friedensvertrag.

Am Ende das Jahres 1923 erreichte die Inflation in Deutschland ihren Höhepunkt. Sie war eine Folge des Ersten Weltkrieges und der im Versailler Friedensvertrag festgelegten Reparationszahlungen. Mithilfe einer neuen Währung und des Dawes-Planes aus den USA gelang es, von 1924–1929 die wirtschaftlichen und politischen Verhältnisse zu stabilisieren. Die sogenannten „Goldenen Zwanziger" prägten ein neues Lebensgefühl bei den Menschen und brachten den wirtschaftlichen Aufschwung.

Als 1929 die Weltwirtschaftskrise ausbrach, wurde Deutschland mit in die Krise gezogen. Die Lebensbedingungen verschlechterten sich. Das nutzten die Feinde der Demokratie in der Weimarer Republik zu ihren Gunsten. Linke und rechte Kräfte versuchten die Wähler zu beeinflussen und ihre Positionen auszubauen. Dadurch wurde der Reichstag politisch handlungsunfähig. Das Ende der Weimarer Republik stand bevor.

Reichsparteitag in Nürnberg 1933.

Die Herrschaft der Nationalsozialisten

Jeder hätte es wissen können

Die nationalsozialistische Weltanschauung

Adolf Hitler wurde 1919 Mitglied in der rechtsradikalen Deutschen Arbeiterpartei (DAP) und sorgte durch seine mitreißenden Reden schnell für Aufmerksamkeit. Als sich die DAP im Februar 1920 in Nationalsozialistische Deutsche Arbeiterpartei (NSDAP) umbenannte, verstärkte Hitler sein Engagement für die Partei. Ende des Jahres 1920 hatte die NSDAP schon über 2 000 Mitglieder.

M1 *Undatiertes Portrait von Adolf Hitler (1889–1945).*

Q1 *Aus dem Parteiprogramm der NSDAP von 1920:*

1. Wir fordern den Zusammenschluss aller Deutschen aufgrund des Selbstbestimmungsrechtes der Völker zu einem Groß-Deutschland.
2. ... die Gleichberechtigung des deutschen Volkes gegenüber den anderen Nationen, Aufhebung der Friedensverträge von Versailles ...
3. ... Land und Boden ... zur Ernährung unseres Volkes und Ansiedlung unseres Bevölkerungsüberschusses.
4. Staatsbürger kann nur sein, wer Volksgenosse ist. Volksgenosse kann nur sein, wer deutschen Blutes ist ... Kein Jude kann ... Volksgenosse sein. ...
9. Alle Staatsbürger müssen gleiche Rechte und Pflichten besitzen.
10. Erste Pflicht ... muss es sein, geistig oder körperlich zu schaffen ...

Daher fordern wir:

14. ... Gewinnbeteiligung an Großbetrieben ...
16. ... die Schaffung eines gesunden Mittelstandes und seine Erhaltung ...
21. Der Staat hat für die Hebung der Volksgesundheit zu sorgen ...

Feder, G.: Das Programm der NSDAP und seine weltanschaulichen Grundgedanken. 1934. S. 15 ff.

Der Aufstieg der NSDAP

Die NSDAP wählte Hitler 1921 zu ihrem Führer. Auf Kundgebungen hörten mehrere Tausend Menschen die Ziele der Partei. Im November 1923 wollte Hitler seine Macht demonstrieren. Er wagte den Putsch gegen die bayrische Regierung und die Reichsregierung. Der Putschversuch scheiterte. Obwohl Hitler ohnehin nur zu fünf Jahren Haft verurteilt wurde, entließ man ihn bereits nach 13 Monaten. Sofort machte sich Hitler an die Neuorganisation seiner noch verbotenen Partei. Im Februar 1925 kam es zur Wiedergründung der NSDAP, deren Mitglieder Hitler in seiner Führerrolle bestätigten. Die 1929 beginnende Wirtschaftskrise bewirkte in großen Teilen der Bevölkerung eine Ablehnung der demokratischen Parteien. Dies brachte der NSDAP erstmals eine große Wählerschaft.

Das Recht des Stärkeren

Während seiner Haft 1924 schrieb Hitler das Buch „Mein Kampf“. Hier war die Weltanschauung des Nationalsozialismus dargelegt und die Wertvorstellungen sowie die Ziele der NSDAP deutlich formuliert.

Hitler übertrug Schlussfolgerungen Charles Darwins auf die menschliche Gesellschaft. Durch Beobachtungen der Tierwelt hatte Darwin erkannt, dass nur die Individuen den Kampf um das Dasein überleben können, die am besten an ihre Umwelt angepassten waren. Kerngedanke des *Sozialdarwinismus* war, dass das stärkere Volk das Recht und die Pflicht hat, sich gegen schwächere durchzusetzen. Damit war eine scheinbar wissenschaftliche Rechtfertigung für die Rassentheorien gegeben.

i
Sozialdarwinismus: Anwendung der Lehren Darwins auf die menschliche Gesellschaft.

Q2 *In „Mein Kampf“ legte Adolf Hitler seine Grundgedanken offen:*

Die völkische Weltanschauung glaubt keineswegs an eine Gleichheit der Rassen, sondern erkennt mit ihrer Verschiedenheit auch ihren höheren oder minderen Wert und fühlt sich durch diese Erkenntnis verpflichtet, ... den Sieg des Besseren, Stärkeren zu fördern, die Unterordnung des Schlechteren und Schwächeren zu verlangen. Sie huldigt damit prinzipiell dem ... Grundgedanken der Natur.

Hitler, A.: Mein Kampf. 1932. S. 420.

M2 *Bilder deutscher Rasse. Schautafel um 1935.*

Höherwertige „Herrenmenschen“

Die nationalsozialistische Rassentheorie ging davon aus, dass verschiedene biologische Merkmale die Eigenschaften des Menschen und damit seinen Wert bestimmen. Sie stützte die Ansicht, dass es höherwertige und minderwertige Rassen gäbe. Von diesen habe allein die „arische“ Rasse in der Geschichte die großen Leistungen vollbracht und gelte daher als „Herrenrasse“. Der Kern dieser arischen Rasse waren die Germanen, aus denen wiederum die Deutschen als Kernvolk hervorgegangen seien.

Aus der Gleichsetzung „arisch = germanisch = deutsch“ leiteten die Nationalsozialisten die Führungsrolle des deutschen Volkes in der Welt ab. Aufgrund ihrer angeblichen Überlegenheit sollten die Deutschen andere Rassen beherrschen. Die Reinhaltung und Vermehrung der als „Herrenmenschen“ angesehenen arischen Rasse war eine wichtige Aufgabe, die die NSDAP mit unterschiedlichsten Mitteln verfolgte.

Arbeitsaufträge

1. Beschreibe M1 und erläutere, welche persönlichen Eigenschaften Hitlers in diesem Portrait ausgedrückt werden sollen.
2. a) Analysiere Q1. Ordne die Forderungen nach politischen und wirtschaftlichen Aspekten.
   b) Erkläre, welche Teile der Bevölkerung durch einzelne Forderungen besonders angesprochen werden sollten.
3. Erkläre mithilfe von Q2 und M2 Grundideen des Sozialdarwinismus und der Rassenlehre.
4. Erläutere, welche politischen Ziele sich aus der Rassenlehre ableiten und bewerte diese.

Die Idee von der Volksgemeinschaft

„Die Juden sind Deutschlands Unglück“

Als besondere Bedrohung für die „deutsche Herrenrasse“ sah die NSDAP die Juden an. Sie wurden als „Schmarotzer und Ungeziefer“ beschimpft, die das deutsche Volk ins Verderben stürzen würden.

M1 *Plakat für eine „große politische Schau“ im Deutschen Museum München 1937.*

Q1 *Adolf Hitler über die Juden:*

> … So ist der Jude heute der große Hetzer zur restlosen Zerstörung Deutschlands. … Die Gedankengänge des Judentums sind dabei klar die Bolschewisierung Deutschlands, das heißt die Ausrottung der nationalen völkischen deutschen Intelligenz und die dadurch ermöglichte Auspressung der deutschen Arbeitskraft im Joche der jüdischen Weltfinanz …
>
> Hätte man zu Kriegsbeginn (Erster Weltkrieg) und während des Krieges einmal zwölf- oder fünfzehntausend dieser hebräischen Volksverderber so unter Giftgas gehalten, wie Hunderttausende unserer allerbesten deutschen Arbeiter aus allen Schichten und Berufen es im Felde erdulden mussten, wäre das Millionenopfer der Front nicht vergeblich gewesen.
>
> Hitler, A.: Mein Kampf. 1932. S. 702 f.

Die Deutschen ein „Volk ohne Raum“

Die NSDAP sprach auch das nationalgesinnte Bürgertum an, das nicht bereit war, die Niederlage und die Verluste aus dem Ersten Weltkrieg zu akzeptieren. Die Überschätzung der eigenen Nation bedeutete gleichzeitig die Abwertung anderer Nationen. Dies sollte den Anspruch auf die Eroberung neuen Lebensraums für das deutsche Volk rechtfertigen.

Q2 *Adolf Hitler über die Notwendigkeit eines Krieges gegen Russland:*

> … müssen wir … an unserem außenpolitischen Ziele festhalten, nämlich dem deutschen Volk den ihm gebührenden Grund und Boden auf dieser Erde zu sichern. …
>
> Damit ziehen wir Nationalsozialisten bewusst einen Strich unter die außenpolitische Richtung unserer Vorkriegszeit. Wir stoppen den ewigen Germanenzug nach Süden und Westen Europas und weisen den Blick nach dem Land im Osten.
>
> Wenn wir aber heute in Europa von neuem Grund und Boden reden, können wir in erster Linie nur an Russland und die ihm untertanen Randstaaten denken. …
>
> … Staatsgrenzen werden durch Menschen geschaffen und durch Menschen geändert. Die Tatsache des Gelingens eines unmäßigen Bodenerwerbs durch ein Volk ist keine höhere Verpflichtung zur ewigen Anerkennung desselben. Sie beweist höchstens die Kraft der Eroberer und die Schwäche der Dulder. Und nur in dieser Kraft allein liegt dann das Recht. …
>
> Hitler, A.: Mein Kampf. 1932. S. 738 ff.

Die NSDAP führte 12 politische Feiertage ein. Diese wurden mit großen Aufmärschen und Festen begangen und sprachen viele Deutsche an. Zum Beispiel:

- **30. Januar:** Tag der Machtergreifung
- **24. Februar:** Parteigründungsfeier
- **letzter Märzsonntag:** Aufnahme der 14-Jährigen in die Hitlerjugend und den Bund Deutscher Mädchen
- **1. Mai:** Tag der Nationalen Arbeit
- **21. Juni:** Sommersonnenwende
- **Anfang September:** Reichsparteitag
- **9. November:** Gedenktag an die Blutzeugen der Bewegung

M2 *Nationalsozialistische Feiertage.*

„Du bist nichts, dein Volk ist alles"

Die NSDAP versprach, eine Gesellschaft zu schaffen, in der es keine sozialen Unterschiede und keine Klassenschranken geben sollte. Sie wollte eine Volksgemeinschaft, die durch Blutsbande verbunden ist.

Q3 *Aus einem nationalsozialistischen Lehrbuch von 1938:*

Die Gemeinschaft des Volkes:
Das Dritte Reich beseitigt grundsätzlich alle Unterschiede zwischen Ständen, Klassen und Parteien.

1. Die soziale Frage des 19. Jahrhunderts wird gelöst. Für alle Berufe und Ämter entscheiden nur Befähigung und Leistung.
2. Die Einheit der Erziehung schafft ein neues Volk.
3. Das deutsche Volk ist eine Schicksalsgemeinschaft.
4. Ihren Ausdruck findet die Volksgemeinschaft in den Festen der Nation.

Aufriss der deutschen Geschichte im 19. Jahrhundert. Hrsg: Fachgemeinschaft für Geschichte an der nationalpolitischen Erziehungsanstalt Naumburg. 1938.

„Führer befiehl, wir folgen dir"

Wie in der NSDAP sollte sich auch im Staat alles den Ideen und Entscheidungen Hitlers als Führer unterordnen. Bald vereinte er alle wichtigen politischen Funktionen des Landes in seiner Person. Hitler vermittelte den Deutschen ein Bild von einer strahlenden Zukunft. Menschen aus allen Teilen der Bevölkerung folgten kritiklos seinen Ideen.

M3 *Hitler begrüßt die jubelnde Bevölkerung. Foto, 1936.*

Arbeitsaufträge

1. a) Beschreibe die Darstellung von Juden in M1 und Q1.
   b) Erläutere die politischen Ziele, die damit verfolgt wurden.
2. Nenne mithilfe von Q2 außenpolitische Ziele Hitlers.
3. Erkläre die Idee der Volksgemeinschaft. Nutze M2 und Q3.
4. Bewerte die Aussage aus Q3: „Das deutsche Volk ist eine Schicksalsgemeinschaft."
5. Beschreibe und beurteile das Verhältnis zwischen Hitler und der „Volksgemeinschaft", wie es in M3 gezeigt wird.

Die NSDAP an der Macht

Hitler wird Reichskanzler

Bei den Wahlen im November 1932 hatte die NSDAP im Vergleich zu den Wahlen im Juli mehr als zwei Millionen Wählerstimmen verloren. Dennoch ernannte der Reichspräsident Hindenburg am 30. Januar 1933 Adolf Hitler zum Reichskanzler.

„Wir haben uns Hitler engagiert"

Mit der Ernennung Hitlers zum Reichskanzler beugte sich Hindenburg den Forderungen verschiedener Kräfte aus Wirtschaft und Politik. Hitler stand nun einer Regierung vor, in der es nur drei nationalsozialistische Minister gab. Die acht konservativen Minister glaubten, Hitler für ihre politischen Zwecke benutzen zu können.

M1 *„Der Sinn des Hitlergrußes". Fotomontage von John Heartfield, 1932.*

Q1 *Industrielle an den Reichspräsidenten im November 1932:*

... Mit Eurer Exzellenz bejahen wir die Notwendigkeit einer vom parlamentarischen Parteiwesen unabhängigen Regierung, wie sie in den ... Gedanken eines Präsidialkabinetts zum Ausdruck kommt ... Gegen das bisherige parlamentarische Parteiregime sind nicht nur die Deutschnationale Volkspartei ..., sondern auch die NSDAP grundsätzlich eingestellt. ... Wir erkennen in der nationalen Bewegung ... einen verheißungsvollen Neubeginn ... Wir wissen, dass dieser Aufstieg noch viele Opfer erfordert. Wir glauben, dass diese Opfer nur dann willig gebracht werden können, wenn die größte Gruppe der nationalen Bewegung führend an der Regierung beteiligt wird. ... Die Übertragung der verantwortlichen Leitung eines mit den besten Kräften ausgestatteten Präsidialkabinetts an den Führer der größten nationalen Gruppe, wird die Schwächen und Fehler, die jeder Massenbewegung notgedrungen anhaften, ausmerzen und Millionen Menschen ... mitreißen.

Zitiert nach: Czichon, E.: Wer verhalf Hitler zur Macht? 1972. S. 96 f.

Q2 *Ein Bankier über ein Gespräch mit Hitler und von Papen am 4.1.1933:*

Papen führte aus, dass er es für das Beste halte, eine Regierung zu formen, bei der die konservativen und nationalen Elemente ... zusammen mit den Nazis vertreten seien ...
Hitler skizzierte Änderungen, einschließlich der Entfernung aller Sozialdemokraten, Kommunisten und Juden von führenden Stellungen in Deutschland. ...
Die allgemeinen Bestrebungen der ... Wirtschaft gingen dahin, einen starken Führer in Deutschland an die Macht kommen zu sehen, der eine Regierung bilden würde, die lange an der Macht bleiben würde ...

Zitiert nach: Michaelis, H.: Ursachen und Folgen. 1960. Bd. IV. S. 743.

Inszenierung der Macht

Am 30. Januar 1933 verließ Hitler etwa 12.00 Uhr als neuer Reichskanzler den Sitz des Reichspräsidenten Hindenburg. Am gleichen Tag gegen 20.00 Uhr marschierte ein gewaltiger Zug von Angehörigen der SA und der Hitlerjugend im Fackelschein durch das Brandenburger Tor. Jubelnde Massen begleiteten sie.

Q3 *Aus einer Rundfunkreportage vom 30.1.1933:*

... Sie hören jetzt immer Jubel zu den Fenstern herauf, immer weiter die Fackeln, der ganze Kaiserplatz wie in Taghelle getaucht! ...
Ein wunderbares Bild, ein Bild, das man so bald nicht wieder erleben wird! Diese gestreckten Arme, diese Heil-Rufe. ...
Ungeheuerlich! Man muss direkt Angst haben, wie die Menschen dort draußen sich drängen ... trotzdem geht alles in vollständiger Ordnung vor sich. ...
Aber man muss doch bedenken, dass der Fackelzug erst in zwei oder drei Stunden organisiert worden ist als ein ganz spontaner Ausdruck der Freude ...

Aus: Es begann am 30. Januar. Funkmanuskript. 1958. S. 9 ff.

M2 *Fackelzug aus Anlass der Ernennung Hitlers zum Reichskanzler. Hitler grüßt vom Fenster der Reichskanzlei. Foto vom 30.1.1933.*

M3 *Nachgestellter Aufmarsch für einen Propagandafilm der NSDAP über die Machtergreifung am 30.1.1933. Foto vom Sommer 1933.*

Arbeitsaufträge

1. Erkläre mithilfe von Q1 und Q2, welche Kräfte eine Regierung unter Hitler wünschten und welche Ziele sie verfolgten.
2. Interpretiere M1.
3. Erläutere die Reaktion der Bevölkerung, wie sie in M2 und Q3 gezeigt werden.
4. Beschreibe, wie die NSDAP den Fackelzug nachstellte, und nenne Gründe für diese Inszenierung.
5. Diskutiert, ob der Begriff „Machtergreifung“ den historischen Ereignissen entspricht.

Das Ende der Demokratie

Angriff auf die Verfassung

Als erste Amtshandlung ließ Hitler am 31. Januar 1933 den Reichstag auflösen. Mit Neuwahlen am 5. März wollte er die NSDAP zur absolut stärksten Partei machen. In einem aufwendigen Wahlkampf reiste er durch Deutschland, um bei Aufmärschen und auf Kundgebungen um Stimmen zu werben. Gleichzeitig drängte Hitler den Reichspräsidenten am 4. Februar, die „Verordnung zum Schutz des Deutschen Volkes“ zu erlassen, die die Presse-, Rede- und Versammlungsfreiheit stark einschränkte.

Q1 *Joseph Goebbels, späterer Propagandaminister Hitlers, legte schon 1928 seine Vorstellungen von Demokratie dar:*

Wir gehen in den Reichstag hinein, um uns im Waffenarsenal der Demokratie mit deren eigenen Waffen zu versorgen. Wir werden Reichstagsabgeordnete, um die Weimarer Gesinnung mit ihrer eigenen Unterstützung lahmzulegen. Wenn die Demokratie so dumm ist, uns für diesen Bärendienst Freifahrtkarten und Diäten zu geben, so ist das ihre eigene Sache. ... Uns ist jedes gesetzliche Mittel recht, den Zustand von heute zu revolutionieren. ... Wir kommen als Feinde! Wie der Wolf in die Schafherde einbricht, so kommen wir. ...

Zitiert nach: Michalka, W.; Niedhart, G. (Hrsg.): Die ungeliebte Republik. 1980. S. 251.

Q2 *Aus einer Absprache zwischen Hitler und von Papen am 31.1.1933:*

Der Stellvertreter des Reichskanzlers führt aus, es sei am besten, schon jetzt festzulegen, dass die kommenden Wahlen zum Reichstag die letzten sein sollen und eine Rückkehr zum parlamentarischen System für immer zu vermeiden sei.
Der Reichskanzler erklärte, er wolle folgende bindende Versprechen abgeben: a) Der Ausgang einer Neuwahl zum Reichstag solle keinen Einfluss auf die Zusammensetzung der jetzigen Reichsregierung haben. b) Die nun bevorstehende Wahl zum Reichstag solle die letzte Neuwahl sein ...

Auszüge aus den amtlichen Niederschriften, Akten der Reichskanzlei, Bundesarchiv Koblenz: R 43 II/291, 289.

M1 *Wahlplakat der NSDAP nach dem Reichstagsbrand.*

Der Reichstag in Flammen

Mitten im Wahlkampf brannte in der Nacht des 27. Februar der Reichstag. Die NSDAP verkündete, noch bevor der Brand gelöscht war, dass dafür die Kommunisten verantwortlich wären. In derselben Nacht zogen SS-Truppen durch Berlin und andere Städte und verhafteten etwa 4000 Kommunisten unter dem Vorwand des Umsturzversuchs.

Am folgenden Tag wurde die „Verordnung zum Schutz von Volk und Staat“ zur „Abwehr kommunistischer staatsgefährdender Gewaltakte“ erlassen. Mit dieser sogenannten „Reichstagsbrandverordnung“ setze die NSDAP weitere Grundrechte außer Kraft.

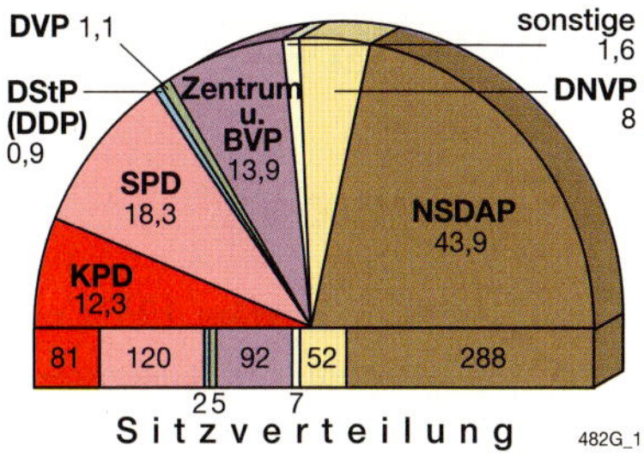

M2 *Ergebnis der Reichstagswahlen vom 5.3.1933 (Stimmen in %).*

Die Folgen der Reichstagswahlen

Am 21. März 1933 eröffnete Hitler gemeinsam mit Hindenburg die Sitzungsperiode des Reichstags mit einem Staatsakt. Nur zwei Tage später legte Hitler dem Reichstag das „Gesetz zur Behebung der Not von Volk und Reich" vor. Die Abgeordneten der KPD sowie ein Teil der Abgeordneten der SPD waren als Folge des Reichtagsbrandes verhaftet worden. Nur wenige SPD-Abgeordnete waren noch im Reichstag anwesend und wagten in dieser Situation kaum, offen gegen den Gesetzesentwurf aufzutreten. Das „Ermächtigungsgesetz" wurde mit 441 zu 94 gegen die Stimmen der SPD angenommen.

Q3 *Aus dem „Ermächtigungsgesetz" vom 23. März 1933:*

... Art. 1. Reichsgesetze können außer in dem in der Reichsverfassung vorgesehenen Verfahren auch durch die Reichsregierung beschlossen werden ...
Art. 2. Die von der Reichsregierung beschlossenen Reichsgesetze können von der Reichsverfassung abweichen soweit sie nicht die Einrichtung des Reichstages und des Reichsrats als solches zum Gegenstand haben. Die Rechte des Reichspräsidenten bleiben unberührt.

Conze, W.: Der Nationalsozialismus. Teil 1. 1972. S. 62 f.

Q4 *Ein Abgeordneter der SPD erinnert sich an die erste Reichstagssitzung vom 23. März 1933:*

Als wir uns ... in kleinen Gruppen zur *Krolloper* begaben, fanden wir den weiten Platz davor ... mit schwarzen Menschenhaufen bedeckt. Wilde Sprechchöre empfingen und begleiteten uns: „Wir wollen das Ermächtigungsgesetz, sonst gibt es Feuer!" Junge Burschen, Hakenkreuzabzeichen an der Brust, musterten uns frech ... und riefen uns Schimpfworte wie „Zentrumsschwein" oder „Marxistensau" zu. Es war ein richtiges Spießruten laufen ...
In der Krolloper wimmelte es von SA und SS. ... Der Sitzungssaal war mit riesigen Hakenkreuzfahnen und ähnlichem Zierrat ausgeschmückt. Diplomatenlogen und Zuhörerränge waren überfüllt. Unsere Plätze befanden sich, da kommunistische Abgeordnete nicht anwesend waren, auf der äußersten Linken. Als wir sie eingenommen hatten, stellten sich SA- und SS-Leute an den Eingängen und Wänden hinter uns im Halbkreis auf. Ihre Mienen ließen nichts Gutes erwarten.

Hoegner, W.: Flucht vor Hitler. 1979. S. 98.

i

Reichstagssitzung in der Krolloper: Da das Reichstagsgebäude durch den Brand zerstört war, tagte das Parlament in der Berliner Krolloper.

Die NSDAP schaltet andere Parteien aus

Bereits die Reichstagsbrandverordnung schränkte die Tätigkeit der KPD stark ein. Unmittelbar nach den Wahlen wurde die KPD verboten. Die Auflösung der SPD folgte im Juni mit der Begründung, den Marxismus endgültig ausrotten zu wollen. Das Vermögen der beiden Parteien zog die NSDAP ein und erklärte die Mandate im Reichstag und in den Landtagen für ungültig. Viele Genossen wurden in „Schutzhaft" genommen. Die anderen Parteien lösten sich daraufhin ohne großen Druck selbst auf. Ein „Gesetz gegen die Neubildung von Parteien" drohte jedem mit hohen Strafen, der es wagte, eine Partei aufrechtzuhalten oder neu zu gründen. Dies machte die NSDAP zur einzig legalen Partei in Deutschland.

Arbeitsaufträge

1. Erkläre anhand von Q1 und Q2 die Einstellungen der NSDAP zur Demokratie.
2. Schildere anhand von Q4 die Atmosphäre der Reichstagssitzung vom 23.3.1933, wie sie der SPD-Abgeordnete erlebte.
3. Analysiere Q3. Nimm Stellung zu der Behauptung, dass das Ermächtigungsgesetz das Ende der Demokratie einleitete.

Die Gesellschaft wird gleichgeschaltet

„Die Partei ist nun der Staat geworden"

Die Nationalsozialisten nutzten das Wahlergebnis des 5. März 1933, um eine *Diktatur* zu errichten. Mit dem „Vorläufigen Gesetz zur *Gleichschaltung* der Länder mit dem Reich" vom 31. März 1933 wurden alle Landesparlamente nach der Sitzverteilung im Reichstag umgestaltet. Nur eine Woche später folgte ein weiteres Gleichschaltungsgesetz. Es setzte Reichsstatthalter ein, welche die Landesregierungen ernannten.

i

Diktatur: Alleinherrschaft, Gewaltherrschaft. Zwischen 1933 und 1945 herrschte in Deutschland eine nationalsozialistische Diktatur. Mit Zwang und Gewalt wurde die gesamte Gesellschaft den Zielen und dem Willen der NSDAP untergeordnet. Die NSDAP war die einzige Partei und beherrschte alle weiteren Organisationen und Vereine. Parlamente und Gerichte waren nicht mehr unabhängig.

Gleichschaltung: Alle Bereiche des öffentlichen, politischen und gesellschaftlichen Lebens werden einem politischen Ziel untergeordnet.

Der Begriff „Gleichschaltung" wurde durch die „Gesetze zur Gleichschaltung der Länder" vom März und April 1933 geprägt. Sie zielten auf eine Vereinheitlichung des Reiches unter der NSDAP ab.

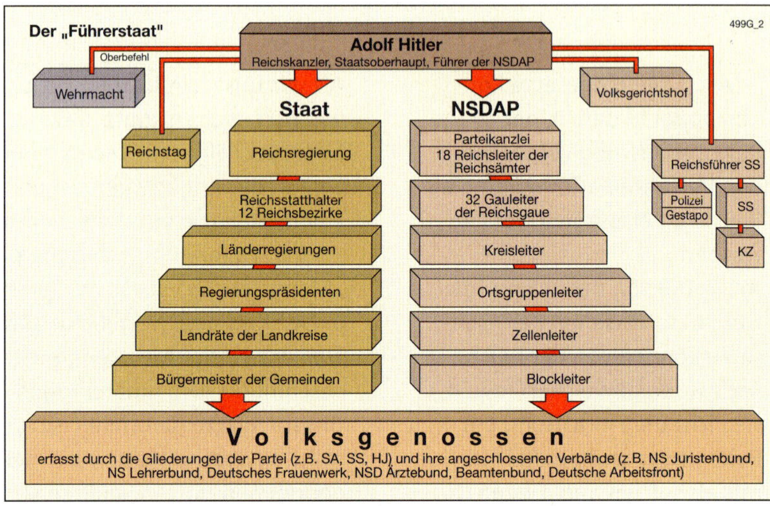

M1 *Gleichschaltung von Staat und Partei.*

Von Gewerkschaften zur Arbeitsfront

Bei der Eingliederung der Arbeiter in die nationalsozialistische „Volksgemeinschaft" sollte der 1. Mai als traditioneller Kampftag der Arbeiter eine besondere Rolle spielen. Im April 1933 erklärte Hitler den 1. Mai zum „Feiertag der nationalen Arbeit".

Mit der Auflösung der Gewerkschaften übernahm die NSDAP das Gewerkschaftsvermögen. Darauf folgte die Gründung der Deutschen Arbeitsfront. In dieser Organisation waren Arbeiter und Unternehmer vereint. An der Spitze dieser Organisation stand der Führer Adolf Hitler.

Q1 *Mitte April 1933 notierte Goebbels:*

Den 1. Mai werden wir zu einer grandiosen Demonstration deutschen Volkswillens gestalten. Am 2. Mai werden dann die Gewerkschaftshäuser besetzt. Gleichschaltung auch auf diesem Gebiet … Es wird vielleicht ein paar Tage Krach geben, aber dann gehören sie uns. …

Sind die Gewerkschaften in unserer Hand, dann werden sich auch die anderen Parteien und Organisationen nicht mehr lange halten können.

Goebbels, J.: Vom Kaiserhof zur Reichskanzlei. 1934. S. 288 f.

M2 *Das offizielle Führerbild, das in allen Amtsräumen und Schulen hing.*

„Führer des Deutschen Reiches"

Als Reichspräsident Hindenburg im Sommer 1934 starb, griff Hitler nach dem höchsten Staatsamt und vereinte die gesamte politische Macht in seiner Person. Damit gab es keine verfassungsrechtliche Institution mehr, die seine Stellung einschränken konnte. In einer Volksabstimmung ließ sich Hitler am 19. August 1934 seine absolute Macht zusätzlich durch den Volkswillen „bestätigen". 89,9 % der Wähler stimmten für die Vereinigung der Ämter des Reichspräsidenten und des Reichskanzlers. Zudem leisteten von nun an alle Beamten und Soldaten ihren Eid auf Adolf Hitler.

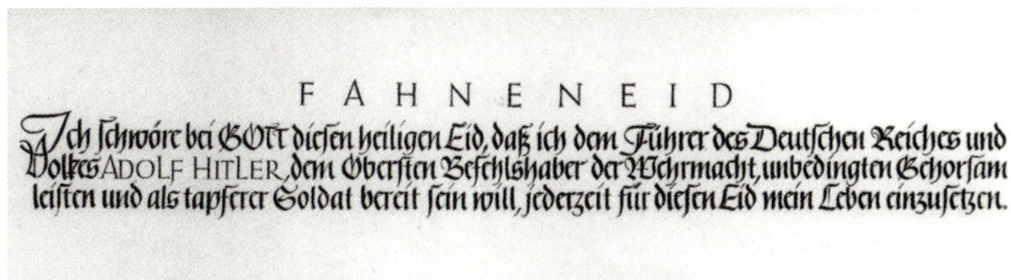
FAHNENEID

Ich schwöre bei GOTT diesen heiligen Eid, daß ich dem Führer des Deutschen Reiches und Volkes ADOLF HITLER, dem Obersten Befehlshaber der Wehrmacht, unbedingten Gehorsam leisten und als tapferer Soldat bereit sein will, jederzeit für diesen Eid mein Leben einzusetzen.

M3 *Einen Tag nach dem Tod von Reichspräsident Hindenburg 1934 ließ Adolf Hitler die Wehrmacht auf sich vereidigen.*

„Schutzhaft" für „Volksverräter"

Bereits mit der Reichstagsbrandverordnung vom Februar 1933 hatte die NSDAP ein Gesetz, mit dem jeder scheinbare Gegner ohne Angaben von Gründen und ohne Gerichtsurteil in „Schutzhaft" genommen werden konnte. Seit März 1933 errichteten SS und SA staatliche *Konzentrationslager*. Ende Juli 1933 befanden sich in ganz Deutschland mehr als 26 000 Menschen in „Schutzhaft". Damit hatte sich die NSDAP ein weiteres Machtinstrument geschaffen.

i

Konzentrationslager: Massenlager, in denen Menschen aus politischen, religiösen, rassischen oder anderen Gründen eingesperrt, oft misshandelt und ermordet wurden.

Q2 *Die Münchner Neusten Nachrichten vom 21. März 1933 berichteten:*

> ... teilte der kommissarische Polizeipräsident Himmler mit:
> „Am Mittwoch wird in der Nähe von Dachau das erste Konzentrationslager eröffnet. Es hat ein Fassungsvermögen von 5000 Menschen. Hier werden die gesamten kommunistischen ... und marxistischen Funktionäre, die die Sicherheit des Staates gefährden, zusammengezogen ... Wir haben diese Maßnahme ohne jede Rücksicht auf kleinliche Bedenken getroffen in der Überzeugung, damit zur Beruhigung der nationalen Bevölkerung und in ihrem Sinn zu handeln."
>
> http://www.vulture-bookz.de/imagebank/Dokumente/pages/1933-03-21~Bekanntmachung_KL_Dachau.html

Arbeitsaufträge

1. Stelle in einer Mind-Map Schritte auf dem Weg zum Führerstaat dar.
2. Beschreibe das Verhältnis von Partei und Staat mithilfe des Schaubildes M1.
3. Nimm Stellung zu Hitlers Aussage: „Die Partei ist nun zum Staat geworden."
4. Erkläre die Funktion und Bedeutung der Konzentrationslager.

Das Volk wird gleichgeschaltet

„Und sie werden nicht mehr frei“

Die NSDAP wollte das gesamte Volk für seine Ziele gewinnen. Es gelang der Partei, die Bevölkerung nahezu lückenlos in verschiedenen Organisationen und Einrichtungen zu erfassen, zu überwachen und zu beeinflussen.

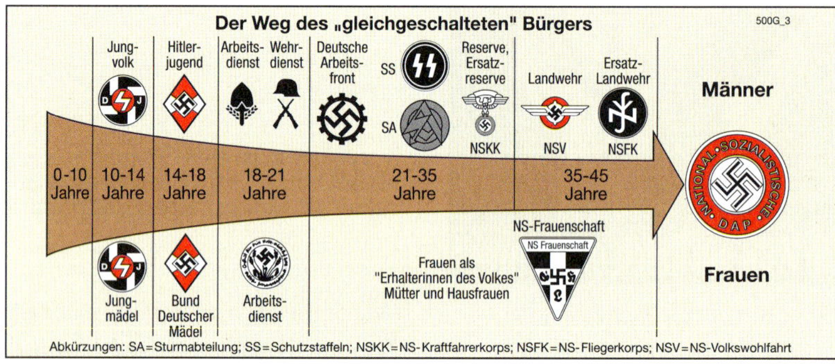

M1 *So erfasste die NSDAP die deutsche Bevölkerung.*

Die gleichgeschaltete Freizeit

Im November 1933 gründete die Deutschen Arbeitsfront (DAF) die Freizeitorganisation „Kraft durch Freude“ (KdF). Sie bot ein breites Erholungs- und Unterhaltungsprogramm an, das vor allem für die Arbeiterschaft bis dahin unerschwinglich gewesen war. Deshalb entwickelte sich die KdF schnell zu einer der beliebtesten nationalsozialistischen Organisationen.

Das Amt „Feierabend“ organisierte Theaterveranstaltungen, Singgemeinschaften und Vereine für jede Art von Hobby, das man nach der Arbeit betreiben konnte. Etwa zehn Millionen Menschen besuchten regelmäßig die KdF-Kulturveranstaltungen.

Das „Sportamt“ war für die körperliche Ertüchtigung des deutschen Volkes zuständig. Besonders die Arbeitersportvereine sollten durch die Gleichschaltung besser kontrolliert werden. Gleichzeitig wurden teure Sportarten wie Reiten, Segeln oder Tennis den ärmeren Leuten zugänglich gemacht. Im olympischen Jahr 1936 nahmen über sieben Millionen Menschen an Sportkursen teil. Neben der Organisation der Freizeit war die KdF auch für die Gestaltung der Arbeitsstätten zuständig. Dort sorgte das Amt „Schönheit der Arbeit“ für saubere sanitäre Anlagen, neue Kantinen und Grünanlagen, um die Situation in den Betrieben zu verbessern.

M2 *Deckblatt des Jahresprogramms der NS-Gemeinschaft „Kraft durch Freude“ aus dem Jahr 1937.*

Schule im Nationalsozialismus

Besonders die Jugend wollte die NSDAP für ihre Ziele gewinnen. Die Schule sollte im „Dienst des Volksganzen“ stehen. Demokratisch eingestellte und jüdische Lehrer mussten schon 1933 die Schulen verlassen. Schnell prägten Hakenkreuzfahnen, Hitlerbilder, Fahnenappelle und der Hitlergruß den Schulalltag. Im Unterricht gab es Themen wie „Die nordische Rasse“, „Giftgase und Gasschutz“, „Morseschrift und Nachrichtenübermittlungskunde“ und „Vererbungslehre“. Rassenkunde und Grenzlandkunde wurden als neue Fächer eingeführt.

Q1 *Hitler über seine Bildungs- und Erziehungsziele:*

Der völkische Staat hat in dieser Erkenntnis seine gesamte Erziehungsarbeit ... nicht auf das Einpumpen bloßen Wissens einzustellen, sondern auf das Heranzüchten kerngesunder Körper. Erst in zweiter Linie kommt dann die Ausbildung der geistigen Fähigkeiten. Hier aber wieder an der Spitze die Entwicklung des Charakters, besonders die Förderung der Willens- und Entschlusskraft, verbunden mit der Erziehung zur Verantwortungsfreudigkeit, und erst als Letztes die wissenschaftliche Schulung. ...
Übrigens hat auch diese Erziehung unter dem Gesichtspunkt der Rasse seine letzte Vollendung im Heeresdienst zu erhalten. Wie denn überhaupt die Militärdienstzeit als Abschluss der normalen Erziehung des durchschnittlichen Deutschen gelten soll.

Domarus, M.: Hitler: Reden und Proklamationen 1932–1945. 1962. S. 450 f.

Q2 *In einem Rechenbuch von 1936 gab es folgende Aufgabe:*

Der Bau einer Irrenanstalt erfordert 6 Millionen Reichsmark. Wie viele Siedlungen zu 15 000 Reichsmark hätte man bauen können?

Zitiert nach: Krink, A.: Leben im Dritten Reich. BpB. 1993.

M3 *Klassenzimmer im Dritten Reich. Foto, um 1940.*

Arbeitsaufträge

1. Beschreibe den Lebenslauf eines „Volksgenossen" mithilfe der Übersicht M1.
2. Erläutere die Aktivitäten der Organisation „Kraft durch Freude" und bewerte ihre Ziele.
3. Nenne die von Hitler in Q1 formulierten Erziehungsziele.
4. Erkläre, was Hitler mit seiner Bildungspolitik erreichen wollte.

M1 *Museumsbesuch, 1937.*

M2 *BDM bei Turnübungen, 1939.*

M3 *Luftschutzübungen, 1939.*

Jugend im Nationalsozialismus

„Jugend dient dem Führer"

Außerhalb der Schule sollte die Hitlerjugend gleichberechtigt zu Elternhaus und Schule die gesamte deutsche Jugend im Sinne des Nationalsozialismus erziehen. Seit 1939 war die Mitgliedschaft in der Hitlerjugend für alle im Alter zwischen 10 und 18 Jahren Pflicht.

Viele Jugendliche fanden es interessant und abwechslungsreich, ihre Freizeit gemeinsam mit Gleichaltrigen in der Gruppe zu verbringen. Feierliche Aufzüge, Propagandamärsche und Paraden, Fahrten, Geländespiele und geselliges Lagerleben machten die HJ für viele Kinder und Jugendliche attraktiv. Das Tragen von Uniformen und den Befehlston haben die meisten hingenommen.

Wesentlicher Bestandteil des HJ-Diensts war der sogenannte Heimabend, an dem sich einmal wöchentlich kleinere HJ-Ortsgruppen trafen, um Aktivitäten vorzubereiten. Zu den Heimabenden zählte das gemeinsame Hören von propagandistischen Radiosendungen, die speziell für die Jugend produziert wurden.

M4 *Fahnenaufmarsch der Hitlerjugend zum Reichsparteitag 1938.*

Q1 *Aus dem Gesetz über die Hitlerjugend vom 1. Dezember 1936:*

Von der Jugend hängt die Zukunft des Deutschen Volkes ab. Die gesamte deutsche Jugend muss deshalb auf ihre künftigen Pflichten vorbereitet werden. …

§1. Die gesamte deutsche Jugend innerhalb des Reichsgebietes ist in der Hitlerjugend zusammengefasst.

§2. Die gesamte deutsche Jugend ist außer in Elternhaus und Schule in der Hitlerjugend körperlich, geistig und sittlich im Geiste des Nationalsozialismus zum Dienst am Volk und zur Volksgemeinschaft zu erziehen.

§3. Die Aufgabe der Erziehung der gesamten deutschen Jugend in der Hitlerjugend wird dem Reichsjugendführer der NSDAP übertragen. …

www.dhm.de/lemo/html/dokumente/hjgesetz/index.html

M5 *Hitlerjungen ziehen ein Segelflugzeug, 1939.*

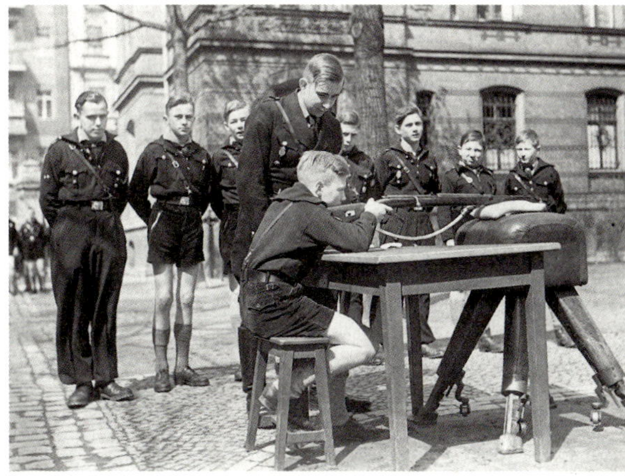

M6 *Schießausbildung, 1939.*

M7 *Verkehrserziehung, 1938.*

M8 *HJ-Heimabend, 1937.*

M9 *Zeltlager, 1938.*

M10 *Aufmarsch von BDM-Mädchen, 1933.*

Arbeitsaufträge

1. Begründe mithilfe von Q1, warum sich die NSDAP besonders um die Jugend bemühte.
2. Beschreibe die Bilder und leite daraus die Ziele der Hitlerjugend ab.
3. Diskutiert darüber, warum sich die Mehrzahl der Jugendlichen für die NS-Organisationen begeisterten.

M1 *„Gesunde Eltern – gesunde Kinder". Ein Plakat der nationalsozialistischen Volkswohlfahrt von 1934.*

Frauen im Nationalsozialismus

Die „kleinere" Welt der Frauen

Frauen waren seit der Gründung der NSDAP in führenden Parteipositionen nicht erwünscht. Auch die Mitgliedschaft von Frauen war auf maximal 5 % festgelegt. Mit Machtantritt Hitlers konnten Frauen nicht mehr in politische Ämter gewählt werden. Außerdem wurde der Zugang zu den Hochschulen für Frauen stark eingeschränkt.

Die ideale Frau im Nationalsozialismus sollte arischer Abstammung sein. Wichtig waren Charaktereigenschaften wie Treue, Pflichterfüllung, Opferbereitschaft, Leidensfähigkeit und Selbstlosigkeit. Sie sollte zum Wohle der „Volksgemeinschaft" vor allem als Mutter ihre Pflicht erfüllen.

Q1 *1934 beschrieb Hitler in einer Rede an die Frauen seine Ideen:*

Wenn man sagt, die Welt des Mannes ist der Staat, die Welt des Mannes ist sein Ringen, die Einsatzbereitschaft für die Gemeinschaft, so könnte man … sagen, dass die Welt der Frau eine kleinere sei. Denn ihre Welt ist ihr Mann, ihre Familie, ihre Kinder … Was der Mann an Opfer bringt im Ringen seines Volkes, bringt die Frau an Opfer im Ringen um die Erhaltung des Volkes …
Was der Mann einsetzt an Heldenmut auf dem Schlachtfeld, setzt die Frau ein in ewig geduldiger Hingabe, in ewig geduldigem Leiden und Ertragen. Jedes Kind, das sie zur Welt bringt, ist eine Schlacht, die sie besteht für Sein oder Nichtsein ihres Volkes.

Domarus, M. (Hrsg.): Hitler: Reden und Proklamationen 1932–1945. 1963. S. 3–6.

i

BDM: Die Abkürzung BDM für „Bund Deutscher Mädel" wurde im Volksmund mit „Bald Deutsche Mutter" gedeutet.

„Gedenke, dass du ein Deutscher bist"

Bereits im „Bund Deutscher Mädel" *(BDM)* wurden junge Mädchen zwischen 10 und 18 Jahren auf diese Rolle vorbereitet. Sie beschäftigten sich mit Gymnastik, Gesundheitslehre und Haushaltskunde. Frauen trafen sich in der NS-Frauenschaft zu Koch-, Näh- oder Kinderpflegekursen. Rauchen, Schminken oder wissenschaftliche Bildung wurden abgelehnt.

Q2 *10 Leitsätze zur Gattenwahl für junge Frauen:*

1. Gedenke, dass du ein Deutscher bist.
2. Du sollst Geist und Seele rein halten.
3. Halte deinen Körper rein.
4. Du sollst, wenn du erbgesund bist, nicht ehelos bleiben.
5. Heirate nur aus Liebe.
6. Wähle als Deutscher nur einen Gatten gleichen oder nordischen Blutes.
7. Bei der Wahl deines Gatten frage nach seinen Vorfahren.
8. Gesundheit ist Voraussetzung für äußere Schönheit.
9. Suche dir für die Ehe nicht einen Gespielen, sondern einen Gefährten.
10. Du sollst dir möglichst viele Kinder wünschen.

Aus: Der Schulungsbrief. 6/1939. S. 154.

(M2) *Kursteilnehmer einer Reichsbräuteschule 1939.*

Frauen als „Quelle der Nation"

Mit verschiedenen Gesetzen und gezielter Propaganda versuchte die NSDAP, Frauen aus dem Berufsleben zu drängen. Die Rolle als Mutter und Hausfrau sollte erstrebenswert sein.

Der Staat unterstützte außerdem Familien durch Ehestandsdarlehen. Ab 1933 wurde an Ehemänner ein Darlehen gezahlt, wenn die Ehefrau, die vorher berufstätig war, ihre Arbeit aufgab und nur noch Hausfrau war. Für jedes Kind, welches das Paar bekam, wurde 1/4 des Darlehens erlassen. Nach vier Kindern hatte eine Familie also den Kredit „abgekindert", ohne eine Reichsmark zurückzahlen zu müssen. Als weiteren Anreiz erhielten Familien ab 1936 eine staatliche Kinderbeihilfe. Kinderlose mussten im Gegenzug mehr Steuern zahlen.

Um den Nachwuchs im Sinne des Nationalsozialismus zu versorgen und zu erziehen, sollte die Arbeit als Hausfrau und Mutter erlernt werden. Die nationalsozialistischen Frauenschaft führte deshalb Bräute- und Mütterschulungen durch. Mütter und Kinder konnten sich bei Aufenthalten in Mutter-Kind-Heimen der nationalsozialistischen Volkswohlfahrt (NSV) erholen.

Trotz des Mutterkults zeigte die Familienpolitik der NSDAP kaum Wirkung. Die durchschnittliche Kinderzahl hatte sich 1939 im Vergleich zu 1933 nicht verändert.

(M3) *Verleihung des Mutterverdienstkreuzes beim Erntedankfest 1939 in Berlin.*

Ein Ehrenplatz in der Volksgemeinschaft

Durch öffentliche Ehrungen mit dem Mutterverdienstkreuz sollten Frauen in ihrer Mutterrolle bestärkt werden. Mütter mit vier, sechs oder gar acht Kindern wurden für „ihren Einsatz von Leib und Leben" bei der „Geburt und Kinderaufzucht" im Namen Hitlers ausgezeichnet. Frauen, die diesen Orden trugen, waren von Jugendlichen mit „Heil Hitler" zu grüßen. Sie mussten bei Behörden bevorzugt abgefertigt werden. In öffentlichen Verkehrsmitteln und bei Großveranstaltungen hatten sie Anspruch auf einen Sitzplatz. Nur wenige Mütter lehnten diese Ehrung ab.

Nicht alle Kinder waren erwünscht

Um die Idee der Herrenrasse durchsetzen zu können, verabschiedete die Reichsregierung 1933 das „Gesetz zur Verhütung erbkranken Nachwuchses". Darin wurde festgelegt, dass sich Menschen mit Erbkrankheiten einer *Zwangssterilisation* unterwerfen mussten. Diese Zwangssterilisation konnte auf eigenen Antrag bzw. auf Antrag des gesetzlichen Vertreters oder auf Antrag des Arztes erfolgen.

Mit der Aufwertung der Mutterschaft durch die Nationalsozialisten wurden Abtreibungen bei „Erbgesunden" jedoch als Verbrechen an der „Volksgemeinschaft" gewertet.

i

Sterilisation: medizinisches Verfahren, um die Fortpflanzung auf Dauer zu verhindern.

Arbeitsaufträge

1. Beschreibe die Darstellung der Frauen in M1 bis M3.
2. Nenne Mittel, die die NSDAP einsetzte, um ihre Frauenpolitik umzusetzen.
3. Nimm Stellung zu der Aussage, dass „die Frau die Quelle der Nation" sei.
4. Bewerte die nationalsozialistische Frauen- und Familienpolitik.

Kunst und Kultur im Nationalsozialismus

M1 *Joseph Goebbels bei einer Rede 1934. Er stand dem „Reichsministerium für Volksaufklärung und Propaganda" vor.*

„... bis sie uns verfallen"

Am 13. März 1933 wurde ein neues Reichsministerium gegründet. Hauptaufgabe dieses Ministeriums war die Gleichschaltung und inhaltliche Lenkung von Presse, Kunst, Film, Musik und Literatur durch die NSDAP.

Q1 *Goebbels beschrieb die Aufgaben des Propagandaministeriums 1933:*

... wir wollen die Menschen so lange bearbeiten, bis sie uns verfallen sind, bis sie auch ideenmäßig einsehen, dass das, was sich heute in Deutschland abspielt, nicht nur hingenommen werden muss, sondern auch hingenommen werden kann. Denn Propaganda ist nicht Selbstzweck, sondern Mittel zum Zweck. ... Das neue Ministerium hat keinen anderen Zweck, als die Nation geschlossen hinter die Idee der nationalen Revolution zu stellen ...

Meier-Benneckenstein, P. (Hrsg.): Dokumente der Deutschen Politik. Bd. I, 2. 1939/40, S. 289–293.

Zuerst brannten Bücher

Am 10. Mai 1933 loderten in vielen großen Städten Deutschlands Scheiterhaufen. Bücher von Autoren und Autorinnen, die mit ihren Werken oder ihrer Herkunft nicht dem nationalsozialistischen Geist entsprachen, wurden öffentlich verbrannt. Bei dieser „Aktion wider den undeutschen Geist" verbrannten die Nationalsozialisten unter anderem Werke von Heinrich Heine, Thomas und Heinrich Mann, Anna Seghers, Kurt Tucholsky oder Albert Einstein.

Q2 *Schriftsteller Oskar Maria Graf protestierte am 12.5.1933:*

... alle meine Bücher, mit Ausnahme meines Hauptwerkes „Wir sind Gefangene", werden empfohlen: Ich bin also dazu berufen, einer der Exponenten des „neuen" deutschen Geistes zu sein!
Vergebens frage ich mich: Womit habe ich diese Schmach verdient? Das „Dritte Reich" hat fast das ganze deutsche Schrifttum von Bedeutung ausgestoßen, hat sich losgesagt von der wirklichen deutschen Dichtung, hat die größte Zahl seiner wesentlichsten Schriftsteller ins Exil gejagt und das Erscheinen ihrer Werke in Deutschland unmöglich gemacht.
Und die Vertreter dieses barbarischen Nationalismus, der mit Deutschsein ... rein gar nichts zu tun hat, unterstehen sich, mich als einen ihrer „Geistigen" zu beanspruchen, mich auf ihre ... „weiße Liste" zu setzen, die vor dem Weltgewissen nur eine schwarze Liste sein kann! Diese Unehre habe ich nicht verdient. Nach meinem ganzen Leben und ... Schreiben habe ich das Recht, zu verlangen, dass meine Bücher der reinen Flamme des Scheiterhaufens überantwortet werden und nicht in die blutigen Hände und die verdorbenen Hirne der braunen Mordbande gelangen ...

Wiener Arbeiterzeitung vom 12.05.1933. Unter: www.exil-club.de

M2 *Mitglieder der SA schleppen in Hamburg Bücher zur Verbrennung. Foto, Mai1933.*

Was ist Kunst?

In einem „Haus der deutschen Kunst" wollte die NSDAP ihre Vorstellung von Kunst verdeutlichen. Zeitgleich zur Einweihung dieses Hauses eröffneten die Nationalsozialisten in München die Ausstellung „Entartete Kunst". Hier wollten sie dem deutschen Volk den Unterschied zwischen entarteter und nordisch-wertvoller Kunst vermitteln. „Deutsche" Kunst sollte klar und einfach sein und die Wurzeln des Volkes zeigen.

M3 *„Die Skatspieler" (Kartenspielende Krüppel). Gemälde von Otto Dix, 1920. Der Künstler und Kunstprofessor erhielt von den Nationalsozialisten Berufsverbot.*

M4 *„Arbeitsmaiden". Gemälde von Leopold Schmutzler, 1940.*

M5 *Neue Reichskanzlei in Berlin.*

Bauen für die Ewigkeit

Auch die Architektur sollte den nationalsozialistischen Geist und die „neue Zeit" widerspiegeln. Berlin als Reichshauptstadt sollte deshalb durch gigantische Neubauten zur „Welthauptstadt Germania" werden.

Als „Stadt der Reichsparteitage" sollte auch Nürnberg nach dem Geschmack der NSDAP gestaltet werden. Das Areal für Veranstaltungen der jährlichen Parteitage wurde zu einer 60 km² großen Kultstätte umgebaut.

Arbeitsaufträge

1. Nenne die Aufgaben des Propagandaministeriums.
2. Erkläre Gründe für die Bücherverbrennung durch die NSDAP.
3. Informiere dich über Schriftsteller, die auf einer „schwarzen Liste" standen. Stelle einen ausgewählten Autor vor.
4. Analysiere Q2 und nenne Gründe, warum Oskar Maria Graf die Nationalsozialisten aufforderte, seine Werke zu verbrennen.
5. Vergleiche die in M3 und M4 dargestellten Kunstwerke.
6. Beschreibe mithilfe von M5 die Wirkung der nationalsozialistischen Architektur.
7. Erkunde, ob in deinem Heimatort Spuren nationalsozialistischer Architektur erhalten geblieben sind.

Die Wirtschaftspolitik der NSDAP

Ein Programm muss umgesetzt werden

(M1) *Angehöriger des Reichsarbeitsdienstes präsentiert den Spaten. Foto, 1938.*

Unter http://www.dhm.de/lemo/forum/kollektives_gedaechtnis/ berichten Zeitzeugen über ihre Zeit im RAD.

Als Hitler Reichskanzler wurde, gab es mehr als sechs Millionen Arbeitslose in Deutschland. Bereits im Parteiprogramm der NSDAP von 1920 war die Sicherung der „Erwerbs- und Lebensmöglichkeiten der Staatsbürger" eine wesentliche Forderung. Damit wurde der Abbau der Arbeitslosigkeit zu einem wichtigen Mittel, die Menschen für die nationalsozialistische Politik zu gewinnen.

Die „Arbeitsschlacht" gegen die Massenarbeitslosigkeit

Alle wirtschaftspolitischen Maßnahmen der NSDAP verfolgten drei Ziele:

- die schnelle Schaffung von Arbeitsplätzen und damit den Abbau der Arbeitslosigkeit,
- die Gewinnung der Deutschen für die politischen Ziele der Partei,
- die langfristige Vorbereitung der Wirtschaft auf den Kriegsfall.

„Mit Spaten und Ähre"

Die NSDAP führte umfangreiche Arbeitsbeschaffungsmaßnahmen ein, die sowohl politische als auch wirtschaftliche Bedeutung hatten. Die Vergabe großer Aufträge zum Bau von Autobahnen, Kasernen, Flugplätzen, Parteigebäuden oder Versorgungseinrichtungen brachte vielen Menschen Arbeit.

Mit der Einführung des Reichsarbeitsdienstes (RAD) gab es eine Dienstpflicht für alle jungen Männer zwischen 18 und 25 Jahren. Für 1,70 RM am Tag leisteten sie für sechs Monate gemeinnützige Arbeit. Ab 1939 wurde die Dienstpflicht auch für Frauen eingeführt. Der Reichsarbeitsdienst sollte ein „Ehrendienst am deutsche Volke" sein und die Jugend im Geiste des Nationalsozialismus, zur Volksgemeinschaft und zu gebührender Achtung der Arbeit erziehen. Die Ableistung des Arbeitsdienstes war auch Voraussetzung, um zu einem Hochschulstudium zugelassen zu werden.

(M2) *Arbeiter des Reichsarbeitsdienstes, die zum Bau von Autobahnen eingeteilt sind. Foto, 1934.*

(M3) *Arbeitsmaiden helfen einer Bäuerin bei der Feldarbeit. Foto, 1939.*

Viele Schlachtfelder gegen die Arbeitslosigkeit

Weitere politische Entscheidungen sollten die Arbeitslosigkeit senken. Das für die Durchsetzung der Familienpolitik verabschiedete Gesetz zum Ehestandsdarlehen drängte viele Frauen aus dem Arbeitsleben. Eine Kampagne gegen Doppelverdiener führte dazu, dass Frauen, deren Ehemänner arbeiteten, nicht erwerbstätig sein durften. Seit 1934 mussten alle Industriearbeiter, die vor weniger als drei Jahren aus der Landwirtschaft gekommen waren, wieder dorthin zurück. Auch die 1936 eingeführte Militärdienstpflicht von zwei Jahren führte zu sinkenden Arbeitslosenzahlen.

Neben Großprojekten, die der Staat förderte, erlebte auch der private Wohnungsbau, das Transportwesen und die Autoindustrie einen Aufschwung. Mit der Grundsteinlegung für ein Autowerk in Wolfsburg, versprach die NSDAP-Führung, dass bald jeder Volksgenosse sein Auto zum Preis von 1 000 RM fahren könne.

M4 *Schautafel des Reichsarbeits-Ministeriums, 1934.*

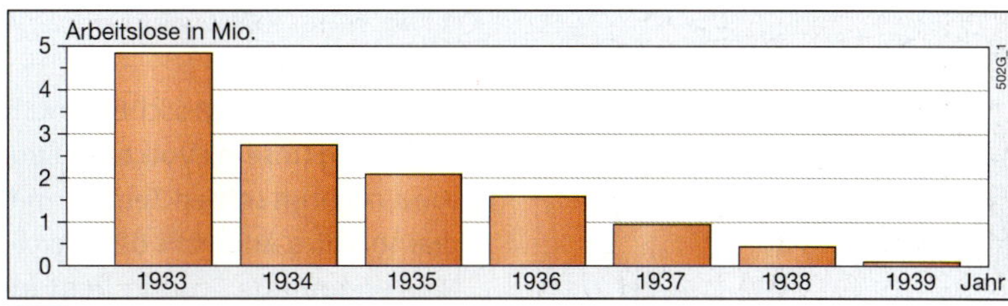

M5 *Entwicklung der durchschnittlichen Arbeitslosigkeit.*

Die deutsche Wirtschaft soll unabhängig werden

Um die deutsche Wirtschaft von Importen unabhängig zu machen, erhielten Forschungs- und Entwicklungsprojekte der Wirtschaft eine großzügige Förderung. Betriebe für die Herstellung chemischer Produkte wurden errichtet und ausgebaut. Der 1935 begonnene Bau des Buna-Werks in Schkopau machte Deutschland von Kautschukimporten unabhängig.

Die Nationalsozialisten richteten die Wirtschaft und das tägliche Leben nach militärischem Vorbild aus. Aus dem Arbeiter wurde im offiziellen Sprachgebrauch der Soldat der Arbeit, Arbeit wurde zum Dienst an Führer und Volk, die Betriebsbelegschaft war das Gefolge, welches sich zum Betriebsappell statt zur Betriebsversammlung zusammenfand, und die Produktion wurde zur Erzeugungsschlacht.

1933	69 240 Häuser
1934	129 180 Häuser
1935	50 500 Häuser
1936	35 100 Häuser

M6 *Anzahl der Wohnhäuser, die im Rahmen von Arbeitsbeschaffungsprogrammen instand gesetzt oder ausgebaut wurden.*

Arbeitsaufträge

1. Nenne die Ziele der nationalsozialistischen Wirtschaftspolitik.
2. Erläutere, warum es der NSDAP wichtig war, die Arbeitslosigkeit zu senken.
3. Erkläre die Aufgaben des Reichsarbeitsdienstes.
4. Analysiere die Bilder M1 bis M3 und beschreibe, welche Arbeiten unter welchen Bedingungen zu leisten waren.
5. Nenne Maßnahmen der NSDAP zur Senkung der Arbeitslosigkeit.
6. Erläutere Gründe für die Förderung von speziellen Wirtschaftszweigen.
7. Werte das Diagramm M5 aus und beurteile den Erfolg der wirtschaftspolitischen Maßnahmen.
8. Begründe den veränderten Sprachgebrauch im Arbeitsleben.

Die Wirtschaft wird wehrhaft

Entscheidend für die Verbesserung der Situation auf dem Arbeitsmarkt war das Vorantreiben der Rüstungspolitik. Damit wollte die NSDAP die wirtschaftliche und militärische Basis für ihre „Lebensraumpolitik" schaffen. Schon vor der Übernahme der politischen Macht hatte die NSDAP immer betont, dass es notwendig wäre, Krieg zu führen, um den Versailler Vertrag zu beseitigen und andere Länder zu unterwerfen.

Die Wirtschaft wird kriegsfähig

1936 kündigte Hitler auf dem Reichsparteitag an, dass die Wirtschaft durch einen Vierjahresplan im Sinne der NSDAP gelenkt werden sollte. Alle Wirtschaftsbereiche mussten sich der Rüstungswirtschaft unterordnen. Einerseits bedeutete dies mehr Arbeitsplätze, andererseits gab es kaum Lohnsteigerungen.

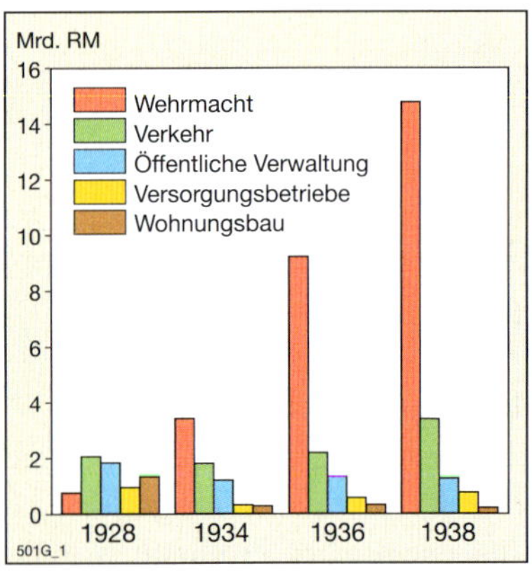

M1 *Diagramm zu öffentlichen Investitionen.*

Q1 *Im August 1936 äußerte sich Hitler zum Vierjahresplan:*

Ähnlich der militärischen und politischen Aufrüstung bzw. Mobilmachung unseres Volkes hat auch eine wirtschaftliche zu erfolgen, und zwar im selben Tempo, mit der gleichen Entschlossenheit und wenn nötig auch mit der gleichen Rücksichtslosigkeit …
Die endgültige Lösung liegt in einer Erweiterung des Lebensraumes bzw. der Rohstoff- und Ernährungsbasis unseres Volkes. Es ist die Aufgabe der … Führung, diese Frage dereinst zu lösen …
Ich stelle damit folgende Aufgaben:
I. Die deutsche Armee muss in 4 Jahren einsatzfähig sein.
II. Die deutsche Wirtschaft muss in 4 Jahren kriegsfähig sein.

Vierteljahreshefte für Zeitgeschichte, 1955, Heft 2.

Q2 *Im September 1936 kündigte Hitler auf dem Reichsparteitag an:*

Da nun der nationalsozialistische Staat unter keinen Umständen gewillt ist, eine Beschränkung seiner Volkszahl vorzunehmen, … sind wir gezwungen, die Folgen dieser Entwicklung für die Zukunft zu überlegen und zu bedenken. Eine wesentliche Steigerung des Bodenertrages ist nicht möglich, eine wesentliche Steigerung des Exportes in absehbarer Zukunft kaum. Es ist also die Aufgabe … genauestens zu untersuchen, welche notwendigen Rohstoffe, Brennstoffe usw. in Deutschland selbst hergestellt werden können. Die … dadurch eingesparten Devisen sollen … zusätzlich der Sicherung der Ernährung und zum Ankauf seiner Materialien dienen, die unter keinen Umständen bei uns beschafft werden können. Und ich stelle dies nun heute als das neue Vierjahrsprogramm auf: In vier Jahren muss Deutschland in allen jenen Stoffen vom Ausland gänzlich unabhängig sein, die irgendwie durch die deutsche Fähigkeit, durch unsere Chemie und Maschinenindustrie sowie durch unseren Bergbau selbst beschafft werden können …

Völkischer Beobachter vom 10.9.1936. In: Hohlfeld, J.: Dokumente der Deutschen Politik und Geschichte von 1948 bis zur Gegenwart. Band 4. 1951.

M2 *Fotomontage von John Heartfield von 1935, deren Veröffentlichung verboten war.*

Kanonen statt Butter

Um die ehrgeizigen Ziele des Vierjahresplans zu erreichen, wurden viele Rohstoffe staatlich zugewiesen. Als vor allem die Betriebe der Rüstungs- und Schwerindustrie verstärkt Arbeitskräfte brauchten, sollten auch Frauen wieder in Männerberufen arbeiten. Arbeitskräfte wurden gezielt in rüstungswichtigen Betrieben eingesetzt.

Auch die Landwirtschaft musste sich der „Wehrhaftmachung“ der Wirtschaft unterordnen. Der Staat kontrollierte, legte Preise fest und bestimmte, was angebaut werden durfte. Darüber hinaus überwachte er auch die Ablieferung und den Verkauf der Produkte. Trotz staatlicher Förderung kam es teilweise zu Engpässen in der Versorgung mit Lebensmitteln.

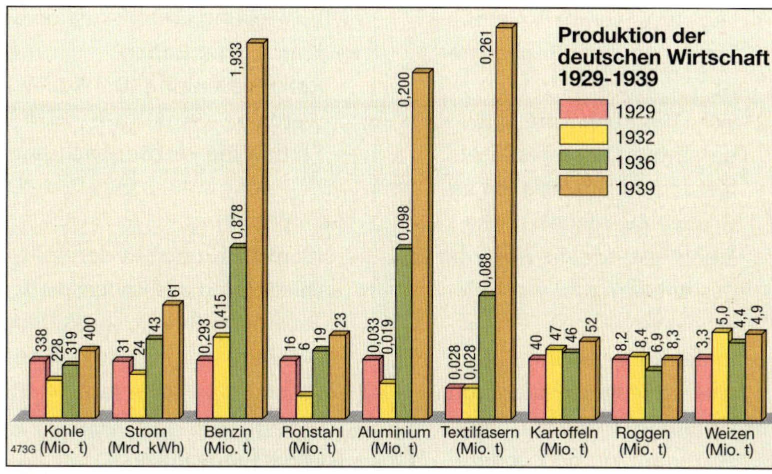

M3 *Produktivität ausgewählter Wirtschaftszweige.*

Entwicklung der Staatseinnahmen:

1933	6,8 Mrd. RM
1935	9,3 Mrd. RM
1937	13,4 Mrd. RM
1939	23,1 Mrd. RM

Entwicklung der Staatsschulden:

1933	11,7 Mrd. RM
1935	14,6 Mrd. RM
1937	25,5 Mrd. RM
1939	42,6 Mrd. RM

Entwicklung der Staatsausgaben:

1933	8,1 Mrd. RM
1935	13,1 Mrd. RM
1937	18,9 Mrd. RM
1939	42,2 Mrd. RM

M4 *Geldwirtschaft in Deutschland.*

Aufschwung ohne Einnahmen

Durch die Wirtschaftspolitik der NSDAP war die öffentliche Staatsverschuldung in den ersten Jahren stark angestiegen. Zur Deckung des Minus in der Staatskasse wurde die Besteuerung der Unternehmen angehoben. Auf keinen Fall sollten die Arbeiter stärker durch Abgaben belastet werden. Trotz ausdrücklicher Empfehlungen der Finanzexperten setzten die Nationalsozialisten weitere Vergünstigungen für Arbeiter und Familien durch. Das Lohnniveau und der Lebensstandard erreichten dennoch nicht den Stand aus der Zeit vor der Weltwirtschaftskrise.

Als weitere Geldquelle nutzte die NSDAP die Enteignung jüdischen Vermögens. Großes Ziel war es, die Kosten für den Wirtschaftsaufschwung langfristig aus den Kriegseinnahmen zu decken.

Arbeitsaufträge

1. Nenne die Aufgaben, die Hitler in Q1 und Q2 der Wirtschaft zuweist.
2. Beschreibe das daraus entstehende Verhältnis zwischen Wirtschaftspolitik und Außenpolitik.
3. a) Analysiere M1, M3 und M4.
   b) Bewerte davon ausgehend die Wirtschaftspolitik der NSDAP.
4. Erkläre den Zusammenhang zwischen Aufrüstung, Arbeitslosenzahlen und Staatsverschuldung.
5. Interpretiere die Fotomontage M2.

METHODE

Ein Rollenspiel durchführen

Ein Rollenspiel bietet die Möglichkeit, in fremde Rollen zu schlüpfen und dadurch unbekannte Handlungs- und Denkweisen kennen und verstehen zu lernen. Dabei hat jeder Spieler Gelegenheit, verschiedene Perspektiven einzunehmen und so Hintergründe und Motive für das Handeln der Menschen in der Vergangenheit zu erkennen. Zudem muss sich der Spieler in seiner Rolle mit alternativen Handlungsmöglichkeiten auseinandersetzen.

Organisatorische Tipps:

1. Legt fest, wer im Rollenspiel Spieler und wer Beobachter ist.
2. Wird das Rollenspiel mit der gesamten Klasse gestaltet, werden die Einzelrollen an Gruppen vergeben. Diese legen fest, wie die Rolle dargestellt wird und wer Spieler der Gruppe ist.
3. In der Klasse können verschiedene Rollenspiele von Gruppen zu einem Thema erarbeitet werden. Jede Gruppe braucht dann einen Beobachter.
4. Um zu verdeutlichen, dass der Spieler in die Rolle geschlüpft ist, können die Spieler Rollenschilder tragen.
5. Beim Entlassen aus der Rolle werden diese Rollenschilder abgegeben.

Vorbereitungsphase

- Vorstellung und Diskussion der Situation
- Klärung der Rollen
- Rollenverteilung (Die Rollen sollen freiwillig übernommen werden.)
- Festlegung von Beobachtungskriterien

Spielphase

- Identifizierung mit der Rolle
- Darstellung des Rollenspiels
- Tausch der Rollen, sodass jeder jede Rolle erlebt hat
- Die Beobachter verfolgen das Spiel und beobachten die Darsteller in den verschiedenen Rollen.

Auswertungsphase

- Die Spieler werden deutlich aus ihren Rollen entlassen.
- Auswertung des Rollenspiels durch Spieler und Beobachter
  Mögliche Fragen der Auswertung:
  - Wie haben sich die Rollenspieler in ihren Rollen gefühlt?
  - Hier kann eine Tabelle helfen, sich über eigene Gefühle in den verschiedenen Rollen klar zu werden. Trage in der Tabelle ein, wie stark du die verschiedenen Gefühle in den einzelnen Rollen empfunden hast. (1 – gar nicht; 2 – wenig; 3 – teilweise; 4 – stark; 5 – sehr stark)

Ich fühlte mich in der Rolle als …	…	…	…
stark			
ängstlich			
hilflos			
überlegen			
eingeschüchtert			
wütend			
stolz			

- Wurde die Rollenverteilung eingehalten?
- Wurde sachlich argumentiert?
- Wie haben die Rollenspieler Sprache, Mimik, Gestik eingesetzt?
- Sind eigene Haltungen oder Meinungen bewusst geworden?
- Welche Lösungen standen zur Entscheidungsfindung?

Rollenspiel:
Der Vater einer Arbeiterfamilie hat nach vielen Jahren im Sommer 1933 wieder Arbeit gefunden. Nachdem er etwa zwei Jahre in einer großen Firma gearbeitet hat, erhält er eine Reise mit dem KdF-Traumschiff für sich und seine Familie. Es ist die erste Urlaubsreise für diese Familie.

Vater
ist zufrieden, stolz und glücklich, Anerkennung für seine Arbeit zu bekommen und der Familie endlich etwas bieten zu können.

Mutter
kann ihr Glück kaum fassen, hat viele Pläne für die Reise.

Sohn
ist Mitglied in der HJ, stolz und aufgeregt, hat aber Sorge, dass er nicht schulfrei bekommt.

Opa
ist alter Gewerkschafter, traut den Nazis nicht. Er ist skeptisch und davon überzeugt, dass nicht alles mit rechten Dingen zugeht.

Jahr	Reallöhne je Woche	Wöchentliche Arbeitszeit in Stunden
1928	100 %	46,0
1932	86 %	41,5
1933	91 %	42,9
1936	97 %	45,6
1938	105 %	46,5

M1 *Entwicklung der Reallöhne und der Arbeitszeit ausgehend von 1928.*

Gleichschaltung durch Urlaubsplätze

Mit der Auflösung und dem Verbot aller nichtnationalsozialistischen Parteien und Organisationen machten die Nationalsozialisten den Weg frei zur Gleichschaltung aller Bürger. Da in jeglichen Lebensbereichen ausschließlich nationalsozialistische Verbände wirken durften, konnte die NSDAP die breite Bevölkerung gezielt beeinflussen.

Anstelle der verbotenen Gewerkschaften trat die „Deutsche Arbeitsfront", die die Interessen der Arbeiter vertreten sollte. Eine Unterorganisation der Arbeitsfront war die Organisation „Kraft durch Freude" (KdF) Sie sollte durch Freizeitangebote die Arbeiter bei Laune halten.

Blockleiter und Hauswarte sorgten darüber hinaus für die Überwachung der einzelnen Bürger im Wohngebiet, in den Wohnhäusern und in den Wohnungen selbst.

Q1 *Mitglieder der verbotenen SPD mussten 1936 einschätzen:*

So veranstaltet der Gau Sachsen vom Januar bis September 1936 46 Gaufahrten, darunter 4 Seefahrten, außerdem 104 Bezirksfahrten, darunter ebenfalls 4 Seefahrten ... Die KdF hat jetzt ihre Wanderfahrten sehr ausgebaut. Es werden Tages- und Halbtageswanderungen, Radtouren usw. unternommen ... Die Beliebtheit der KdF-Veranstaltungen ist sehr groß geworden. Auch der einfache Arbeiter kann sich solche Wanderungen leisten, denn sie kommen meist billiger als jede Privatwanderung. Die KdF wird bei fast allen Volksgenossen als eine wirklich anerkennenswerte Leistung der Nationalsozialisten gewertet ...

Deutschlandbericht der SPD. Bd. 3/1936. 1980. S. 880 ff.

Q2 *Robert Ley, Leiter der „Deutschen Arbeitsfront", erklärte 1940:*

Wir schickten unsere Arbeiter nicht auf eigene Schiffe auf Urlaub oder bauten ihnen gewaltige Seebäder, weil uns das Spaß machte oder zumindest dem Einzelnen, der von diesen Einrichtungen Gebrauch machen kann. Wir taten das nur, um die Arbeitskraft des Einzelnen zu erhalten und um ihn gestärkt und neu ausgerichtet an seinen Arbeitsplatz zurückkehren zu lassen. KdF überholt gewissermaßen jede Arbeitskraft von Zeit zu Zeit, genauso wie man den Motor eines Kraftwagens nach einer gewissen gelaufenen Kilometerzahl überholen muss. Betriebssport, Schönheit der Arbeit, Werkkonzerte sind alles keine Dinge an sich, sondern sie dienen immer wieder dem großen Gesamtziel: die Leistung des deutschen Volkes auf allen Gebieten zu steigern.

Zitiert nach: Ripper, W.: Weltgeschichte im Aufriss. Bd. 3. 1976. S. 390.

Arbeitsaufträge

1. Stellt die beschriebenen Situationen in einem Rollenspiel dar.
2. Verwendet die vorgegebenen Materialien sowie die Seiten 112–125, um die Rollen auszugestalten.

Gehasst – verfolgt – vernichtet

Ausgegrenzt und entrechtet

i

Antisemitismus: Feindschaft gegen jüdische Menschen sowie Bekämpfung von Juden aus politischen, religiösen und wirtschaftlichen Gründen.

Jude: Nach jüdischem Recht ist nur Jude, wer von einer jüdischen Mutter geboren wurde.

Seit dem Mittelalter gab es in Europa eine Abneigung gegen Menschen mit jüdischem Glauben. Doch erst die Kombination von *Antisemitismus* und der scheinbar wissenschaftlichen Rassentheorie führte dazu, dass die *Juden* in Deutschland und ab 1939 europaweit ausgegrenzt und vernichtet wurden.

Hetze und Terror

Nach der Machtergreifung der NSDAP im Jahre 1933 leiteten die Nationalsozialisten sofort antijüdische Maßnahmen ein, die sie ständig verschärften und ausweiteten.

Durch den Boykottaufruf gegen Juden am 1. April 1933 nahmen Angriffe und Hetzaktionen auf jüdische Kaufhäuser, Geschäfte und Privatpersonen zu. Beamte, Wissenschaftler, Ärzte, Richter und Anwälte durften nicht mehr arbeiten. Jüdische Bürger, egal wie lange ihre Familien bereits in Deutschland lebten, drängten die Nationalsozialisten aus der Öffentlichkeit von Presse, Rundfunk und Theater. Die Werke jüdischer Künstler durften nicht mehr gezeigt oder aufgeführt werden. Jüdische Kinder mussten zuerst die höheren Schulen und später alle Schulen verlassen. Wohnungen wurden Juden gekündigt, weil die Mieter nicht zur Volksgemeinschaft gehörten.

M1 *Aufruf zum Boykott gegen Juden 1933.*

M2 *Allgegenwärtige Ausgrenzung von Juden. Foto, 1939.*

Die NSDAP entzog den Juden systematisch jede Lebensgrundlage, um ihnen das Leben in Deutschland so unerträglich wie nur möglich zu machen. Auf diese Weise wollte die NSDAP die Juden zum Auswandern drängen. Den Weg in die Sicherheit mussten die Juden teuer bezahlen. Sie waren gezwungen, eine Reichsfluchtsteuer zu zahlen, und durften keine wertvollen Gegenstände ausführen. Zurückgelassene Grundstücke und Firmen verkauften die Nationalsozialisten oft zu Spottpreisen an Volksgenossen oder behielten sie im Besitz der Volksgemeinschaft.

i

Ariernachweis: Mit Wirkung der Nürnberger Gesetze mussten alle Deutschen einen Nachweis der „deutschen oder artverwandten Abstammung bzw. des Grades eines fremden Bluteinschlages" erbringen. Hierfür mussten sie beglaubigte Urkunden vorlegen. Häufig wurde auch eine Ahnentafel oder ein Ahnenpass angefertigt. Die NSDAP verlangte den Nachweis der arischen Abstammung bis in die Generation der Großeltern.

Unter www.dhm.de/lemo/forum/kollektives_gedaechtnis.de berichten Zeitzeugen über die Judenverfolgung.

M3 *Öffentliche Anprangerung der „Rassenschande", Foto 1935.*

„Wer Jude ist, bestimmen wir"

Zum Nachweis der Herkunft mussten die Deutschen einen *Ariernachweis* vorlegen. Der Abstammungsnachweis war Voraussetzung, um in nationalsozialistische Organisationen eintreten zu können und öffentliche Leistungen in Anspruch nehmen zu dürfen.

1935 erließ die Reichsregierung die Nürnberger Rassengesetze. Sie verschärften die Ausgrenzung jüdische Bürger. Da die Juden laut Rassentheorie kein „deutsches oder artverwandtes Blut" hatten, verloren sie alle politischen und bürgerlichen Rechte.

Gehörten drei oder vier Großelternteile der jüdischen Religion an, so waren die Kinder und Enkel nach dem Rassengesetz automatisch Juden. Personen, die mit einem Juden verheiratet waren, sowie Kinder aus solchen Ehen erklärten die Gesetze ebenfalls zu Juden. Menschen, die so eingruppiert wurden, durften keine Kontakte zu nichtjüdischen Bürgern haben, da das als „Rassenschande" galt.

Die Schikanierung und Entwürdigung steigerten die Nationalsozialisten weiter. Ab 1938 mussten sich alle jüdischen Männer zusätzlich „Israel" und die Frauen „Sarah" nennen. Die Reisepässe wurden mit einem „J" gekennzeichnet. Darüber hinaus durften Juden Parks, Wälder, Theater oder Kinos nicht mehr besuchen und mussten um 20.00 Uhr zu Hause sein. Zeitungen und Zeitschriften durften nicht abonniert werden. Auch der Besitz von Edelmetallen, Edelsteinen, Fahrzeugen sowie elektrischen Geräten war ihnen verboten.

Q1 *Das „Gesetz zum Schutze des deutschen Blutes und der deutsche Ehre" war eines der Nürnberger Rassengesetze von 1935:*

Eheschließungen zwischen Juden und Staatsangehörigen deutschen oder artverwandten Blutes sind verboten. Trotzdem geschlossene Ehen sind nichtig, auch wenn sie zur Umgehung dieses Gesetzes im Ausland geschlossen sind. ...
Außerehelicher Verkehr zwischen Juden und Staatsangehörigen deutschen oder artverwandten Blutes ist verboten. Juden dürfen weibliche Staatsangehörige deutschen oder artverwandten Blutes unter 45 Jahren in ihrem Haushalt nicht beschäftigen.
Wer dem Verbot ... zuwiderhandelt, wird mit Zuchthaus bestraft. ...

Gesetz zum Schutze des deutschen Blutes und der deutschen Ehre. Unter: www.documentarchiv.de

Arbeitsaufträge

1. Nenne Maßnahmen, mit denen die NSDAP die Ausgrenzung und Verfolgung der Juden betrieb.
2. Beschreibe mithilfe der Bilder M1 bis M3, wie der Boykott gegen Juden durchgesetzt wurde.
3. Nenne die Kriterien für die Einordnung als Jude.
4. Stelle Gründe zusammen, die aus Sicht jüdischer Bürger für und gegen eine Auswanderung stehen konnten.
5. Interpretiere Q1 und erläutere die Folgen für das Zusammenleben jüdischer und nichtjüdischer Bürger in Deutschland.

Von der Ausgrenzung zur Vernichtung

i

Synagoge: jüdisches Gotteshaus.
Pogrom: Hetze, Ausschreitung gegen nationale, religiöse, rassische Gruppen.
Reichskristallnacht ist eine verharmlosende Bezeichnung für den von Goebbels organisierten Pogrom in der Nacht vom 9. zum 10. November 1938. Dabei wurden 91 Menschen ermordet und über 25 000 in Konzentrationslager verschleppt. Den Anlass für das brutale Vorgehen lieferte ein Attentat auf den deutschen Botschafter in Paris durch einen polnischen Juden.
Getto: Stadtviertel, in dem eine bestimmte Bevölkerungsgruppe lebt; im Nationalsozialismus von der SS für jüdische Wohnviertel verwendet.

Zuerst brannten die Synagogen

In der Nacht des 9. November 1938 brannten in Deutschland die *Synagogen*. Truppen der SA und der SS veranstalten in der sogenannten „*Reichskristallnacht*“ einen *Pogrom* gegen die jüdische Bevölkerung in ganz Deutschland. Die Nationalsozialisten zerstörten Synagogen, Friedhöfe und jüdische Geschäfte.

Q1 *Aus einem Protokoll der NS-Führung vom 12. November 1938:*

Göring: Wie viele Synagogen sind tatsächlich niedergebrannt?
Heydrich: Es sind im Ganzen 101 Synagogen durch Brand zerstört, 76 Synagogen demoliert, 7500 zerstörte Geschäfte im Reich … Sachschaden, Inventarschaden und Warenschaden schätzen wir auf mehrere hundert Millionen …
Göring: Mir wäre es lieber, ihr hättet 200 Juden erschlagen und nicht solche Werte vernichtet …

Schoenberner, G.: Der gelbe Stern. Die Judenverfolgung in Europa 1933–1945. 1998. S. 12 f.

M1 *Passant vor einem geplünderten jüdischen Geschäft. Foto, 1938.*

M2 *Zerstörte Synagoge in Berlin. Foto, 1938.*

Juden werden weiter ausgegrenzt

Nach der Reichspogromnacht verloren die Juden die deutsche Staatsangehörigkeit, und ihr Vermögen wurde „arisiert“. Die wenigen persönlichen Rechte schränkte die NSDAP weiter ein. Die Nutzung öffentlicher Verkehrsmittel war Juden verboten. Selbst das Halten von Haustieren war jüdischen Menschen nicht mehr gestattet. Sie wurden systematisch in *Gettos* und Konzentrationslager deportiert, wo sie unter härtesten Bedingungen Schwerstarbeit leisten mussten. Viele Menschen überlebten diese Strapazen nicht. Als äußeres Kennzeichnen mussten sie einen gelben Stern mit dem Schriftzug „Jude“ auf der Kleidung tragen. Ab dem 1. Oktober 1941 durfte kein Jude mehr Deutschland verlassen.

Ein geplanter Völkermord

Seit Beginn des Krieges verschleppten die Nationalsozialisten unzählige europäische Juden in Vernichtungslager. Dort ermordeten sie die Juden in Massenerschießungen und verscharrten ihre Leichen in Massengräbern oder verbrannten sie unter freiem Himmel. Diese Maßnahmen schätzte die NSDAP-Führung als zu wenig „effizient“ und „zu umständlich“ ein. Außerdem fühlten sich beteiligte Wehrmachtangehörige zu stark „seelisch belastet“.

Am 20. Januar 1942 versammelten sich daher hohe SS-Führer und Beamte unter Leitung des Chefs der Sicherheitspolizei zu einer Konferenz. Auf diesem Treffen in einer Villa am Wannsee sollte eine „Endlösung“ der Judenfrage in Europa beraten werden.

Q2 *Im Protokoll der Wannseekonferenz wurde festgelegt:*

Unter entsprechender Leitung sollen nun im Zuge der Endlösung die Juden in geeigneter Weise im Osten zum Arbeitseinsatz kommen. In großen Arbeitskolonnen, unter Trennung der Geschlechter, werden die arbeitsfähigen Juden straßenbauend in diese Gebiete geführt, wobei zweifellos ein Großteil durch natürliche Verminderung ausfallen wird.
Der allfällig endlich verbleibende Restbestand wird, da es sich bei diesem zweifellos um den widerstandsfähigsten Teil handelt, entsprechend behandelt werden müssen ...
Die evakuierten Juden werden zunächst Zug um Zug in sogenannte Durchgangsgettos verbracht, um von dort aus weiter nach dem Osten transportiert zu werden.

Nürnberger Dokumente NG 2586 in Anatomie des SS-Staates. Bd. 2. S. 323 f.

Q3 *Hitler unmittelbar nach der Wannseekonferenz:*

Man muss radikal handeln. Wenn man einen Zahn zieht, tut man es mit einem Zug, und der Schmerz ist schnell vorbei. Die Juden müssen aus Europa heraus. Sonst gibt es keine Verständigung zwischen den Europäern.

Trevor-Roper, H. R. (Hrsg.): Hitler's Table Talk 1941–1944. 1973. S. 235.

Arbeitsaufträge

1. Beschreibe die Ereignisse der Reichspogromnacht mithilfe von M1, M2 und Q1.
2. Nenne weitere Maßnahmen zur Unterdrückung der jüdischen Bevölkerung und bewerte diese.
3. a) Erkläre mithilfe von Q2, wie die Nationalsozialisten die „Endlösung der Judenfrage“ planten.
   b) Nimm Stellung zu der Aussage, dass es sich hierbei um einen geplanten Völkermord handelt.
4. Informiere dich über andere Bevölkerungsgruppen, die von den Nationalsozialisten systematisch ausgegrenzt und vernichtet worden sind.

Holocaust – Ende der Menschlichkeit

i

Holocaust: vom griechischen Begriff für „Brandopfer", „vollständig Verbranntes" abgeleitete Bezeichnung für den Völkermord an Juden.

Die Ermordung der europäischen Juden

Mit Beginn des Krieges begann die systematische Vernichtung der Juden in Europa. In den besetzten Gebieten trieben Sonderkommandos die jüdische Bevölkerung zusammen und brachten sie in Gettos. Dort mussten sie unter unmenschlichen Bedingungen leben. Als die Gettos überfüllt waren, beschloss die SS, durch Massenerschießungen die „Lösung der Judenfrage" zu beschleunigen. Bei Kiew ermordeten SS-Kommandos im September 1941 an zwei Tagen mehr als 30 000 jüdische Menschen.

M1 *Die Schlucht Babi Jar bei Kiew. Nach dem Massenmord wurden die Ränder der Schlucht gesprengt und die Toten verschüttet. Das Foto zeigt Soldaten beim Einebnen der Schlucht.*

Q1 *Aus dem Vernehmungsprotokoll (1965) eines Polizeibeamten, der mit seiner Polizeikompanie das Erschießungsgelände von Babi Jar absperrte:*

... In Kiew waren Plakate erschienen, auf denen in russischer Sprache zu lesen stand, dass sich die Juden zur Umsiedlung an einem bestimmten Punkt in der Stadt sammeln sollten ...

Wir wurden dann mit Lkws durch die Stadt Kiew gefahren zu einer großen Pappelallee. Auf unserer Fahrt sahen wir schon, dass sich lange Kolonnen Juden jeglichen Alters und jeglichen Geschlechts zu dieser Allee bewegten. Dieser Allee schloss sich ein Hochplateau an. Auf diesem Plateau mussten sich die Juden ausziehen. Die Juden wurden bewacht von Wehrmachtseinheiten und von einem Hamburger Polizei Bataillon ... .

Sie wurden dann erschossen. Beim Erschießen wurde abgewechselt. Die Erschießung erstreckte sich über die Länge der gesamten Schlucht. Die jeweiligen Schützen bekamen von anderen Einheitsangehörigen die fertig geladenen Magazine der M.P. jeweils gereicht.

Die Erschießung dauerte zwei Tage. Es wurden 1000e und Abertausende von Juden erschossen ...

Wir bekamen damals Schnaps in großen Mengen, damit wir besser die ganze abscheuliche Sache überstehen konnten. ...

Longerich, P. (Hrsg.): Die Ermordung der europäischen Juden. 1989 S.123 ff.

Konzentrationslager werden Vernichtungslager

Die Nationalsozialisten hatten bereits verschiedene Vernichtungsmethoden erprobt. So ist bei der Ermordung von ca. 120 000 als schwachsinnig oder unheilbar krank eingestuften Menschen von 1939 bis 1941 Giftgas verwendet worden. Die dabei gesammelten Erfahrungen führten zu der Entscheidung, auch für die „Endlösung der Judenfrage" Giftgas einzusetzen.

In Treblinka, Majdanek, Chelmno, Sobibor, Belzec und Auschwitz richteten die Nationalsozialisten spezielle Vernichtungslager ein. Alle Menschen, die nicht arbeitsfähig waren, Kinder, Alte, Schwache und Kranke, wurden dort in den Gaskammern ermordet und anschließend verbrannt. Arbeitsfähige Menschen mussten bis zur völligen Erschöpfung arbeiten. Viele starben an Unterernährung, Krankheiten oder durch Folter.

In den Lagern lebten die Häftlinge nicht nur unter menschenunwürdigen Bedingungen. Zudem wurden sie für medizinische Experimente missbraucht und starben meist sehr qualvoll an den Folgen der Versuche.

Land	geschätzte Anzahl jüdischer Opfer
Finnland	11
Norwegen	726
Estland	1 000
Lettland	80 000
Dänemark	77
Litauen	140 000
Fr. Stadt Danzig	1 000
Niederlande	106 000
Deutsches Reich	160 000
Polen	3 000 000
Sowjetunion	1 000 000
Belgien	24 387
Tschechoslowakei	277 000
Luxemburg	700
Ungarn	200 000
Rumänien	469 632
Österreich	65 000
Frankreich	83 000
Jugoslawien	67 122
Italien	9820
Albanien	200
Griechenland	69 481
Lybien	662

M2 *Geschätzte Anzahl der ermordeten Juden.*

i

Shoa: hebräisches Wort, welches von jüdischen Menschen für den Völkermord im Nationalsozialismus verwendet wird. Es bedeutet „Zerstörung“ oder „große Katastrophe“.

Auschwitz – Symbol des organisierten Massenmordes

Das Vernichtungslager in Auschwitz gilt als Beispiel für den organisierten Massenmord an Millionen Menschen. Es ist 1941 ursprünglich als Lager für Kriegsgefangene entstanden. Im Frühjahr 1942 ermordeten die Nationalsozialisten in Auschwitz-Birkenau erstmals 900 russische Kriegsgefangene und arbeitsunfähige Häftlinge mit dem Giftgas Zyklon B. Das Lager wurde mit Gaskammern und einem Krematorium erweitert, bis schließlich bis zu 10 000 Menschen täglich getötet werden konnten.

Seit dem Frühjahr 1942 wurde die überwiegende Mehrzahl der herantransportierten Juden sofort getötet.

Q2 *Rudolf Höß, Lagerkommandant von Auschwitz, erklärte 1946/1947 unter Eid:*

Ich befehligte Auschwitz bis zum 1. Dezember 1943 und schätze, dass mindestens 2 500 000 Opfer dort durch Vergasung und Verbrennung hingerichtet und ausgerottet wurden; mindestens eine weitere halbe Million starben durch Hunger und Krankheit …
Diese Zahl stellt ungefähr 70 oder 80 % aller Personen dar, die als Gefangene nach Auschwitz geschickt wurden, die übrigen wurden ausgesucht und für Sklavenarbeit in den Industrien im und um das Konzentrationslager verwendet …

Eichholtz, D.; Schumann, W.: Anatomie des Krieges. 1969. S. 477.

Das Aufsichtspersonal der Lager raubte den Ermordeten die Kleidung und Wertgegenstände und stellte sie dem Winterhilfswerk in Deutschland zur Verfügung. Aber auch die geschorenen Haare, Brillen, Prothesen jeder Art und das nach der Vergasung mit Zangen herausgebrochene Zahngold führte die Lagerverwaltung der deutschen Wirtschaft zur Nutzung zu.

Der systematische Völkermord wird heute als Holocaust oder *Shoa* bezeichnet.

Q3 *Ein Überlebender von Auschwitz:*

Nicht wir, die Überlebenden, sind die wirklichen Zeugen. … Wir Überlebenden sind nicht nur eine verschwindend kleine, sondern auch eine anormale Minderheit. Wir sind die, die aufgrund von Pflichtverletzung, aufgrund ihrer Geschicklichkeit oder ihres Glücks den tiefsten Punkt des Abgrunds nicht berührt haben.

Levi, P.: Die Untergegangenen und die Geretteten. 1986. S. 84.

Arbeitsaufträge

1. Beschreibe Beispiele für die Umsetzung der „Endlösung der Judenfrage".
2. Informiere dich über die geografische Lage der Vernichtungslager und nenne Gründe dafür.
3. Erläutere, warum die Überlebenden nicht als „wirkliche Zeugen" des Holocaust gelten können.

METHODE

M1 *Ungarische Juden auf der Rampe in Auschwitz-Birkenau, Sommer 1944.*

Analyse historischer Fotografien als Quelle

Mit der Erfindung der Fotografie war es möglich, Ereignisse im Moment des Geschehens festzuhalten. Trotzdem vermitteln Fotografien immer die subjektive Sichtweise des Fotografen.

Fotos zeigen Vergangenes und sind deshalb Geschichtsquellen. Da mit der Verbreitung der Fotografie zunehmend auch der Alltag der Menschen festgehalten wurde, sind sie häufig Quellen der Alltagsgeschichte.

Ein Foto zeigt nur einen ausgewählten Ausschnitt der Vergangenheit. Deshalb muss es als Quelle kritisch hinterfragt werden. Fotos wurden und werden auch gezielt zur Meinungsbildung eingesetzt. Nachträgliches Retuschieren, fehlende, ungenaue oder falsche Bildunterschriften können die Analyse historischer Fotos erschweren.

Fragen zur kritischen Analyse historischer Fotografien:

1. Wann und wo wurde das Foto gemacht?
2. Was ist über den Fotografen bekannt?
3. Welche Einzelheiten zeigt das Foto?
4. Welche Stimmung drückt es aus?
5. Wie ist das Foto entstanden? (ein gestelltes Foto, ein zufälliger Schnappschuss, ein professionelles Foto für einen Auftraggeber, ein Foto für ein privates Album ...)
6. Wie aussagefähig ist die Bildunterschrift?
7. Gibt es Anhaltspunkte für eine nachträgliche Verfälschung des Bildes?
8. Welche Deutung der Vergangenheit kann ich aus diesem Bild gewinnen?

Das Bild M1 zeigt eine Gruppe jüdischer Frauen und Kinder nach der Ankunft im Lager von Auschwitz/Birkenau. Auf der extra angelegten Bahnstation des Außenlagers in Birkenau wurden die ankommenden Transporte mit Juden aus allen Teilen Europas registriert. SS-Männer und Ärzte teilten die Menschen nach Geschlecht getrennt in arbeitsfähig und nichtarbeitsfähig ein. Die nichtarbeitsfähigen Menschen wurden sofort nach Ankunft im Lager in als Duschräume getarnte Gaskammern geführt und ermordet.

Das Foto gehört zu einer Fotoserie eines SS-Angehörigen. Außer in der Häftlingsregistratur waren im Lager Auschwitz Fotoapparate nicht erlaubt. Da das Foto vom Juni 1944 ist, kann angenommen werden, dass es sich um Judentransporte aus dem besetzten Ungarn handelt, die zu diesem Zeitpunkt in Auschwitz ankamen.

Das Foto zeigt dicht gedrängt stehende Frauen und Kinder. Bei den Menschen im Vordergrund ist der Judenstern auf der Kleidung deutlich sichtbar. Obwohl es Sommer ist, tragen die Menschen warme Kleidung. Gepäck haben sie nicht mehr bei sich. Da nur Frauen und Kinder beisammenstehen, kann angenommen werden, dass die Selektion bereits erfolgte.

Die Frauen sehen besorgt und erschöpft aus, die Kinder im Vordergrund scheinen verängstigt, aber auch neugierig. Einige scheinen den Fotografen bemerkt zu haben.

Die Bildunterschrift wurde von einem Bildarchiv übernommen und enthält nur wenige Informationen. Erst die Verbindung des Bildinhalts mit Informationen über den Massenmord an jüdischen Bürgern ermöglicht Vergangenes zu deuten.

Fotos als Zeugen der Verbrechen

Trotz hoher Geheimhaltung drangen Gerüchte und später konkretes Wissen über die Vernichtungslager an die Öffentlichkeit, denn die Lager konnten nicht von der zivilen Umgebung abgeschottet werden.

Bahnangestellte sorgten für die Abwicklung der Bahntransporte. KZ-Häftlinge arbeiteten als Zwangsarbeiter in großen Betrieben außerhalb der Lager. Zivile Firmen belieferten die Vernichtungslager und bauten die Verbrennungsöfen. Die Menschen, die in unmittelbarer Nähe der Vernichtungslager lebten, sahen und rochen den nicht endenden Rauch aus den Schornsteinen der Krematorien.

Unter Lebensgefahr gelang es vereinzelt, Dokumente und heimlich gemachte Fotos aus Lagern zu schmuggeln. Diese sollten nach der Befreiung der Lager als Beweis für die Verbrechen der SS genutzt werden. Militärberichterstatter der alliierten Truppen hielten das für Menschen unfassbare Grauen der Vernichtungslager nach der Befreiung dieser Lager ebenfalls zum Beweis mit Fotografien fest.

M2 *Leichen vergaster Häftlinge werden verbrannt. Undatiertes, aus dem Lager geschmuggeltes Foto.*

M3 *Aufnahme aus dem Konzentrationslager Auschwitz nach der Befreiung durch die Rote Armee im April 1945. Überlebende Kinder werden von Betreuerinnen aus dem Lager geführt. Die Aufnahme wurde im April 1945 für die Militärberichterstatter nachgestellt. Der Fotograf war B. Fischmann.*

Arbeitsaufträge

1. Analysiere die Fotos M2 und M3.
2. Formuliere einen aussagekräftigen Titel für jedes der Fotos.
3. Vergleiche die Entstehungsbedingungen der einzelnen Fotos und bewerte diese.
4. Beschreibe anhand der Fotos, wie die Pläne zum Massenmord in den Vernichtungslagern umgesetzt worden sind.
5. Beurteile die Fotografie als historische Quelle.

Widerstand im Nationalsozialismus

Formen von Widerstand
- politische Diskussion und Überzeugungsarbeit
- Kündigung des Staatsdienstes
- Anschläge auf Personen und Einrichtungen
- Information über erkanntes Unrecht
- Befehlsverweigerungen in der Armee und bei der Polizei
- Bildung antifaschistischer Gruppen
- Demonstrationen
- Fahnenflucht
- Antikriegspropaganda an der Front
- Auswanderung
- Flugblattaktionen
- Hilfe für Verfolgte
- Flüsterwitze gegen das Herrschaftssystem und gegen Politiker
- Geheimnisverrat an ausländische Regierungen
- Gehorsamsverweigerung
- Kurierdienste
- Landesverrat
- Leben in der Illegalität
- Nichtbeteiligung an NS-Feiern
- Nichtverwendung des Hitlergrußes
- Predigt gegen die NS-Politik
- Sabotage
- Sprengstoffanschläge
- Überfall auf Heime der HJ
- Unterlassung von Anzeigen gegen Mitbürger bei Verstößen gegen NS-Gesetze
- Parolen an Gebäuden und auf Straßen

M1 *Widerstand gegen das NS-Regime.*

i

Gestapo: Die Geheime Staatspolizei wurde 1933 als politische Polizei zur Beobachtung und Bekämpfung politischer Gegner der NSDAP gegründet.

Ein Volk leistet kaum Widerstand

Hitler hatte seine politischen Ziele mit dem Parteiprogramm der NSDAP von 1920 deutlich formuliert. In seinem Buch „Mein Kampf" konkretisierte er seine Ideen und beschrieb mögliche Mittel und Wege zur Umsetzung. Bereits in diesen Dokumenten war die verbrecherische und menschenverachtende, größenwahnsinnige Politik des Nationalsozialismus erkennbar. Dennoch gab es eine große Zustimmung in der Bevölkerung. Erst mit der immer klarer werdenden Niederlage im Krieg nahm die Unterstützung für die nationalsozialistische Politik ab.

Q1 *Der Historiker und Journalist Götz Aly beschrieb, wie es der NSDAP gelang, die Zustimmung der Bevölkerung zu sichern:*

Hitler, die Gauleiter der NSDAP, ein Gutteil der Minister … agierten als klassische Stimmungspolitiker. Sie fragten sich fast stündlich, wie sie die allgemeine Zufriedenheit sicherstellen und verbessern könnten. Sie erkauften sich den öffentlichen Zuspruch oder wenigstens die Gleichgültigkeit jeden Tag neu. Auf der Basis von Geben und Nehmen erreichten sie eine jederzeit mehrheitsfähige Zustimmungsdiktatur …
Folglich versuchte die NS-Führung … die Lebensmittel so zu verteilen, dass die Vergabe … von den einfachen Leuten als gerecht empfunden wurde. … Drittens ging es darum, die Familien der Soldaten … mit genug Geld zu versorgen … Die Ehefrauen und Familien der deutschen Soldaten verfügten nicht selten über mehr Geld als im Frieden …
Um die Illusion von einem gesicherten … Besitzstand weiter zu stärken, erwirkte Hitler, dass weder Bauern noch die Arbeiter … in nennenswertem Maß mit Kriegssteuern belastet wurden …
Hitler schonte den Durchschnittsarier auf Kosten der Lebensgrundlage anderer …

Aly, G.: Hitlers Volksstaat. 2005. BpB. Bd. 487. S. 36 ff.

Formen des Widerstands

Jeder, der in irgendeiner Form Widerstand gegen die nationalsozialistische Herrschaft wagte, stand unter dem Verdacht des Hoch- und Landesverrats. Er musste damit rechnen, durch Verrat oder Zufall überführt zu werden.

Trotzdem entschlossen sich Menschen, die die nationalsozialistische Politik ablehnten, zum Widerstand. Einige leisteten Widerstand aus Unzufriedenheit, andere aus politischer oder religiöser Überzeugung. Widerstand konnte sich im unangepassten Verhalten im Alltag, zum Beispiel durch das Grüßen des jüdischen Nachbarn, das Erzählen eines politischen Witzes oder die Vermeidung des Hitlergrußes zeigen. Aktiver Widerstand bedeutete, der nationalsozialistischen Herrschaft mit Aktionen entgegenzutreten und zu schaden, um so auf ihren Sturz hinzuarbeiten.

Da vor allem die *Gestapo* nach dem 30. Januar 1933 unerwartet schnell und brutal gegen jeden Widerstand vorging, gab es nur wenige, die sich offen gegen die nationalsozialistische Herrschaft richteten.

Jahr	KPD	SPD
1936	11687	1374
1937	8068	733
1938	3864	721

M2 *Verhaftungen von Kommunisten und Sozialdemokraten.*

M3 *Aufruf aus dem kommunistischen Widerstand.*

Widerstand der Arbeiterbewegung

Die NSDAP verfolgte von Anfang an die Kommunisten und Sozialisten, denn es war ihr erklärtes Ziel, die Arbeiterbewegung zu vernichten. Die KPD und SPD waren deshalb auch die ersten politische Kräfte, die den Widerstand gegen die nationalsozialistische Herrschaft organisierten.

Mit der Herstellung und Verbreitung von Flugschriften traten Kommunisten und Sozialisten offen gegen die NSDAP auf. Trotz des Verbots der KPD versuchten sie den Zusammenhalt der Partei im Untergrund und im Ausland aufrechtzuerhalten. Um Parteimitglieder zu schützen, organisierten sich die Kommunisten nicht mehr in Ortsparteiorganisationen. Die illegalen Parteigruppen hatten maximal fünf Mitglieder. Den Kontakt zwischen den Gruppen hielten nur einzelne Verbindungsleute aufrecht.

Trotz aller Vorsichtsmaßnahmen wurden von den etwa 300 000 Mitgliedern der KPD im Jahr 1932 etwa 150 000 Opfer von Verfolgung, KZ-Haft, Folter, Vertreibung und Mord. Die Parteiführungen der KPD und der SPD arbeiteten im Ausland und versuchten den Kontakt aufrechtzuerhalten.

Q2 *Der Sozialdemokrat Ludwig Linsen erinnerte sich:*

> Inzwischen hatten wir angefangen selbst Flugblätter herzustellen. Dazu eine Schreibmaschine mit auswechselbaren Typen, einen Abziehapparat und schließlich viel Papier, das vorsichtig und in kleinen Mengen in verschiedenen Läden gekauft wurde. Die ersten Flugblätter … steckten wir in die Briefkästen … und zwar weitab von der eigenen Wohngegend. Natürlich trugen wir bei der Herstellung der Flugblätter Gummihandschuhe, um keine Fingerabdrücke zu hinterlassen. Inzwischen gab es jedoch den NSDAP-Hauswart, den Blockwart und immer mehr stramme Nazis, die die Flugblätter sofort der Polizei brachten …
> Wer im Laufe der Zeit auf die Idee kam, Gummistempel anzufertigen, mit Farbe zu bestreichen und sie auf gepflasterte Gehwege … zu drücken, weiß ich nicht mehr. Aber es war leicht, diese Inschriften, unter anderem das Hakenkreuz am Galgen, zu überstreichen. Schließlich fiel uns ein, statt Farbe eine Silbernitratlösung aufzutragen. Diese hatte die Eigenschaft, … sich einzuätzen und konnte nur ausgemeißelt werden. Zu Allerheiligen ätzten wir auf dem Königsplatz, der … zu einem granitenen Aufmarschplatz der SA und SS gemacht worden war … „Denkt auch an die von Hitler Ermordeten!" …
>
> Löwenthal, R.; Mühlen, P. v. z.: Widerstand und Verweigerung in Deutschland 1933–1945. 1982. S. 78 ff.

Arbeitsaufträge

1. Nenne Gründe für die breite Zustimmung der Deutschen zur nationalsozialistischen Herrschaft.
2. Erkläre, was der Begriff „Zustimmungsdiktatur" aussagt.
3. Stelle in einer Mind-Map Arten und Formen von Widerstand dar. Nutze dazu M1.
4. Erläutere die Motive und Formen des Widerstands der Arbeiterbewegung.

Die Kirche bekennt sich

Die Nationalsozialisten versuchten, die Kirche als Verbündeten zu gewinnen. Anfangs waren viele Christen beider großen Kirchen bereit, die Nationalsozialisten zu unterstützen, um deren Herrschaft zu festigen. Bald zeigte sich jedoch, dass die NSDAP eine totalitäre „Volkskirche“ schaffen wollte. Dort sollte es keine „nicht arischen“ Pfarrer und Mitarbeiter geben und selbst das Christentum sollte „arisiert“ werden. Aufgrund dieser Entwicklung gründete der Berliner Pfarrer Martin Niemöller im September 1933 einen „Pfarrernotbund“. Diesem gehörten bereits im Januar 1934 die Hälfte aller evangelischen Pfarrer an. Aus dem Notbund entwickelte sich die „Bekennende Kirche“, die für die Eigenständigkeit der evangelischen Kirche eintrat. Viele Pfarrer der „Bekennenden Kirche“ wurden von der Gestapo verhaftet und in Konzentrationslager verschleppt.

M1 *Martin Niemöller, kurz nach seiner Befreiung aus dem KZ Dachau zusammen mit einem US-Offizier. Foto, April 1945.*

Q1 *Martin Niemöller in einem Rückblick, Ostern 1976:*

Als die Nazis die Kommunisten holten, habe ich geschwiegen;
ich war ja kein Kommunist.
Als sie die Sozialdemokraten einsperrten, habe ich geschwiegen;
ich war ja kein Sozialdemokrat.
Als sie die Gewerkschafter holten, habe ich nicht protestiert;
ich war ja kein Gewerkschafter.
Als sie mich holten, gab es keinen mehr, der protestierte.

www.martin-niemoeller-stiftung.de/4/daszitat

Einen breiten politischen Widerstand durch die katholische Kirche gab es nicht. Erst im Sommer 1941 protestierte der Bischof von Münster, Clemens Graf von Galen, öffentlich gegen das Vorgehen der Gestapo und die Morde an Behinderten.

Eine Predigt des Bischofs von Münster und sein Briefwechsel mit einem Reichsminister

Anklage gegen Gestapo

CLEMENS AUGUST GRAF VON GALEN, Bischof von Münster, wurde am 16. März 1878 in Dinklage in Oldenburg geboren. Seine Familie ist seit Jahrhunderten in Westfalen ansässig.

Er wurde 1904 zum Priester geweiht und am 5. September 1933 zum Bischof von Münster ernannt. Am 15. Oktober 1934 veröffentlichte er eine wissenschaftliche Widerlegung der Unwahrheiten des Rosenbergschen „Mythos des 20. Jahrhunderts".

Am 9. Februar 1936 protestierte der Bischof in einer Rede in Xanten gegen die wiederholten Verletzungen des Reichskonkordats. Diesen Protest erneuerte er im Sommer des Jahres 1937 und 1938. Am 29. November und am 21. Dezember 1936 griff er die nationalsozialistischen Erziehungsmethoden scharf an. Am 31. Juli 1938 wandte er sich in einem Hirtenbrief gegen die Ausweisung seines Vertreters im Lande Oldenburg aus Vechta.

Am Montag, den 8. Juli 1936, bereitete ihm die Bevölkerung Münsters bei der alljährlichen grossen Prozession eine begeisterte Ovation. Trotz polizeilicher Absperrmassnahmen wiederholten sich diese Kundgebungen an verschiedenen Orten der Diözese. Besonders eindrucksvoll war die Demonstration in Sterkrade am 8. November 1938.

Am 13. Juli dieses Jahres, nach der Beschlagnahme der Ordenshäuser in Münster, hielt der Bischof in der Kirche von St. Lambert eine Predigt, in der er gegen die Willkür und die Schreckensherrschaft der Gestapo Anklage erhob. Einen Auszug aus dieser Predigt geben wir umstehend, den sich daran anschliessenden Briefwechsel des Bischofs mit dem Reichsminister Dr. Lammers auf Seite 4.

M2 *Anonyme Flugschriften verbreiteten die Predigten des Bischofs von Galen.*

Q2 *Aus der Predigt des Bischofs von Galen vom 20. Juli 1941:*

Dieses strafweise Vorgehen der G.ST.A.P.O. gegen Schuldlose, … von vornhinein Verurteilter und jeglicher Verteidigungsmöglichkeit Beraubter … zerstört die Reichssicherheit [Rechtssicherheit], untergräbt das Rechtsbewusstsein und vernichtet das Vertrauen auf die Staatsführung!
Gewiss! Wir Christen machen keine Revolution! Wir werden weiter treu unsere Pflicht tun im Gehorsam gegen Gott, aus Liebe zu unserem deutschen Volk und Vaterland. Unsere Soldaten werden kämpfen und sterben für Deutschland, aber nicht für jene Menschen, die durch ihr grausames Vorgehen gegen unsere Ordensleute, gegen ihre Brüder und Schwestern, unsere Herzen verwundeten und dem deutschen Namen vor Gott und den Mitmenschen Schmach antun. Wir kämpfen tapfer weiter gegen den äußeren Feind. Gegen den Feind im Innern, der uns peinigt und schlägt, können wir nicht mit Waffen kämpfen. Da bleibt uns [nur] ein Kampfesmittel: starkes, zähes, hartes Durchhalten!

Unter: www.dhm.de/lemo/html/dokumente/Galen/index.html

Swing gegen Uniformierung

Seit den Zwanzigerjahren wurde der Swing, den vor allem Afroamerikaner prägten, auch in Deutschland eine sehr beliebte Tanzmusik. Besonders Jugendliche organisierten eigene Tanzveranstaltungen und hörten oder spielten Swingmusik.

M3 *Plakat zur Ausstellung „Entartete Musik" vom Mai 1938.*

Q3 *Bericht eines HJ-Streifenführers über die Swing-Jugend von 1940:*

Der Anblick der etwa 300 tanzenden Personen war verheerend. Kein Paar tanzte so, dass man das Tanzen noch als einigermaßen normal bezeichnen konnte. Es wurde in übelster und vollendetster Form geswingt. ...
Bei manchen konnte man ernsthaft am Geisteszustand zweifeln ... Als von der Kapelle einmal ein Rumba gespielt wurde, geriet die ganze Tanzfläche in wilde Extase. Alle sprangen wild umher und lallten irgendeinen englischen Refrain mit. Bezeichnend ist, dass fast ausschließlich ausländische Tanzmusik gespielt wurde. Durch das Mikrofon wurde von dem „Kapellmeister", der ebenfalls höchstens 21 Jahre alt ist und einen regelrechten Bubikopf trägt ... nur englisch gesungen. ...
Der äußerliche Eindruck der sämtlich anwesenden männlichen Personen war denkbar schlecht. Es waren ausschließlich vollendete „Tangoboys" anwesend mit dem berüchtigten langen Haarschnitt. Von einigen jungen Leuten wurde ein Bubikopf getragen, der an der Seite allerdings nach hinten zurückgekämmt wurde. Während des Swings wurden die Haare dann nach vorn geworfen, sodass sie ins Gesicht hingen ...

Pohl, R.: Das gesunde Volksempfinden ist gegen Dad und Jo. Zur Verfolgung der Hamburger Swing-Jugend im Zweiten Weltkrieg. 1988. S. 26 f.

Q4 *Himmler (Reichsführer Gestapo) an den Leiter des Reichssicherheitshauptamtes:*

Anliegend übersende ich ... einen Bericht über die „Swing-Jugend" in Hamburg ...
Ich weiß, dass die Geheime Staatspolizei schon einmal eingegriffen hat. Meines Erachtens muss jetzt das ganze Übel radikal ausgerottet werden. Ich bin dagegen, dass wir hier nur halbe Maßnahmen treffen. Alle Rädelsführer ... männlicher und weiblicher Art ... sind in Konzentrationslager einzuweisen. Dort muss die Jugend zunächst einmal Prügel bekommen und dann in schärfster Form exerziert und zur Arbeit angehalten werden ...
Pohl, R.: Das gesunde Volksempfinden ist gegen Dad und Jo. 1988. S. 156 f.

Arbeitsaufträge

1. Nenne Motive und Formen von kirchlichem Widerstand.
2. Analysiere Q1 und erkläre daran die Entwicklung des Widerstands.
3. a) Vergleiche die Swing-Jugend mit dem Jugendbild der NSDAP.
   b) Begründe, warum die Swing-Jugend verfolgt wurde.
   c) Bewerte das Vorgehen der Gestapo gegen die Swing-Jugend.

PROJEKT

Nichts gelernt aus der Vergangenheit?

Durch die Verteilung sogenannter Schulhof-CDs will die NPD besonders die Jugend ansprechen.

Rechtsextreme Parteien ziehen in mehrere Landesparlamente und Kommunalverwaltungen ein.

Durchschnittlich werden täglich zwei Gewalttaten mit rechtsextremem Hintergrund verübt.

Wir sind besonders gut im Auf-die-Fresse-hau'n
auch im Feuerlegen kann man uns vertrau'n
Wir steh'n auf Ordnung und Sauberkeit
Wir sind jederzeit für 'nen Krieg bereit
Schönen Gruß an die Welt, seht es endlich ein
Wir können stolz auf Deutschland …

(Auszug aus dem Lied: „Das alles ist Deutschland" von der Gruppe „Die Prinzen")

25 % der Bundesbürger meinen: „Nicht alles war schlecht im Dritten Reich."

Die Wahlbeteiligung der Bundesbürger ist rückläufig.

M1 *Öffentlicher Protest gegen Rechts.*

M2 *Button der Kampagne „Hingucken."*

Vergangenheit, die nicht vergeht

Können wir heute sagen: „Ich bin stolz, Deutscher zu sein", oder versetzt diese Aussage die Menschen in Europa in Angst und lässt die Vergangenheit wieder auferstehen? Die Geschichte von 1933–1945 prägt bis heute weltweit das Bild Deutschlands im Ausland. Nachrichten über Fremdenfeindlichkeit und Rechtsextremismus werden kritisch und mit Sorgen bei unseren Nachbarn wahrgenommen.

Die Frage nach Schuld und Verantwortung für das Vergangene wird in der Bundesrepublik teilweise kontrovers diskutiert, aber auch gern verdrängt. Die öffentliche Meinung wird nicht selten von Stammtischparolen und Halbwahrheiten geprägt. Welches Bild die Welt von Deutschland heute und in der Zukunft haben wird, hängt davon ab, welche Haltung die Jugend in dieser Diskussion einnimmt.

Auseinandersetzung mit rechtsradikalen Ideen

Als rechtsextrem werden jene politischen Gruppierungen und Parteien bezeichnet, die ihre Ziele von denen der NSDAP ableiten. Dabei beziehen sich rechtsextreme Ansichten auf die Idee von der natürlichen Ungleichheit der Menschen. Hiermit begründen sie Rassismus, Fremdenfeindlichkeit und übersteigerten Nationalismus. Als Mittel der Problemlösung zwischen Menschen und Staaten sehen Rechtsextreme die Gewaltanwendung. Toleranz und Offenheit wird von Rechtsextremisten als Schwäche gewertet.

Rechtsradikale drängen verstärkt in die Öffentlichkeit. Sie wollen in Gemeinde- und Stadträte sowie in Kreis- und Landtage einziehen, um auf diese Weise gesellschaftsfähig zu werden. In allen öffentlichen Bereichen kann daher rechtsradikales Gedankengut auftreten.

Auch Vorurteile haben oft einen rechten Hintergrund. Wichtig ist es, diese zu erkennen und sich damit auseinanderzusetzen.

„Hingucken" – ein Beispiel aus Sachsen-Anhalt

Um den zahlreichen rechtsextremen, fremdenfeindlichen Übergriffen entgegenzutreten, gibt es in Sachsen-Anhalt einen Aufruf zum „Hingucken – für ein demokratisches und tolerantes Sachsen-Anhalt". Durch Aufklärung sowie Informationen über die neuen Entwicklungs- und Erscheinungsformen des Rechtsextremismus werden Bürger, Schulen, Vereine, Kommunen und Firmen ermutigt, sich mit Rechtsextremismus und Rassismus auseinanderzusetzen und sich aktiv für Toleranz und Demokratie zu engagieren. Denn auch heute kann jeder wissen, welches Gedankengut von rechten Gruppen vertreten wird.

Arbeitsaufträge

1. Beschreibt anhand der Collage Ursachen und Erscheinungsformen des Rechtsradikalismus in Deutschland.
2. Gestaltet eine eigene Collage zum Thema „Stolz auf Deutschland".
3. Sammelt in einem Brainstorming Vorurteile, die euch im Alltag begegnet sind, und leitet daraus Arbeitsthemen für die Projektarbeit her.
4. Sammelt Argumente und Materialien gegen ausgewählte rechte Propaganda und stellt diese dar.
5. Präsentiert die Ergebnisse eurer Auseinandersetzung als Ausstellung, Programm, Film u. a.

„Heil Hitler! Der Hund ist tot"

i

Flüsterwitze: Heimlich erzählter Witz, der sich mit bestimmten politischen Verhältnisse und Personen kritisch auseinandersetzt.

Heimtückegesetz: stellte die missbräuchliche Benutzung von Abzeichen und Parteiuniformen unter Strafe. Es schränkte darüber hinaus das Recht auf freie Meinungsäußerung ein und kriminalisierte alle kritischen Äußerungen, die angeblich das Wohl des Reiches, das Ansehen der Reichsregierung oder der NSDAP schwer schädigten.

Vorsicht, Feind hört mit!

Unmittelbar nach dem Machtantritt der NSDAP versuchten die Menschen mit Humor auf die Einschränkung ihrer Rechte zu reagieren. Witze, die sich kritisch mit dem Nationalsozialismus auseinandersetzten, konnten jedoch nur unter guten Freunden „geflüstert" werden. Für das Erzählen und Weiterverbreiten derartiger *Flüsterwitze* riskierte man hohe Strafen. Wurde der Erzähler von Flüsterwitzen in den Anfangsjahren wegen „Beleidigung" belangt, steigerte sich der Strafbestand über den „Verstoß gegen das *Heimtückegesetz*" bis hin zur „Wehrkraftzersetzung".

Q1 *Beispiele für Flüsterwitze:*

(1) Das Auto des Führers fährt den Hund eines Fleischers tot. Adolf schickt den Chauffeur in den Fleischerladen, um sich zu entschuldigen und Schadensersatz anzubieten. Der Chauffeur sagt: „Heil Hitler! Der Hund ist tot ..." Da ruft der Fleischer: „Endlich! Hier, nehmen Sie die großen Würste mit!"

(2) ‚Heil Hitler' wird amtlich als allgemeiner „deutscher Gruß" eingeführt. Ein Mitarbeiter weist den Führer darauf hin, dass dieser Gruß doch nicht tief im Volke Wurzeln fassen könne. Er schlägt vor, weiter wie bisher – ‚Guten Tag' – zu sagen. Da fährt ihn Hitler an: „Merken Sie sich das: Solange ich regiere, gibt es in Deutschland keinen ‚Guten Tag' mehr!"

(3) „Wie geht es Ihnen?", fragte jemand einen Bekannten.
„Wie einem jüdischen Rechtsanwalt."
„Was wollen Sie damit sagen?" „Nun – ich kann nicht klagen!"

(4) Paul: „Was gibt es für neue Witze?" Otto: „Sechs Monate."

(5) Ein Arbeiter der Volkswagenfabrik verspricht seinem Freund, jeden Tag ein anderes Teil des Volkswagens über die Mauer des Fabrikgeländes zu werfen, damit sich der Freund daheim selber einen Wagen zusammenbasteln könne. Nach einiger Zeit bittet ihn der Freund jedoch, in Zukunft etwas anderes über die Mauer zu werfen. Erstaunt erkundigt sich der Fabrikarbeiter: „Hast du noch keinen Volkswagen beieinander, ich habe dir doch alle Teile rausgeschmissen." Der Freund verneint und berichtet: „Ich habe daheim schon alles zusammengebaut, wieder auseinandergenommen und noch einmal zusammengebaut, aber ich kann machen, was ich will, es wird immer ein Maschinengewehr draus."

(1), (3), (4): www.mahnung-gegen-rechts.de/pages/fluesterwitze-01.htm
(2), (5): Hartmann, R.: Flüsterwitze aus dem Tausendjährigen Reich, 1983.

Arbeitsaufträge

1. Erkläre Gründe für die Entstehung von Flüsterwitzen.
2. Analysiere die Witze. Erläutere die politischen Hintergründe.

1933:
„Machtergreifung"
der Nationalsozialisten

1935:
Nürnberger
Rassegesetze

1938:
Reichspo-
gromnacht

1942:
Wannseekonferenz

1930 | 1935 | 1940 | 1945

IN KÜRZE

Wichtige Begriffe:
- Nationalsozialismus
- Diktatur
- Ermächtigungsgesetz
- Führerstaat
- Volksgemeinschaft
- Gleichschaltung
- Konzentrationslager
- Rassentheorie
- Antisemitismus
- Judenverfolgung
- Reichspogromnacht
- Holocaust
- Widerstand

Am 30. Januar 1933 ernannte Reichspräsident Hindenburg Adolf Hitler zum Reichskanzler und beugte sich damit den Forderungen verschiedener Kräfte aus Wirtschaft und Politik. Die NSDAP nutzte die Möglichkeiten der Weimarer Verfassung, um den Rechtsstaat zu beseitigen und die Ideen des *Nationalsozialismus* von *Führerstaat* und *Volksgemeinschaft* durchzusetzen. Mit der Verabschiedung des *Ermächtigungsgesetzes* im März 1933 begann die *Gleichschaltung* der Gesellschaft.

Um den *Widerstand* gegen die nationalsozialistische *Diktatur* zu unterdrücken, wurde ein von der SS getragenes weitverzweigtes Überwachungs- und Terrorsystem geschaffen. Die Mehrzahl der deutschen Bevölkerung ließ sich von den anfänglichen wirtschaftlichen Erfolgen sowie von der Propaganda für die nationalsozialistische Politik begeistern.

Außenpolitisches Ziel der NSDAP waren die Korrektur des Versailler Vertrages sowie die Gewinnung neuen Lebensraums im Osten. Damit wollte die NSDAP ihre rassistischen Ideen der arischen Herrenrasse umsetzen.

Die Verbindung von *Antisemitismus* und *Rassentheorien* führte seit 1933 zu einer systematischen *Judenverfolgung* in Deutschland. Mit der *Reichspogromnacht* vom November 1938 wurde aus Unterdrückung und Ausgrenzung eine terroristische Verfolgung deutscher Juden. Auf der Wannseekonferenz vom Januar 1942 beschlossen die Führer von NSDAP und SS die Vernichtung der europäischen Juden. Diesem *Holocaust* fielen etwa sechs Millionen Menschen zum Opfer.

Deutschland, Europa und die Welt in der Zeit des Zweiten Weltkrieges

Landung der Alliierten in der Normandie am 6. Juni 1944.

US 310

Europa vor dem Kriegsausbruch

Neue Staaten auf der weltpolitischen Bühne

Japan, Italien und Deutschland hatten etwa seit 1870 als drei neue Staaten die Bühne der Weltpolitik betreten. Diese Staaten verbanden Anfang der 1930er-Jahre des 20. Jahrhunderts folgende Gemeinsamkeiten:
- territoriale Erwerbungen,
- wirtschaftliche Rückschläge,
- Wiederaufnahme der *Expansionspolitik* der Zeit vor dem Ersten Weltkrieg und
- Enttäuschungen über den Ausgang des Ersten Weltkrieges.

Japan, Italien und Deutschland glaubten, bei der „Aufteilung" der Welt zu kurz gekommen zu sein, und erhoben sich gegen die „alten" Großmächte.

i

Expansionspolitik: Politik, die auf Erweiterung des Macht- oder Einflussbereichs ausgerichtet ist.
Status quo: gegenwärtiger Zustand.
Appeasementpolitik: Politik der Beschwichtigung.

Der Völkerbund

Auf Anregung des amerikanischen Präsidenten Wilson wurde 1920 der Völkerbund mit dem Ziel gegründet, die Zusammenarbeit der Völker zu fördern sowie Frieden und internationale Sicherheit zu gewährleisten.

Der Völkerbund stellte gleichzeitig ein Instrument zur Bewahrung des territorialen *Status quo* dar. Ursprüngliche Mitglieder waren die 32 alliierten Kriegsgegner der Mittelmächte sowie 13 neutrale Staaten. Die USA waren nicht Mitglied im Völkerbund, Deutschland trat im Jahr 1926 ein und im Oktober 1933 wieder aus.

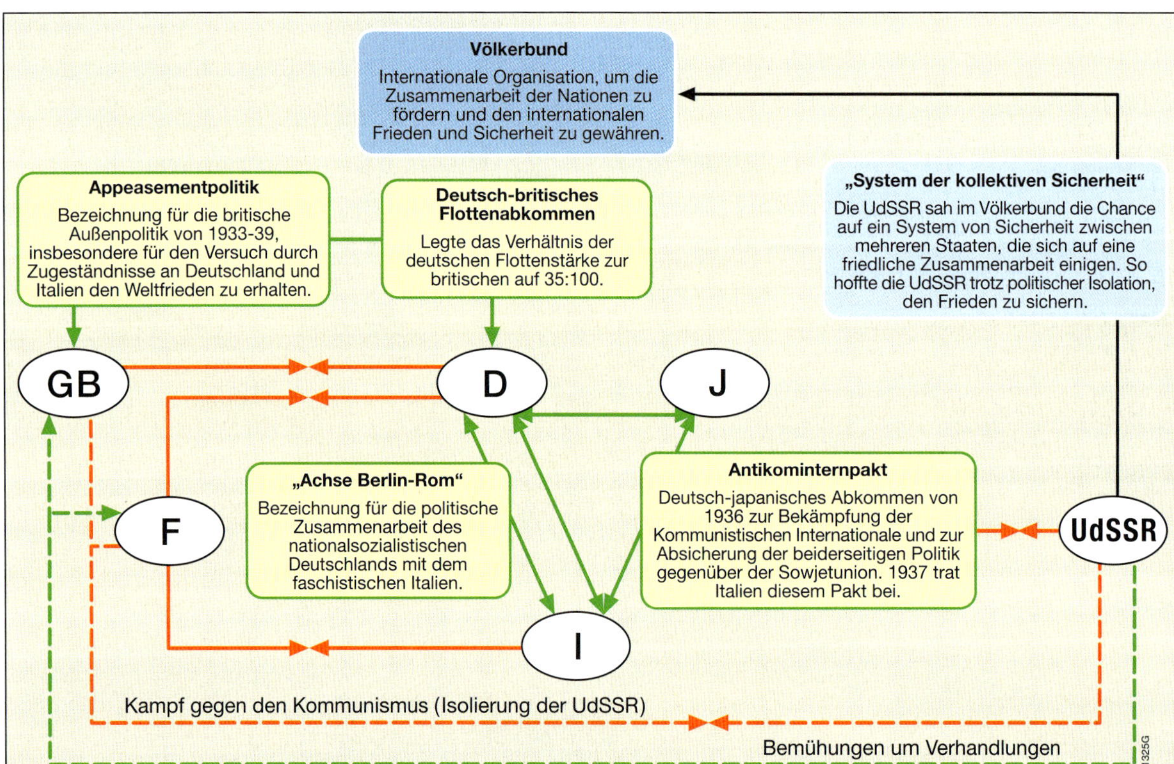

M1 *Politische Konstellation in Europa.*

Die deutsche Außenpolitik

Der Versailler Vertrag von 1919 sollte Deutschland an einem neuen Krieg hindern. Deutschland wurde fast vollständig entwaffnet und einer strengen Kontrolle unterworfen. Die Bedingungen dieses Vertrags empfanden viele Deutsche als ungerecht und unerträglich.

M2 *Zeichnung eines englischen Karikaturisten als Reaktion auf den Wahlerfolg der NSDAP von 1930.*

Ziele der nationalsozialistischen Außenpolitik

Nach der nationalsozialistischen „Machtergreifung" 1933 lehnte Hitler jede Beschränkung der deutschen Aufrüstung ab und verließ sowohl die Abrüstungskonferenz als auch den Völkerbund. Die Aufhebung des Versailler Vertrages und die Wiederherstellung der früheren Macht Deutschlands war die erste Forderung der nationalsozialistischen Außenpolitik.

Hitler beteuerte ständig und bei allen Gelegenheiten den deutschen Friedenswillen. Er vermied offene außenpolitische Konflikte, solange Deutschland noch nicht ausreichend stark und gerüstet war. Als Mittel seiner Außenpolitik schloss er unter anderem internationale Verträge mit Großbritannien, Italien, Japan und der Sowjetunion.

Das außenpolitische Konzept Hitlers war, die Spannungen zwischen den Siegermächten des Ersten Weltkriegs für seine Ziele auszunutzen. Er zog einige von ihnen durch den Abschluss von Verträgen – vorübergehend oder auf Dauer – auf die Seite Deutschlands.

Die Schaffung eines „Großdeutschen Reiches", das auch die Deutschen umfasste, die außerhalb der Reichsgrenzen wohnten, war die zweite Grundforderung. Dahinter stand bereits das dritte Ziel, die Eroberung neuen „Lebensraumes" und damit verbunden die Vorherrschaft in Europa.

Q1 *Am 5. November 1937 präzisierte Hitler seine Kriegsziele vor den Führungsspitzen der Wehrmacht:*

Das Ziel der deutschen Politik sei die Sicherung und Erhaltung der deutschen Volksmasse und deren Vermehrung. Somit handelt es sich um das Problem des Raumes. Die deutsche Volksmasse verfüge über 85 Millionen Menschen, die nach der Anzahl der Menschen ... in Europa einen in sich so fest geschlossenen Rassekern darstelle, wie er in keinem anderen Land wieder anzutreffen sei und wie er andererseits das Anrecht auf größeren Lebensraum mehr als bei anderen Völkern in sich schlösse. ... Die deutsche Zukunft sei daher ausschließlich durch die Lösung der Raumnot bedingt ... Die einzige ... Abhilfe läge in der Gewinnung eines größeren Lebensraumes ... Zur Lösung der deutschen Frage könne es nur den Weg der Gewalt geben ... dann bleibe nur noch die Beantwortung der Fragen „wann" und „wie" ...

Hoßbach-Niederschrift. Unter: http://www.ns-archiv.de/krieg/1937/hossbach/

M3 *„Hitlers Außenpolitik". Karikatur in „The Nation", New York 1933.*

Arbeitsaufträge

1. Erkläre die politische Konstellation in Europa vor Ausbruch des Zweiten Weltkrieges mithilfe der Übersicht M1.
2. Interpretiere die Karikaturen M2 und M3.
3. Erläutere die außenpolitischen Ziele Hitlers. Nutze dabei auch Q1.

Europa im Krieg

Der Weg in den Zweiten Weltkrieg

Seit Adolf Hitler am 30. Januar 1933 die Macht in Deutschland übernommen hatte, steuerte die Welt auf einen neuen Krieg zu. Die Ziele der nationalsozialistischen Außenpolitik waren nicht mit friedlichen Mitteln zu erreichen. Systematisch betrieb Hitler die Vorbereitungen, um die Vorherrschaft in Europa und der ganzen Welt zu gewinnen:

Oktober 1933: Austritt Deutschlands aus dem Völkerbund

Januar 1934: Nichtsangriffspakt zwischen Deutschland und Polen

März 1935: Wiedereinführung der allgemeinen Wehrpflicht

März 1936: Einmarsch deutscher Truppen in das entmilitarisierte Rheinland

Juli 1936: Abkommen mit Österreich (Wiederherstellung freundschaftlicher Beziehungen)

August 1936: Einführung der zweijährigen Militärdienstzeit

November 1936: Antikomminternpakt: Zusammenarbeit mit Japan gegen politische Gegner (zum Beispiel UdSSR)

März 1938: „Anschluss" Österreichs (Einmarsch deutscher Truppen, um angeblich Ruhe und Ordnung wiederherzustellen)

September 1938: Konferenz in München: Erzwungene Abtretung der sudetendeutschen Gebiete der Tschechoslowakei an Deutschland

Oktober 1938: Geheimbefehl Hitlers an die Wehrmacht zur „Zerschlagung der Rest-Tschechei"

März 1939: Einmarsch deutscher Truppen in die Tschechoslowakei

März 1939: Schutzvertrag mit der Slowakei: Erlaubnis für die Anwesenheit deutscher Truppen

März 1939: Forderung des Deutschen Reiches an Polen: Angliederung Danzigs, Schaffung eines Verbindungskorridors zwischen Ostpreußen und dem Deutschen Reich; nach Ablehnung der deutschen Forderungen: Abbruch der Verahndlungen, Kündigung des deutsch-polnischen Nichtangriffspaktes

Mai 1939: Bündnis mit Italien

August 1939: Nichtangriffspakt zwischen Deutschland und die UdSSR mit einem geheimen Zusatzabkommen: Abstimmung über deutsche und sowjetische Interessengebiete in Osteuropa einschließlich Polens

August 1939: Deutsche SS-Männer täuschen einen polnischen Überfall auf den deutschen Rundfunksender „Gleiwitz" vor

1. September 1939: Deutscher Angriff auf Polen ohne vorherige Kriegserklärung

1324G

M1 *Chronik der nationalsozialistischen Außenpolitik 1933–1939.*

i

Rundfunksender „Gleiwitz": Der Sender „Gleiwitz" war ein deutscher Radiosender in Gleiwitz. Am 30. August 1939 drangen SS-Leute in Zivil, verkleidet als polnische Kämpfer, in den Sender ein. Das Personal wurde mit Pistolen bedroht, gefesselt und in einen Kellerraum gesperrt.

Die Entfesselung des Krieges

Am 31. August 1939 erteilte Hitler nach einem vorgetäuschten Überfall auf den *Rundfunksender „Gleiwitz"* in Oberschlesien den Befehl zum Angriff auf Polen. Daraufhin marschierten am Morgen des 1. September um 4.45 Uhr die deutschen Armeen in Polen ein.

Großbritannien und Frankreich konnten nach der Besetzung der Tschechoslowakei und dem Einmarsch Deutschlands in Polen nicht länger zusehen, wie Deutschland ein europäisches Land nach dem anderen unterwarf. Jetzt standen sie zu ihren Bündnisverpflichtungen, und ihre Botschafter übergaben am 3. September ihre Kriegserklärungen an Deutschland.

Leichtfertig hatte Hitler einen Krieg entfesselt. Es sollte ein Krieg werden, der sich von all seinen Vorgängern unterscheiden würde.

Q1 *Adolf Hitler äußert vor dem Reichstag am 1. September 1939:*

Ich habe nun über sechs Jahre am Aufbau der deutschen Wehrmacht gearbeitet. Es sind in dieser Zeit über 90 Milliarden für den Aufbau dieser Wehrmacht angewendet worden. Sie ist heute die bestausgerüstete, und sie steht weit über jedem Vergleich mit der des Jahres 1914. Mein Vertrauen auf sie ist unerschütterlich. ...
Mein ganzes Leben war nichts anderes als ein einziger Kampf für mein Volk, für seine Wiederauferstehung ... Ober diesen Kampf stand immer nur ein Bekenntnis des Glaubens an dieses Volk. Ein Wort habe ich nie kennengelernt, es heißt: Kapitulation.
Wenn irgendjemand aber glaubt, dass wir vielleicht einer schweren Zeit entgegengehen, dann möchte ich ihn bitten, zu bedenken, dass einst ein preußischer König mit einem lächerlich kleinen Staat einer größten Koalition gegenübertrat und in drei Kämpfen am Ende doch erfolgreich bestand, weil er jenes gläubige, starke Herz besaß, das auch wir in dieser Zeit benötigen.
Und ich möchte daher jetzt der ganzen Umwelt gleich versichern: Ein November 1918 wird sich niemals mehr in der deutschen Geschichte wiederholen! ...
Unsere Ziele: Ich bin entschlossen: erstens die Frage Danzig, zweitens die Frage des Korridors zu lösen und drittens dafür zu sorgen, dass im Verhältnis Deutschlands zu Polen eine Wendung eintritt, eine Änderung, die ein friedliches Zusammenleben sicherstellt.
Ich bin dabei entschlossen, so lange zu kämpfen, bis entweder die derzeitige polnische Regierung geneigt ist, diese Voraussetzung herzustellen, oder bis eine andere polnische Regierung dazu geneigt ist. Ich will von den deutschen Grenzen das Element der Unsicherheit, die Atmosphäre ewiger bürgerkriegsähnlicher Zustände entfernen. Ich will dafür sorgen, dass im Osten der Friede an der Grenze kein anderer ist, als wir ihn an unseren anderen Grenzen kennen. ...
Polen hat heute Nacht zum ersten Mal auf unserem eigenen Territorium auch mit bereits regulären Soldaten geschossen. Seit 5.45 Uhr wird jetzt zurückgeschossen! Und von jetzt ab wird Bombe mit Bombe vergolten!

http://www.nationalsozialismus.de/dokumente/textdokumente/adolf-hitler-rede-vor-dem-reichstag-01091939.

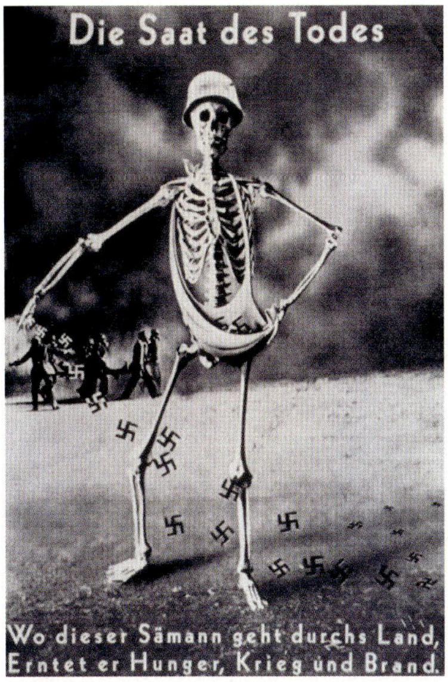

M2 *Fotomontage von John Heartfield, 1934.*

Arbeitsaufträge

1. Stelle unter Nutzung von M1 die systematische Kriegsvorbereitung der Nationalsozialisten dar.
2. a) Fasse die wesentlichen Aussagen Hitlers aus Q1 mit eigenen Worten zusammen.
   b) Adolf Hitler behauptete: „Seit 5.45 Uhr wird jetzt zurückgeschossen." Erkläre, warum er für die deutsche und internationale Öffentlichkeit diese Formulierung wählte.
   c) Begründe, warum unterschiedliche Zeiten (4.45 Uhr/5.45 Uhr) für den Kampfbeginn angegeben werden.
3. Interpretiere die Fotomontage in M2.

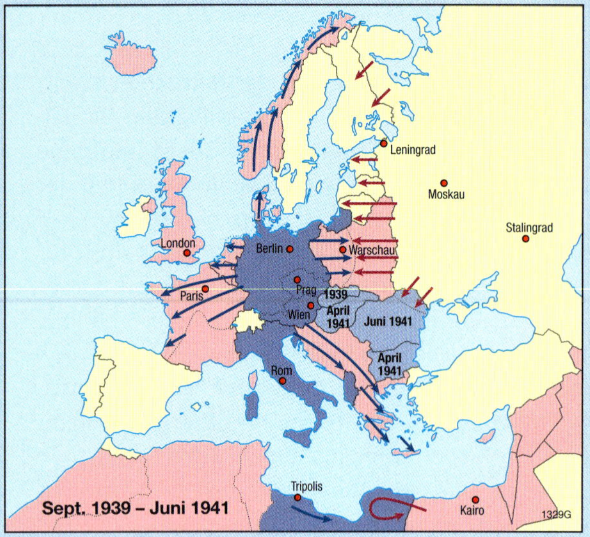

M1 *September 1939 bis Juni 1941.*

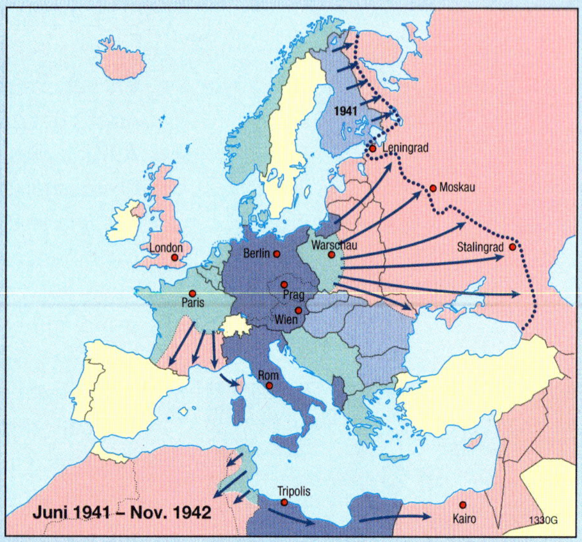

M2 *Juni 1941 bis November 1942.*

METHODE

Die Karte als Darstellungsform

Karten begegnen uns in allen Bereichen. In Presse und Fernsehen dienen Kartenskizzen einer besseren räumlichen Orientierung. Auch Tourismus ist ohne Karten unvorstellbar. Karten stellen wesentliche Tatsachen und Erscheinungen dar und sind anschaulich und übersichtlich.

Historiker unterscheiden zwischen historischen Karten und Geschichtskarten. Historische Karten sind Produkte der Vergangenheit und spiegeln den Stand der Erkenntnisse und Weltsichten der jeweiligen Zeit wider. Sie werden als Quellen betrachtet. Geschichtskarten hingegen stellen die Vergangenheit aus der Sicht des gegenwärtigen Standes der Wissenschaft dar.

Karten-element	Signatur	Bedeutung
Punkt		Einzelerscheinung (Siedlung, historisches Zentrum u. ä.)
Linie		Grenze, Bewegungsrichtung (Reiseweg, Kriegszug, Wanderung u. ä.)
Farbe		Gebietsausdehnung, Ordnung (Gliederung, Betonung, Entwicklung)
Fläche		Mengen- und Artunterschied
Symbol		bildhafte Darstellung historischer Ereignisse (Schlacht, Aufstand)
Schrift	**Deutsches Reich** Berlin	Objektbenennung, Schriftart und -größe als Ordnungsfaktor

1334G

M5 *Legende für Geschichtskarten.*

Schritte für die Kartenanalyse

- Welches Thema hat die Karte?
- Welcher Raum ist dargestellt? (*Flüsse, Gebirge, Städte, Staaten u. a.*)
- Welche Zeit wird behandelt?
- Welchen Zustand bzw. welche Entwicklung zeigt die Karte?
- Welche Einzeleintragungen sind auf der Karte zu finden? (*Heereszüge, Bodenschätze, Siedlungsräume u. a.*)
- Welche Bedeutung haben besondere Zeichen, Farben oder Symbole?
- Welche Informationen kann man aus der Karte (im Hinblick auf die Fragestellung) entnehmen?
- Welche Ergebnisse zeigen sich, wenn man diese Informationen mit Vorkenntnissen sowie Aussagen anderer Materialen verbindet?
- Welche Auskünfte, die für das Thema wichtig sind, erhält man aus der Karte nicht?

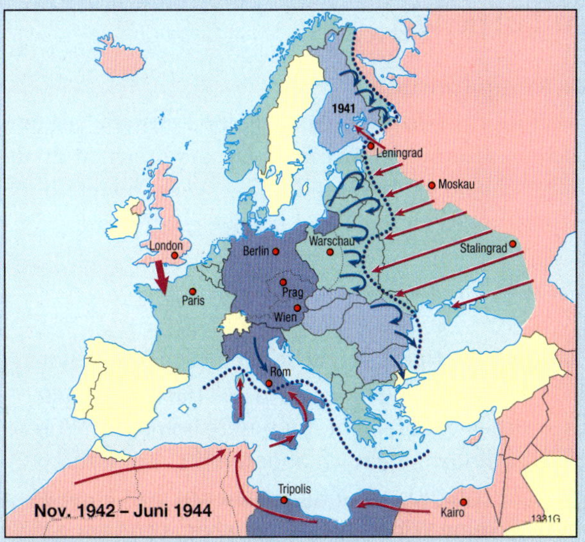

(M3) *November 1942 bis Juni 1944.*

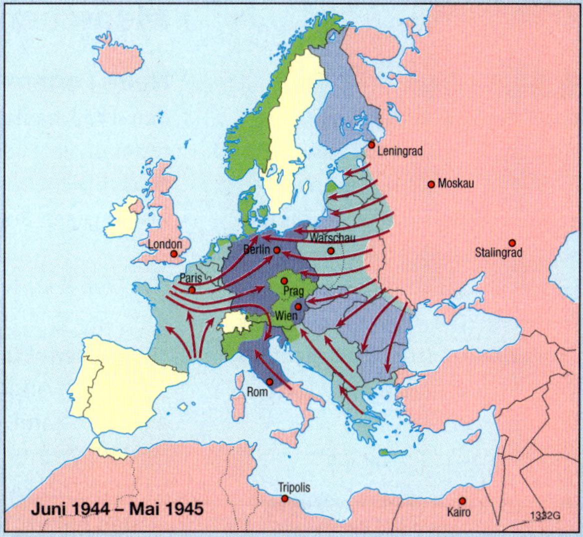

(M4) *Juni 1944 bis Mai 1945.*

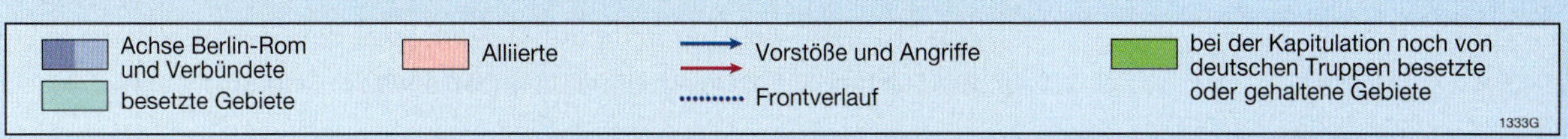

Der Verlauf des Zweiten Weltkrieges in Europa

Von deutscher Seite wurden die Kampfhandlungen überfallartig eingeleitet – fast immer ohne vorherige Kriegserklärung. Ziel war die rasche Niederwerfung des Gegners durch schnell vorrückende Verbände. Vor allem die Panzer spielten dabei eine entscheidende Rolle. Der Bewegungskrieg entwickelte sich zum Blitzkrieg. Dort, wo deutschen Truppen zu Lande oder Wasser nicht sofort hingelangen konnten, setzten sie Fallschirmtruppen aus Flugzeugen ab. Diese vernichteten an entscheidenden Punkten den überraschten Gegner.

Zu Beginn des Zweiten Weltkrieges erzielten die deutschen Angreifer zunächst eindrucksvolle Siege. Aber diese Erfolge konnten die deutschen Armeen nicht auf Dauer fortsetzen. Entscheidend für den folgenden Kriegsverlauf wurden immer deutlicher die Wirtschaftskraft, das Material, die technische Überlegenheit und die Taktik. Besonders der See- und der Luftkrieg gewann neben den Feldzügen auf dem Lande immer stärker an Bedeutung und eröffnete völlig neue Formen der Kriegsführung.

Arbeitsaufträge

1. Analysiere die vorliegenden Karten.
2. Beantworte darauf aufbauend folgende Fragen:
   a) Bis wann hatte die „Blitzkrieg-Strategie" Hitlers Erfolg?
   b) Wie wird die Wende des Krieges auf einer der Karten verdeutlicht?
   c) Wann entstand auf dem europäischen Kriegsschauplatz eine zweite Front gegen Deutschland?
   d) Wann entstand eine dritte Front gegen Deutschland?
   e) Welche einzelnen Kriegsphasen können unterschieden werden?
3. Informiere deine Mitschüler unter Nutzung der Karten in einem Kurzvortrag über den Verlauf des Krieges in Europa.

Menschen im Luftkrieg

i

Spanischer Bürgerkrieg: kriegerische Auseinandersetzungen in Spanien 1936–1939. Ursachen waren tief greifende politische, ideologische und soziale Spannungen zwischen den politischen und sozialen Gruppierungen des Landes. Das nationalsozialistische Deutschland unterstützte die faschistischen Militärs unter General Franco.

Neue Formen der Kriegsführung

Seit 1933 bauten die Nationalsozialisten die deutsche Luftwaffe auf und testeten sie erfolgreich im *Spanischen Bürgerkrieg.* Die gewonnenen Erfahrungen versetzten Deutschland ab 1939 in die Lage, vernichtende Blitzkriege gegen Polen, später gegen Holland und Frankreich zu führen.

Q1 *Ein deutscher Pilot 1941 über den Sinn der Luftangriffe:*

Auf dem Rückflug über die Nordsee mache ich mir über den Sinn solcher Angriffe Gedanken. Obwohl ich mich auf Hans sicher verlassen kann, dass er sich alle Mühe gibt, für unsere Bomben militärisch wichtige Ziele zu finden, weiß ich andererseits, wie fraglich es ist, ob wir unsere fürchterliche Munition vielleicht dort abgeladen haben, wo sie gar keine Wirkung hat. Wie aber, wenn wir ein Wohnviertel oder ein Krankenhaus getroffen haben? Dieser Krieg ist eine grausige Sache! Aber bei den anderen ist es wohl das gleiche Problem. Welcher Brite denkt wohl jetzt das Gleiche wie ich?

P.W. Stahl am 26.4.1941 nach einem Luftangriff. In: Praxis Geschichte 5/1990. S. 37.

Q2 *Ein englischer Pilot 1943 über den Sinn der Luftangriffe:*

Es freute mich auf eine Art, zu erfahren, dass unser Angriff ein Erfolg gewesen war, aber mein Herz fiel mir in die Hose, als ich an unsere Verluste dachte. Noch konnte ich ohne Schmerz an die Zahl der Zivilisten denken, die getötet worden waren, denn es dürften viele Frauen und Kinder unter ihnen gewesen sein. Ich war dankbar dafür, dass es nicht meine Verantwortung war, das Ziel auszusuchen. Zweifellos rechtfertigte die Tatsache, dass das Ziel ein Industriegebiet war, den Angriff in den Augen der Führung. ...

D. Hornsey nach einem Angriff auf Kassel am 3.10.1943. In: „Here Today, Bomb Tomorrow" II. Imperial War Museum London.

M1 *Bombenabwurf aus einem B-26 Marauder der 9. US-Air Force, April 1944.*

Q3 *Eine Hamburgerin schrieb am 29. Juli 1943 an ihren Verlobten:*

... Ach, ... alles ist hin, nur die Außenmauern (unseres Hauses) stehen noch zum Teil. ... Nichts konnten wir retten, Mutti hat nur das, was sie am Körper hatte. Ach, mein lieber Junge, unsere schönen Sachen, wie haben wir alles geschont, und nun ist alles weg, alles weg. Kein Heim haben wir mehr. ...
Wir haben kein Licht, Gas und Wasser. Die Geschäfte sind kaputt, ich stehe stundenlang auf der Moorweide und schließ mich an, um Lebensmittel zu bekommen. ... Aber alles Klagen hilft nicht, damit bekommen wir nichts wieder. Wir können uns freuen, dass wir alle leben ... Es muss ja alles wieder gut werden. Lange kann dieses Elend ja nicht mehr dauern.

Käte T. in einem Brief vom 29.7.43. In: Praxis Geschichte 5/1990. S. 37.

M2 *Nach einem Angriff der deutschen Luftwaffe liegt die Kathedrale von Coventry in Trümmern. Foto, 1940.*

Q4 *Eine Augenzeugin berichtete am 29. Juli 1943:*

In der Nacht vom Dienstag auf Mittwoch war wieder ein ganz schwerer Terrorangriff. ... Nach dem Alarm wurde erst nur wenig geschossen, und dann war Ruhe, sodass wir im Keller meinten, es sei schon alles vorüber, und dann ging es los, als ob die Welt unterginge. Das Licht ging sofort aus, wir saßen erst im Dunkeln, dann bei einem flackernden Lichtchen, alle mit nassen Tüchern um Nase und Mund, und das Getöse war derartig, die Einschläge so unausgesetzt, dass das ganze Haus wackelte und Mörtel herunterrieselte und Scheiben klirrten. ... Keiner sprach mehr, die Leute, die zusammengehörten, fassten sich bei der Hand, und alles drängte zum Ausgang. Ich habe noch nie solche richtige Todesangst empfunden, solche Todesnähe. Bei jedem schweren Krach dachte man, nun stürzt das Haus über uns zusammen, nun kommt das Ende: Schwerer Brandgeruch drang ein, und Feuerschein erhellte die ganze Straße. Dann wurde es still.

Wolff-Mönkeberg, M.: Briefe, die sie nicht erreichten. Hamburg. 1980. S. 91.

M3 *Zerstörung im Stadtzentrum von Halle. Foto, 1945.*

Q5 *Eine Betroffene formulierte am 3. Januar 1944:*

Weshalb machen sich Millionen von Menschen immer von Neuem daran aufzubauen, was in der nächsten Stunde schon wieder in Scherben liegen kann?
Ich betrachte die Gesichter der Schuttkehrer und Fenstervernagler. Ich betrachte mein eigenes Gesicht im Spiegel. Schmutzverkrustet, das Kopftuch schief in die Stirn gerutscht. Und ich glaube, die Antwort gefunden zu haben. Wir reparieren, weil wir reparieren müssen. ... Man kann nicht leben, wenn man nirgendwo hingehört. Deswegen retten die meisten Menschen aus ihren brennenden Häusern als Erstes ihr Kopfkissen, weil es ein letztes Stück „Zuhause" ist. ...
Weder Schuttkehren noch Kopfkissenretten haben mit Nazigesinnung etwas zu tun. Keiner denkt an Hitler, wenn er sein Küchenfenster vernagelt. Wohl aber denkt jeder daran, dass man im Kalten nicht leben kann. Dass man, noch ehe der Abend kommt und die Fliegersirenen heulen, einen Schlupfwinkel haben muss, in dem man seine Glieder ausstrecken kann.

Andreas-Friedrich, R.: Schauplatz Berlin. München 1962. S. 80 f.

Arbeitsaufträge

1. Gib mithilfe der Karten auf den Seiten 152/153 einen Überblick über den Verlauf des Luftkrieges.
2. Vergleiche die Aussagen der Piloten in Q1 und Q2.
3. Schildere, wie die Menschen die Luftangriffe erlebten. Nutze Q3 bis Q5.
4. Suche Spuren des Bombenkrieges in deiner Heimatstadt.
5. Plant eine Zeitzeugenbefragung zum Thema „Menschen im Luftkrieg" und ladet jemanden ein, der sich an die Erlebnisse dieser Zeit erinnern kann.

Der U-Boot-Krieg

Aufbau einer deutschen U-Boot-Flotte

Durch das deutsch-britische Flottenabkommen von 1935 war es der deutschen Kriegsmarine wieder gestattet, U-Boote in gleicher Anzahl wie die britische Marine zu besitzen. 1936 begann das deutsche Militär mit dem Aufbau einer modernen U-Boot-Flotte. Noch im selben Jahr wurden die ersten U-Boote der Kriegsmarine in Dienst gestellt. Bei Beginn des Zweiten Weltkriegs am 1. September 1939 verfügte Deutschland über 57 U-Boote unter dem Oberbefehl von Karl Dönitz.

Die Hauptaufgabe der deutschen U-Boote bestand in der Versenkung gegnerischer Fahrzeugkolonnen und Geleitzüge. Auf diese Weise sollte die Zufuhr von Versorgungs- und Kriegsgütern nach Großbritannien unterbunden werden. Das Ziel, Großbritannien von See her völlig zu blockieren, konnte jedoch zu keinem Zeitpunkt verwirklicht werden. Der Beginn des uneingeschränkten U-Boot-Krieges im August 1940 führte aber zu schweren britischen Verlusten auf See und erheblichen Versorgungsengpässen in Großbritannien.

M1 *Ein deutsches U-Boot kehrt von einer Feindfahrt zurück. Ölgemälde, um 1942.*

M2 *U-Boot auf Feindfahrt im Atlantik. Foto, Dezember 1939.*

Taktisches Vorgehen

In der Regel griffen deutsche U-Boote in „Rudeltaktik" an. Da die deutsche Kriegsmarine über keine eigenen Aufklärungsflugzeuge verfügte, mussten die U-Boote zur Ortung von Zielen eine Angriffslinie bilden. Ungefähr zwölf Boote konzentrierten sich in einem bestimmten Seegebiet und führten ihre Angriffe gemeinsam aus, wobei die einzelnen U-Boot-Kommandanten volle Handlungsfreiheit besaßen.

Einsätze außerhalb Europas

Nach dem Kriegseintritt der USA operierten im Dezember 1941 erstmals deutsche U-Boote vor der Ostküste Amerikas. Da der amerikanische Küstenschutz sehr mangelhaft war, torpedierten die Deutschen feindliche Schiffe im Hafen von New York und in der Mississippimündung.

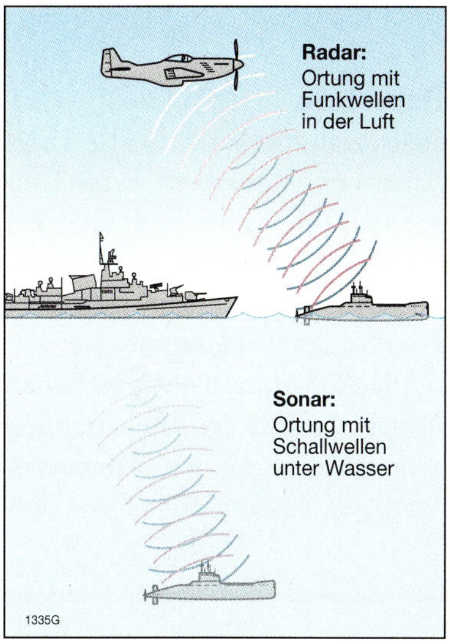

M3 *Sonar und Radar.*

Die Wende im U-Boot-Krieg

In der Phase der „Atlantikschlacht" zwischen Januar und Juli 1942 versenkten die U-Boote der deutschen Marine 229 Handelsschiffe.

Nach anfänglichen Erfolgen musste die deutsche U-Boot-Flotte große Verluste hinnehmen. Die Ausstattung der alliierten Luft- und Seestreitkräfte mit neu entwickeltem Radar und Sonar ermöglichte die Ortung deutscher U-Boote selbst bei schlechtem Wetter und in der Nacht.

Im Nordatlantik wurde die deutsche Flotte Anfang 1943 von einem alliierten Luftschirm eingeschlossen, der aus Langstreckenbombern und Geleitflugzeugen bestand. Nachdem die deutsche Kriegsmarine in den ersten fünf Monaten 1943 über 70 U-Boote verlor und diese Verluste in keinem Verhältnis zu den Versenkungserfolgen standen, befahl Dönitz am 24. Mai 1943 den Abbruch der Geleitzugschlacht im Nordatlantik.

Im Südatlantik und im Indischen Ozean sollte der U-Boot-Krieg mit unvermittelter Härte weitergeführt werden. Es war jedoch ein zunehmend aussichtsloses Unternehmen.

Von 1133 gebauten deutschen U-Booten sanken 782 und von über 40000 deutschen U-Boot-Fahrern starben rund 28000.

Q1 *U-Boot-Maat Arnold Büscher war im Frühjahr 1944 mit dem Versorgungsboot U 490 unterwegs im Atlantik. Unbemerkt hatte das Boot die dichte Überwasser-Sperre der Engländer zwischen Island und den Färöern in Richtung Westen passiert. Tagelang lief alles ruhig, bis ein lauter Knall die Mannschaft aufschreckte:*

Eine Wasserbombe muss unmittelbar am Boot explodiert sein. Es gab einen gehörigen Schock. Wie wir später erfuhren, hatte der amerikanische Verband gestoppt (und) auf uns gewartet. Wir gingen gleich auf 200 Meter runter. Fast ununterbrochen ging der nicht zu beschreibende Wasserbombenhagel auf uns nieder. Dann war eine Weile Totenstille und wir hofften, der Gegner habe aufgegeben. Doch dann vernahmen wir gespenstische Geräusche. Es war das Unterwassersuchgerät, genannt Sonar. Zwei Zerstörer liefen mit großer Geschwindigkeit auf uns zu. Der Kommandant versuchte mit schneller Fahrt und harter Kursänderung, ihnen auszuweichen. Pünktlich bei jeder vollen Stunde wiederholte sich der nervenzerreißende Ablauf: Sonarsuchgeräusch, die klopfenden Geräusche vom Echolot, Schraubengeräusche der schnell anlaufenden Zerstörer, Aufschlagen der Wasserbomben auf das Wasser, bange Sekunden des Wartens auf die Detonationen und wieder die Todesangst.

http://kriegsende.ard.de/pages_std_lib/0,3275,OID1097826,00.html

Arbeitsaufträge

1. Erläutere, warum im Zweiten Weltkrieg U-Boote eingesetzt wurden.
2. Erkläre den Begriff „Rudeltaktik".
3. Beschreibe die Wirkungsweise von Sonar und Radar. Nutze M3.
4. Schildere, welche Gedanken die U-Boot-Besatzungen bei Angriffen bewegten.
5. Begründe, warum es zur Wende im U-Boot-Krieg kam.

Der Russlandfeldzug

Deutsch-sowjetischer Nichtangriffsvertrag

Am 23. August 1939 schlossen das nationalsozialistische Deutschland und die Sowjetunion einen Vertrag für die Dauer von zehn Jahren. Beide Länder sicherten sich gegenseitige Neutralität zu, auch für den Fall, dass sich ein Land zu einem Angriff auf ein drittes Land entschließen sollte. Dieser Vertrag ging auch als Hitler-Stalin-Pakt in die Geschichte ein, weil Hitler und Stalin die führenden Staatsmänner der beiden Ländern waren.

Ein geheimes Zusatzprotokoll plante die Aufteilung Polens zwischen beiden Mächten, wenn es zu einer territorialen politischen Umgestaltung Osteuropas kommen sollte. Dieser Vertragsabschluss hinderte Frankreich und Großbritannien daran, ihrerseits mit der Sowjetunion einen Beistandspakt zu schließen.

i

Unternehmen Barbarossa: Decknamen für den Überfall des nationalsozialistischen Deutschlands auf die Sowjetunion.
Freischärler: Angehöriger einer militärischen Gruppe, die sich ohne Ermächtigung einer der kriegsführenden Staaten an einem Krieg beteiligt.
Saboteur: eine Person, die vorsätzlich wirtschaftliche und militärische Einrichtungen beschädigt und zerstört.

„Unternehmen Barbarossa“

Trotz des Nichtangriffsvertrages fühlte sich Hitler nach den schnellen militärischen Erfolgen in den Jahren 1940/41 in seinem Entschluss bestärkt, die Sowjetunion als möglichen Kriegsgegner auszuschalten. In einem weiteren Blitzkrieg sollte auch dieser Staat angegriffen und vernichtet werden.

Q1 *Befehl zum Verhalten der Truppe in Russland vom 19. Mai 1941:*

1. Der Bolschewismus ist der Todfeind des nationalsozialistischen deutschen Volkes. Dieser zersetzenden Weltanschauung und ihren Trägern gilt Deutschlands Kampf.
2. Dieser Kampf verlangt rücksichtsloses und energisches Durchgreifen gegen bolschewikische Hetzer, *Freischärler*, *Saboteure*, Juden und restlose Beseitigung jedes aktiven oder passiven Widerstands.
3. Gegenüber allen Angehörigen der Roten Armee – auch den Gefangenen – ist äußerste Zurückhaltung und schärfste Achtsamkeit geboten, da mit heimtückischer Kampfweise zu rechnen ist. …

BA-MA, RW 4/v. 524

M1 *Das Plakat war in den besetzten Gebieten der Sowjetunion 1941/42 an die Zivilbevölkerung gerichtet.*

Am 22. Juni 1941 fiel die deutsche Wehrmacht in die Sowjetunion ein. Ohne Kriegserklärung rückte sie auf einer Länge von 1 600 Kilometern zwischen der Ostsee und den Karpaten in Richtung Sowjetunion vor.

Q2 *Ein Feldpostbrief eines Gefreiten von der Ostfront vom 3. Juni 1941:*

… Adolf und ich marschieren gegen unseren großen Feind Russland. … Diesmal wird bestimmt Schluss gemacht mit einer gottfeindlichen Macht. … Rechts und links der Vormarschstraße liegen tote Russen, zerschossene und ausgebrannte Tanks, drinnen liegen noch die Fahrer ganz verkohlt.

Zitiert nach Buchbender, O.; Sterz, R. (Hrsg.): Das andere Gesicht des Krieges. Deutsche Feldpostbriefe 1939–1945. 1982. S. 72 f.

„Der andere Holocaust"

Die NS-Besatzer gingen kompromisslos gegen die sowjetische Bevölkerung vor und realisierten damit konsequent ihr Programm zur Ausrottung des Judentums, des Bolschewismus und anderer Gegner. Den Vernichtungseinsätzen deutscher Sondertruppen fielen in der Sowjetunion allein 1941 mehrere Hunderttausend Menschen zum Opfer.

Q3 *Pjotr Dimitrowitsch berichtete über die Vernichtung seines Dorfes:*

... ein Geschrei im Dorf, es wurde geschossen, Handgranaten explodierten, da brannten auch schon die ersten Häuser. Überall stieg Rauch hoch. Und dann brannte unsere Kirche ... Später habe ich von anderen, die irgendwie aus dem Dorf fliehen konnten, erfahren, dass die Faschisten die Bevölkerung in die Kirche getrieben haben. Sie verriegelten die Türen, legten Heuballen um die Holzkirche herum, schütteten Benzin darüber und zündeten das Heu an. Das brannte sofort. Dann warfen sie Handgranaten durch die Fenster in die Kirche. Meine Mutter und meine Schwester waren da drin!

Kohl, P.: Warum haben wir das getan? – Auf der Spur der Heeresgruppe Mitte. Sowjetische Augenzeugen berichten. In: Goldschmidt, D. (Hrsg.): Frieden mit der Sowjetunion – eine unerledigte Aufgabe. 1989. S. 387.

Viele sowjetische Soldaten gerieten in Gefangenschaft. Über die Hälfte der insgesamt 5,7 Millionen sowjetischen Gefangenen ist umgekommen. Nach den Bestimmungen der Wehrmacht galt der Gebrauch von Schusswaffen gegenüber sowjetischen Gefangenen grundsätzlich als rechtmäßig.

M2 *Russische Kriegsgefangene in einem Auffanglager.*

Arbeitsaufträge

1. Erkläre die Ziele des Russlandfeldzuges.
2. Interpretiere das Plakat in M1.
3. Überprüfe, inwiefern sich die Weltanschauung der Nationalsozialisten in ihrer Besatzungspolitik widerspiegelte. Nutze Q1 und Q3.
4. Begründe, warum der deutsche Vernichtungskrieg in der Sowjetunion als „anderer Holocaust" bezeichnet wird.

M1 *Karte zur Lage von Stalingrad.*

Die Wende des Krieges

Schlacht um Stalingrad

Stalingrad, heute in Wolgograd umbenannt, zog sich 40,2 km in nordsüdlicher Richtung am Westufer der Wolga entlang. Die Wolga, die an dieser Stelle 1,6 km breit ist, schützte die Stadt vor einer Einschließung. Zu Beginn der Kämpfe befanden sich noch ca. 75 000 Zivilisten in der Stadt.

Der Vormarsch der Deutschen wird endgültig gestoppt

Stalingrad hatte zunächst in den Zielplanungen der Deutschen keine Rolle gespielt. Erst als Hitler die Rote Armee für so geschwächt hielt, dass man Stalingrad erreichen könnte, gab er den Befehl zur Eroberung.

Am 23.8.1942 erreichten deutsche Soldaten die Großstadt und kämpften sich bis Mitte November zur Wolga vor. Die Gegenwehr der sowjetischen Armee blieb nicht aus. Die Schlacht um Stalingrad wurde erbittert geführt. Der roten Armee gelang es am 30.11.1942, die deutsche Armee in Stalingrad einzuschließen. Für die eingekesselte deutsche Armee entwickelte sich die Schlacht um Stalingrad zur Abnutzungsschlacht, da Hitler jeden Ausbruch verbot und eine Versorgung der Armee weder zu Lande noch aus der Luft geleistet werden konnte. Am 31.1.1943 mussten die Deutschen kapitulieren.

58 000 Soldaten der Wehrmacht starben an Hunger, Krankheit, Kälte und im Kampf. Nur 6 000 der in Stalingrad in Gefangenschaft geratenen 201 000 Soldaten kehrten nach Kriegsende heim. Die sowjetischen Verluste in der Schlacht um Stalingrad sind unbekannt.

M2 *Deutsche Kampfflugzeuge über Stalingrad im September 1942.*

M3 *Sowjetische Soldaten beim Kampf um Stalingrad.*

Diese erste für die Wehrmacht vernichtende Niederlage im Krieg gegen die Sowjetunion veränderte die Kriegssituation nachhaltig. Die Rote Armee war nun deutlich im Vorteil. Weitreichender als die militärischen Folgen waren die Auswirkungen auf die Moral der deutschen Bevölkerung. Ein Großteil der Deutschen war von dieser Niederlage erschüttert und erkannte den Wendepunkt des Kriegs an der Ostfront.

Briefe aus Stalingrad – Winter 1942/43

Q1 *Wernfried Senkel, Gefreiter:*

Ich habe nur einen großen Wunsch und das wäre: Wenn diese Scheiße bald ein Ende hätte. Dass wir Russland bald den Rücken kehren könnten. Ob wir das mal noch miterleben werden? Wir sind alle so niedergeschlagen.

http://www.dradio.de/dlf/sendungen/feldpost-stalingrad/briefe.html

Q2 *Dr. Franz Schmitt, Tierarzt:*

Wir warten geduldig auf die Dinge, die da kommen, und wehren uns unserer Haut, so gut wir können. Hitler hat uns ja Hilfe versprochen, und die wird eines Tages auch kommen. Vielleicht soll das Ganze zu einer großen Vernichtungsschlacht werden, ich weiß nur nicht, wie man das bei den schwierigen Witterungsverhältnissen machen will, denn offensichtlich wird es doch noch viel kälter werden, als es schon ist.

http://www.dradio.de/dlf/sendungen/feldpost-stalingrad/briefe.html

Q3 *Kurt Haas, Soldat:*

So ein Elend, wie es sich hier bietet, das kann sich niemand vorstellen, der es nicht gesehen hat. Es ist so hart, wenn Kameraden, die verwundet sind, um ein Stück Brot betteln und das Letzte dafür hergeben wollen und es kann ihnen niemand eins geben.

http://www.dradio.de/dlf/sendungen/feldpost-stalingrad/briefe.html

Q4 *Heinz Risse, Gefreiter:*

Die Dosen mit Fleisch, welche ich Dir schickte, kannst Du mit ruhigem Gewissen verzehren, denn was nützten mir diese Dosen, da ich doch kein Brot habe und mein Magen in einer so schlechten Verfassung ist, dass ich das Fleischfett nicht vertragen kann. Mir ist es dauernd schwindelig im Kopf vor Kohldampf. Den Luxus, morgens zu frühstücken, kann man sich schon gar nicht mehr erlauben. Mittags bekommen wir ... Suppe und abends verpinselt man sein 1/8 Brot. Da wir für 4 Tage 1/2 Brot empfangen, ist es meistens so, dass man der Versuchung nicht widerstehen kann und das Brot in den ersten beiden Tagen schon wegisst.

http://www.dradio.de/dlf/sendungen/feldpost-stalingrad/briefe.html

Q5 *August Stolze, Gefreiter:*

An manchen Tagen erscheinen die Russen 3- bis 4-mal mit ihren schweren Panzern, gegen die wir mit unseren Panzern kaum etwas machen können. Die Panzer fahren auf unsere Schützenstellungen, walzen Bunker und Drahthindernisse nieder, schießen aus allen Rohren und schon sind die russischen Infanteristen in unseren Stellungen.

http://www.dradio.de/dlf/sendungen/feldpost-stalingrad/briefe.html

Q6 *Friedrich Waldhausen, Hauptmann:*

Ich bin zurzeit nicht in bester Verfassung. Der Mensch ist doch ein erbärmliches und kümmerliches Wesen: Jahrzehntelang geht es ihm gut; da ist er obenauf. Und wird ihm mal der Brotkorb höhergehängt, schon ist er nicht mehr fähig, einen klaren Gedanken zu fassen.

http://www.dradio.de/dlf/sendungen/feldpost-stalingrad/briefe.html

Arbeitsaufträge

1. Ordne die Schlacht von Stalingrad in den Verlauf des Zweiten Weltkrieges ein.
2. Erkläre, warum die Schlacht um Stalingrad als Wendepunkt des Krieges bezeichnet wird.
3. Analysiere die Briefe der Soldaten in Q1. Achte darauf:
   a) wie sich die Soldaten in der Schlacht verhielten,
   b) welche Ängste und Hoffnungen sie hatten und
   c) wie sie mit dem drohenden Tod umgingen.
4. Schreibe für ein Geschichtsbuch einen Artikel über den Alltag der Soldaten in der Schlacht um Stalingrad.

Krieg in Asien und im Pazifik (1941–1945)

Der Eintritt der USA in den Krieg

Im Zeitalter des Imperialismus hatte sich im Fernen Osten eine neue starke Macht entwickelt: Japan. Seit 1936 standen sie in einem Bündnisverhältnis mit den faschistischen Staaten Deutschland und Italien.

In dem Bemühen, seine Vormachtstellung in Ostasien auszubauen, stieß Japan vor allem auf den Widerstand der USA. Die Spannungen entluden sich im Dezember 1941 in einem Überfall der japanischen Luftwaffe auf die Kriegsflotte der USA in Pearl Harbor (Hawaii). Nach der Kriegserklärung der USA gegen Japan folgten Deutschland und Italien ihren Bündnisverpflichtungen und erklärten ihrerseits den USA den Krieg.

Der zweite Kriegsschauplatz

Der Pazifik und Südostasien bildeten den zweiten großen Kriegsschauplatz. Damit hatte sich dieser Krieg zu einem Weltkrieg entwickelt.

Zunächst waren die Japaner siegreich. Sie eroberten Anfang 1942 Manila und Singapur und besetzten nacheinander weite Teile der pazifischen Inselwelt: darunter die Philippinen, Teile Neuguineas, Niederländisch-Indien und fast ganz Hinterindien von Indochina bis Burma.

Die große, verlustreiche See-Luft-Schlacht bei den Midway-Inseln brachte im Juni 1942 die militärische Wende des Krieges. Immer stärker wurden die japanischen Truppen in Ostasien zurückgedrängt.

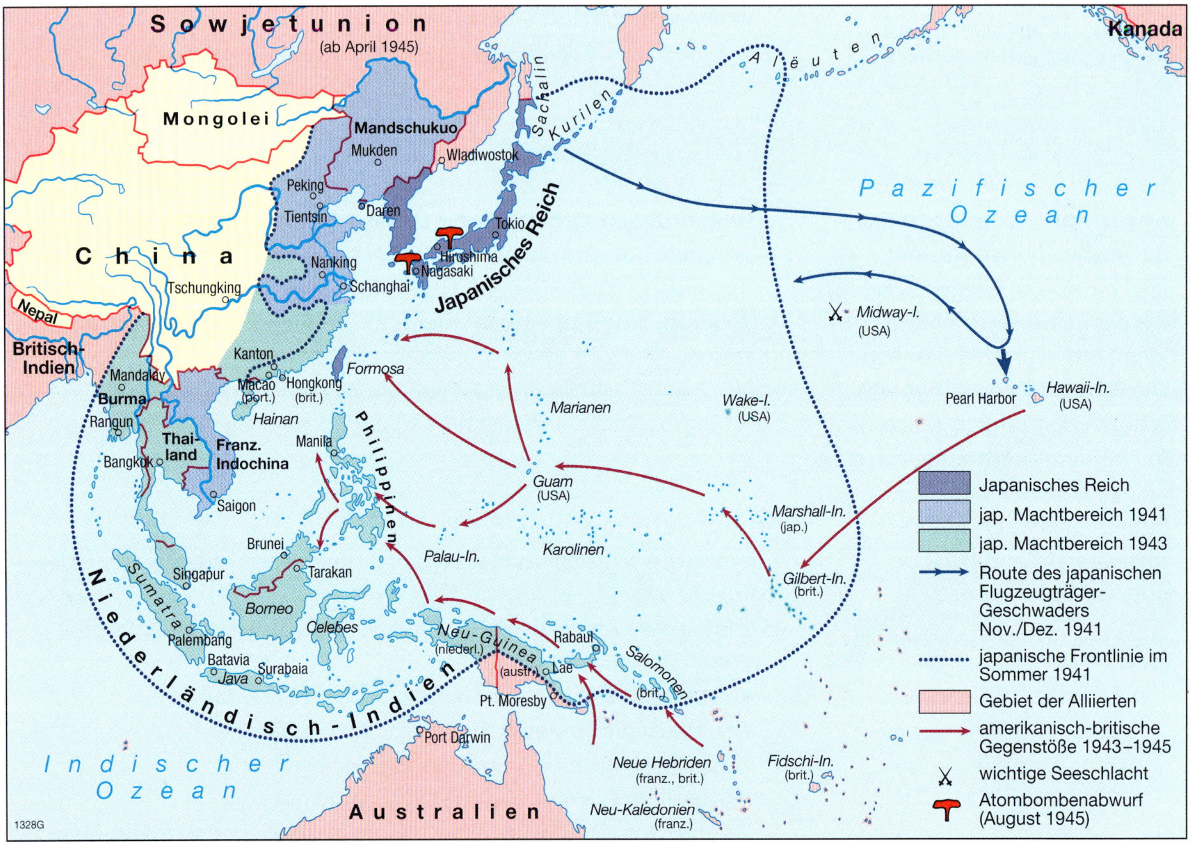

M1 *Der Zweite Weltkrieg im Fernen Osten.*

(M2) *Nach dem Abwurf der ersten Atombombe durch die Amerikaner entwickelte sich ein riesiger Atompilz. Foto vom 06.08.1945.*

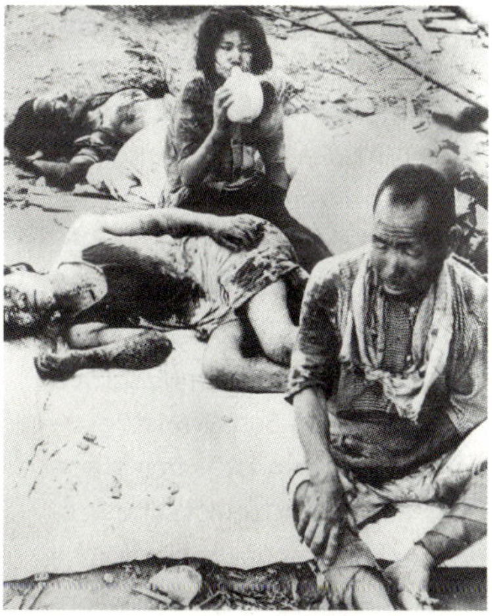

(M3) *Opfer nach dem Atombombenabwurf über Nagasaki am 09.08.1945.*

Der Einsatz von Atombomben

Das Ende des Krieges in Asien bestimmte eine Waffe, die ein neues Zeitalter der kriegerischen Bedrohung einleitete: die Atombombe. Am 6. August 1945, um 2.45 Uhr morgens, starteten drei überschwere amerikanische Bombenflugzeuge von einer kleinen Marianeninsel aus gegen Japan. Erst während des Fluges baute ein Offizier in einem der Flugzeuge die beiden entscheidenden Hauptbestandteile der Bombe zusammen. Ein Start mit der fertigen Bombe auf der etwas zu kurzen Startbahn erschien zu gefährlich.

Genau zur befohlenen Zeit, kurz nach 8.00 Uhr morgens, waren die drei Flugzeuge über der Stadt. Die Flugabwehr schwieg. Über dem Mittelpunkt der Stadt klinkte der Bombenschütze um 8.15 Uhr seine Last aus. Um ihre volle Wirkung zu erzielen, sollte die Bombe in 600 m Höhe über dem Erdboden explodieren. Zuerst sahen die amerikanischen Soldaten nur ein stecknadelkopfgroßes Licht von purpurner Röte. Im nächsten Augenblick war dieser Punkt eine riesige, brodelnde Feuerkugel von etwa 1 km Durchmesser. Dann explodierte sie und wurde zu einem Meer aufschießender Flammen und purpurroter Wolken, das den ganzen Himmel hinter ihnen füllte. Nur mit Mühe konnte der Pilot das Flugzeug in den plötzlich sich erhebenden, donnernden Luftdruckwellen halten, obwohl es schon kilometerweit von der Abwurfstelle entfernt war.

Das Ziel dieses Angriffes war die Stadt Hiroshima. Hier haben durch die Atombombe mehr als 260 000 Menschen ihr Leben verloren.

(Q1) *Der überlebende Arzt Dr. Hachiya berichtete in seinem Tagebuch:*

> Plötzlich erschreckte mich ein jäh aufblitzender Lichtschein. ... Instinktiv versuchte ich zu fliehen, doch Schutt und abgestürzte Balken versperrten mir den Weg. ...
> Was war überhaupt geschehen? Die ganze Seite meines Körpers war zerschnitten und blutete. ...
> Ich traf viele ..., die von den Hüften aufwärts verbrannt waren. Die Haut hatte sich abgeschält, ihr Fleisch war nass und schwammig. ... Und – sie hatten keine Gesichter! Ihre Augen, Nase und Münder waren weggebrannt und die Ohren schienen förmlich abgeschmolzen zu sein. Kaum konnte ich die Vorderseite vom Rücken unterscheiden ...
>
> Hachiya, M.: Hiroshima-Tagebuch. Freiburg 1955. S. 1 ff.

Das Ende des Krieges im Fernen Osten

Der Abwurf der Atombombe auf Hiroshima und einer zweiten Bombe auf Nagasaki am 9. August 1945 zwang Japan zur Kapitulation. Am 2. September 1945 endete der Krieg in Asien und im Pazifik.

Arbeitsaufträge

1. Berichte unter Nutzung der Karte M1 und des Textes über den Verlauf des Krieges im Fernen Osten.
2. Erkläre, warum die USA in den Krieg eintraten.
3. Informiere dich über die Spätfolgen des Atombombenabwurfes und halte dazu einen Kurzvortrag.

Der „Totale Krieg"

„Wollt ihr den totalen Krieg?"

Mit dem Scheitern der Offensive in der Sowjetunion und den verstärkten Luftangriffen auf deutsche Städte ab Ende 1942 war die Trennung von zivilem Leben und Krieg nicht mehr aufrechtzuerhalten. Durch eine Mobilisierung aller – auch ziviler – Kräfte sollte die absehbare Niederlage noch abgewendet werden. Die Totalisierung der Kriegsführung wurde nun auch öffentlich zum Programm.

Propagandaminister Joseph Goebbels schwor die Deutschen auf den totalen Krieg ein. In seiner mehrfach vom Rundfunk übertragenen Rede im Berliner Sportpalast am 18. Februar 1943 forderte er die völlige Umstellung des gesamten zivilen Lebens auf die Kriegführung. Die rund 14 000 Zuhörer konfrontierte er mit einer denkbaren Niederlage der Wehrmacht und ihren verheerenden Folgen für die Deutschen. Nur wenn jeder Einzelne bereit sei, sein ganzes Leben auf den Krieg auszurichten, und wenn die Anstrengungen in der Rüstung und im Arbeitseinsatz verstärkt würden, bestünde noch Hoffnung auf den Endsieg.

i

Totaler Krieg: Kriegsführung, bei der über die militärischen Mittel hinaus alle gesellschaftlichen und politischen Anstrengungen auf den Sieg ausgerichtet sind. Es gibt keine strenge Unterscheidung mehr zwischen Heimat und Front. Die gesamte Zivilbevölkerung wird durch den Arbeitseinsatz für die Rüstung zu einem Teil des Krieges. In letzter Konsequenz geht es im totalen Krieg nicht um die Erreichung konkreter militärischer Zwecke. Das eigentliche Ziel ist die Vernichtung des Gegners.
Phalanx: geschlossene Schlachtreihen oder Fronten.

Q1 *Aus der Rede von Joseph Goebbels am 18. Februar 1943:*

Ihr also, meine Zuhörer, repräsentiert in diesem Augenblick die Nation. Und an euch möchte ich zehn Fragen richten, die ihr mir … vor der ganzen Welt, insbesondere aber vor unseren Feinden, die uns auch an ihrem Rundfunk zuhören, beantworten sollt:
Die Engländer behaupten, das deutsche Volk habe den Glauben an den Sieg verloren. Ich frage euch: Glaubt ihr mit dem Führer und mit uns an den endgültigen Sieg des deutschen Volkes? Ich frage euch: Seid ihr entschlossen, dem Führer in der Erkämpfung des Sieges durch dick und dünn und unter Aufnahme auch schwerster persönlicher Belastungen zu folgen?
… Die Engländer behaupten, das deutsche Volk ist des Kampfes müde. Ich frage euch: Seid ihr bereit, mit dem Führer als *Phalanx* der Heimat hinter der kämpfenden Wehrmacht stehend, diesen Kampf mit wilder Entschlossenheit … durch alle Schicksalsfügungen fortzusetzen, bis der Sieg in unseren Händen ist? … Ich frage euch … zuletzt: Wollt ihr, dass, wie das nationalsozialistische Programm es gebietet, gerade im Krieg gleiche Rechte und gleiche Pflichten vorherrschen, dass die Heimat die schwersten Belastungen des Krieges solidarisch auf ihre Schultern nimmt und dass sie für Hoch und Niedrig und Arm und Reich in gleicher Weise verteilt werden?
Der Führer hat befohlen, wir werden ihm folgen. Wenn wir je treu und unverbrüchlich an den Sieg geglaubt haben, dann in dieser Stunde der nationalen Besinnung und der inneren Aufrichtung. Wir sehen ihn greifbar nahe vor uns liegen; wir müssen nur zufassen. Wir müssen nur die Entschlusskraft aufbringen, alles andere seinem Dienst unterzuordnen. Das ist das Gebot der Stunde. Und darum lautet die Parole: Nun, Volk, steh auf und Sturm brich los!

http://www.dhm.de/lemo/html/dokumente/sportpalastrede/index.html

M1 *Großkundgebung im Sportpalast: Zuhörer während der Ansprache von Joseph Goebbels am 18.02.1943.*

M2 *Großkundgebung im Sportpalast: Blick über die Zuhörer während der Ansprache von Joseph Goebbels am 18.02.1943.*

Organisatorische Maßnahmen

Die Mobilisierung des deutschen Volkes für den totalen Krieg hatte drei Elemente: die Freisetzung zusätzlicher Kräfte für die Front, die Verstärkung der Rüstungsanstrengungen und die Gleichschaltung des Volkswillens. Bereits Anfang 1943 wurde der Personenkreis, der zum Militärdienst herangezogen werden konnte, erheblich erweitert. Verpflichtet werden konnten jetzt Männer zwischen 16 und 65 Jahren sowie Frauen zwischen 17 und 45 Jahren. Frauen waren dabei nicht im direkten Waffendienst. Sie übernahmen aber kriegswichtige Aufgaben unter anderem im Funkwesen und dem Sanitätsbereich.

Umstellung der Wirtschaft

Zentrale Planung und organisatorische Maßnahmen erhöhten zugleich die Produktivität der Rüstungsbetriebe. So konnte die Waffenproduktion bereits seit Ende 1942 deutlich gesteigert werden. Die Produktion von Panzern erhöhte sich zwischen 1942 und 1944 um das Fünffache. Möglich wurden diese Steigerungen aber vor allem durch die Ausbeutung von Zwangsarbeitern, die aus den besetzten Gebieten verschleppt wurden. Bis Ende 1944 stieg die Zahl der Zwangsarbeiter auf rund 7,5 Millionen. Das waren 20 % aller in der deutschen Wirtschaft Beschäftigten. Sie mussten unter unmenschlichen Bedingungen arbeiten, viele kamen ums Leben.

Arbeitsaufträge

1. Fasse den Inhalt der Rede Goebbels in Q1 mit eigenen Worten zusammen.
2. Erkläre, wie Goebbels versuchte, die Menschen zu überzeugen.
3. Beschreibe die Bilder M1 und M2. Stelle mögliche Gründe für die Begeisterung der Massen dar.
4. Begründe, warum der totale Krieg propagiert wurde.
5. Erläutere, wie sich die deutsche Wirtschaft zu Zeiten des totalen Krieges entwickelte.

Gesichter des Krieges

M1 *Gefangene russische Soldaten, Juli 1942.*

M2 *Russische Gefangene an einem kleinen See, Mai 1942.*

M3 *Abtransport der Juden aus dem Getto Kischinew, Oktober 1941.*

M4 *Juden schaufeln ihr Grab, undatiert.*

M5 *Tote im Straßengraben, undatiert.*

M6 *Deutsche Soldaten betrachten die Toten, undatiert.*

M7 *Deutscher Soldat, undatiert.*

M8 *Polnische Familie vor den Resten ihres Hauses, September 1939.*

M9 *Gefallene russische Soldaten, Juni/Juli 1941.*

M10 *Soldaten mit Planwagen, undatiert.*

M11 *Deutsche Kriegsgefangene auf dem Marsch durch Moskau, undatiert.*

Arbeitsaufträge

1. Betrachte die Bilder genau und ordne die datierten Fotos in den Verlauf des Krieges ein.
2. Versuche dich in das Schicksal der Menschen hineinzuversetzen. Schildere ihre Gedanken und Gefühle.
3. Analysiere eines der Bilder nach der beschriebenen Methode auf den Seiten 134/135.

Widerstand zu Kriegszeiten

Auflehnung in Deutschland

i

Emigration: Verlassen des Heimatlandes auf Dauer.
Opposition: eine Partei oder Gruppe, die der herrschenden Politik Widerstand und Ablehnung entgegenbringt.
„Rote Kapelle“: zusammenfassende Bezeichnung der Geheimen Staatspolizei (Gestapo) für mehrere unterschiedliche Widerstandsgruppen gegen das NS-Regime.

Der Widerstand gegen das NS-Regime war breit gefächert. Er reichte vom passiven Widerstand über die *Emigration* bis zu dem „generalstabsmäßig“ geplanten Attentats- und Umsturzversuch vom 20. Juli 1944. Getragen wurde der Widerstand von Männern und Frauen aus allen sozialen Schichten und politischen Lagern. *Oppositionskreise* in der Wehrmacht zählten ebenso dazu wie die Mitglieder der „Weißen Rose“ oder der *„Roten Kapelle“*. Daneben gab es die vielen stillen Helden, die Verfolgten Unterschlupf gewährten oder sie mit Lebensmitteln versorgten. Während Thomas Mann sich aus der Emigration über den Londoner Rundfunk an die deutsche Bevölkerung wandte, schlossen sich andere Emigranten der französischen Résistance an, um mit der Waffe gegen das „Dritte Reich“ zu kämpfen. Verschiedene Attentäter versuchten, Adolf Hitler zu töten.

Die Jugend gegen „ihren Verführer“

Obwohl die Nationalsozialisten von Beginn an versuchten, die Jugend für ihre Ideen zu gewinnen, leistete eine Minderheit Widerstand, zum Beispiel Angehörige der Arbeiterjugend und der kirchlichen Jugendverbände.

So bildeten beispielsweise Hans und Sophie Scholl mit Gleichgesinnten einen Kreis, den sie „Weiße Rose“ nannten. Sie schrieben Flugblätter, die vervielfältigt und per Post verschickt oder heimlich ausgelegt wurden. Aus Erschütterung über den Untergang der deutschen Armee in Stalingrad im Februar 1943 malten sie in mehreren Nächten mit weißer Ölfarbe Parolen an die Münchner Universität und an Häuser der benachbarten Straßen: „Freiheit“ und „Nieder mit Hitler“. Wenige Tage später entwarfen die Geschwister Scholl ein neues Flugblatt, das ihr letztes sein sollte. Am 18. Februar 1943 ließen sie viele dieser Exemplare von einem oberen Stockwerk in die Eingangshalle der Universität hinabsegeln. Sie wurden beobachtet, verhaftet und durch das Fallbeil hingerichtet.

M1 *Widerstandsgruppe „Weiße Rose“. v. l.: Hans Scholl, Sophie Scholl, Christoph Probst. Foto, 1941.*

Q1 *Aus dem letzten Flugblatt der „Weißen Rose“ im Februar 1943:*

... Erschüttert steht unser Volk vor dem Untergang der Männer von Stalingrad. Dreihundertdreißigtausend deutsche Männer hat die geniale Strategie des Weltkriegsgefreiten sinn- und verantwortungslos in Tod und Verderben gehetzt. Führer, wir danken dir!
Es gärt im deutschen Volk: Wollen wir weiter einem Dilettanten das Schicksal unserer Armeen anvertrauen? Wollen wir den niedrigsten Machtinstinkten einer Parteiclique den Rest unserer deutschen Jugend opfern? Nimmermehr! Der Tag der Abrechnung ist gekommen, der Abrechnung der deutschen Jugend mit der verabscheuungswürdigsten Tyrannis, die unser Volke erduldet hat. Im Namen des ganzen deutschen Volkes fordern wir vom Staat Adolf Hitlers die persönliche Freiheit, das kostbarste Gut der Deutschen, zurück, um das er uns in der erbärmlichsten Weise betrogen. ...

www.dhm.de/lemo/html/dokumente/weisserose6/index.html

Der 20. Juli 1944

Gegen den staatlichen Machtapparat konnten Aktionen von Arbeitern, Studenten oder Geistlichen wenig ausrichten. Ein Aufstand des deutschen Volkes war Illusion. Nur hohe Offiziere der Wehrmacht, die über militärischen Rückhalt verfügten, waren in der Lage, etwas zu bewirken. Für eine Gruppe von Offizieren bedeutete das Auflehnen gegen Hitlers verbrecherische Politik keinen Verrat. Sie sahen in der Ermordung Hitlers den einzigen Weg, weitere sinnlose Opfer zu verhindern. Zu ihnen gehörte Claus Graf von Stauffenberg, ein Oberst, der an der Front schwer verwundet worden war. Seine Position ermöglichte ihm den Zugang zum „Führerquartier“.

Am 20. Juli 1944 hielt sich Hitler in der „Wolfsschanze“ auf, einem streng bewachten Quartier in Ostpreußen. Stauffenberg konnte eine Sprengladung zu einer Besprechung einschmuggeln und mit einem Zeitzünder zur Explosion bringen. Hitler blieb jedoch fast unverletzt. Der sorgfältig vorbereitete Staatsstreich war gescheitert. Stauffenberg wurde noch am 20. Juli erschossen und die meisten übrigen Verschwörer ebenfalls verhaftet und grausam hingerichtet.

i

Staatsstreich: gewaltsame Veränderung der Verfassung durch die Inhaber der Regierungsgewalt oder deren Vertreibung durch andere hohe Staatsfunktionäre, zum Beispiel Militärs.

Q2 *Aus dem Entwurf zum Regierungsprogramm, das nach dem erfolgreichen Attentat verbreitet werden sollte:*

> Nachdem uns die Geschäfte der Reichsregierung übertragen sind, ist es unsere Pflicht, die Grundsätze bekannt zu geben, ... die wir erstreben.
> Erste Aufgabe ist die Wiederherstellung der vollkommenen Majestät des Rechts ...
> Wir wollen die Moral wiederherstellen, und zwar auf allen Gebieten des privaten wie im öffentlichen Leben ... Zur Sicherung des Rechts gehört die anständige Behandlung aller Menschen. Die Judenverfolgung, die sich in den unmenschlichsten, unbarmherzigsten ... Formen vollzogen hat, ist sofort eingestellt. ...
> Die zerbrochene Freiheit des Geistes, des Gewissens, des Glaubens und der Meinung wird wiederhergestellt. ...
> Die Presse soll wieder frei sein ...
> Katalog der Gedenkstätten Deutscher Widerstand. Berlin. 1 Material 13/1.

M2 *Claus Graf von Stauffenberg (1907–1944).*

Es waren nicht nur Offiziere unter den Männern des 20. Juli. Beamte, Gewerkschaftsführer und ehemalige Politiker hatten sich zusammengefunden, um einen neuen Rechtsstaat aufzubauen. Noch heute wird an diesem Tag an diese Menschen und die Tausende anderen erinnert, die den Widerstand gegen die Diktatur mit ihrem Leben bezahlten.

Arbeitsaufträge

1. Beschreibe die Vielfältigkeit des Widerstandes gegen die nationalsozialistische Diktatur.
2. Erläutere die Vorwürfe, die das Flugblatt in Q1 gegen die Regierung Hitlers vorbringt.
3. Bewerte das Vorgehen und die Ziele der Gruppe um Graf von Stauffenberg. Beziehe Q2 ein.

Widerstand in den besetzten Gebieten

Besetzte Gebiete

Auch in den Gebieten, die Deutschland während des Zweiten Weltkrieges besetzte, fanden sich Widerstandsgruppen zusammen. Diese lieferten sich mit der deutschen Besatzungsmacht oft erbitterte Kämpfe.

M1 *Von Deutschland besetzte Gebiete während des Zweiten Weltkrieges.*

Aufstände in Polen

In Polen bildete sich eine Untergrundbewegung mit einer 380 000 Mann umfassenden geheimen Armee, mit eigenen Schulen und Gerichten. Die polnische Heimatarmee war die größte militärische Widerstandsorganisation zur Zeit des Zweiten Weltkrieges im besetzten Polen. Sie war eine Freiwilligentruppe, die sich die Befreiung Polens von den Besatzungstruppen im Zweiten Weltkrieg zum Ziel gesetzt hatte. Ihr Aufstand in Warschau im August 1944 konnte erst nach zwei Monaten von den Deutschen niedergeworfen werden. Warschau wurde danach auf Hitlers Befehl zerstört.

Schon im April 1943 hatten sich im *Warschauer Getto* Juden, die in Vernichtungslager transportiert werden sollten, in einem Verzweiflungskampf erhoben. Bei der Niederschlagung dieses Aufstandes wurden auch die Frauen und Kinder aus den Kellern herausgetrieben, zu Sammelplätzen geführt und anschließend in das Vernichtungslager Treblinka transportiert.

i

Warschauer Getto: durch deutsche Besatzungstruppen abgeriegeltes Gebiet im Stadtzentrum Warschaus, in dem über 400 000 polnische Juden auf engstem Raum leben mussten.

Partisanenbewegung in der Sowjetunion

Das Vorgehen der Deutschen in den besetzten sowjetischen Gebieten war grausam. Dies steigerte den Hass der Bevölkerung gegen die Deutschen.

Neben der Roten Armee, die an der Front gegen die deutschen Eindringlinge kämpfte, gab es hinter der Front eine breite *Partisanenbewegung*. Im Frühjahr 1942 setzte ein wirksamer Partisanenkrieg gegen die deutsche Armee ein, den beide Seiten mit beispielloser Härte führten. Aus dem ständigen Kleinkrieg gingen die Partisanen häufig als Sieger hervor.

i

Partisanen: aufständische Einheiten und Verbände außerhalb des regulären Heeres.

Die „Résistance" in Frankreich

Französische Widerstandskämpfer schlossen sich im Zweiten Weltkrieg gegen die deutsche und italienische Besatzungsmacht zu einer Widerstandsgruppe, „Résistance", zusammen. Diese kämpfte jahrelang mit verschiedenen politischen Gruppierungen gegen die Deutschen. Sie verübten unter anderem Anschläge auf Verkehrslinien oder versteckten abgeschossene alliierte Flieger. Mitglieder dieser Widerstandgruppe beteiligten sich auch an der Befreiung von Paris 1944.

M2 *Partisanenkrieg in der Sowjetunion: Deutsche Soldaten greifen Flüchtlinge im Wald auf. Foto, 1944.*

M3 *An der Befreiung von Paris im August 1944 waren auch Mitglieder der französischen Widerstandsbewegung beteiligt.*

Arbeitsaufträge

1. Analysiere mithilfe der Karte in M1, in welchen Gebieten es aktiven Widerstand gegen die Besatzer gab.
2. Erkläre, wie sich der Widerstand in den besetzten Gebieten von dem in Deutschland unterschied.
3. Informiere dich über den Widerstand in einem der von Deutschland besetzten Gebiete und halte dazu einen Kurzvortrag.

Eine Geschichtserzählung

Flucht und Vertreibung

M1 *Flüchtlingswagen.*

Die ersten Wochen des Jahres 1945 brachten auch den Menschen in Schlesien viel Leid und großes Elend. Durch Gäbersdorf zogen täglich Flüchtlinge aus dem Osten. Die Front rückte immer näher. Die Menschen konnten die Geschütze schon hören. Am 8. Februar bereiteten sie deshalb die Wagen für einen Treck vor. Die Inhaber der Geschäfte verteilten und verschenkten ihre Waren: Nichts sollte für die Russen zurückgelassen werden. Am 9. Februar verließen Margarete und ihre Familie das Dorf.

19 Pferdewagen und viele kleine Handwagen waren mit den notwendigsten Sachen beladen. Der Vater blieb zurück, weil er im *Volkssturm* mit den wenigen alten Männern das Dorf verteidigen sollte.

Ein Weg ins Ungewisse

Margarete und ihre Schwester Inge zogen einen Anhänger, den der Vater aus zwei Motorrädern gebaut hatte. Wie zwei Pferde waren sie mit einer Wäscheleine eingespannt. Auf ihrer Flucht mussten sie in einem Kuhstall übernachten. In den breiten Gang war Stroh gelegt worden. Todmüde fielen sie ins Stroh, denn sie waren den ganzen Tag bei klirrender Kälte gelaufen. Die Kinder weinten vor Erschöpfung. Die Menschen lagen wie die Heringe, alte und junge Leute in voller Kleidung, durcheinander.

Es ging nun Richtung *Sudetenland.* Die immer höheren Berge im Riesengebirge und das Glatteis machten den Menschen und Pferden schwer zu schaffen. Die jungen Leute liefen oft voraus, um Asche und Sand zu streuen, da die Pferde es sonst nicht schaffen konnten.

i

Volkssturm: Kampfverbände, in die seit 1944 alle waffenfähigen Männer zwischen 16 und 60, die nicht an der Front kämpften, einberufen wurden. Sie sollten das deutsche Kernland verteidigen und den „Endsieg“ sichern.

Sudetenland: Bezeichnung für ein Gebiet der damaligen Tschechoslowakei, in dem nach Sprache und Herkunft überwiegend Deutsche lebten.

M2 *Flüchtlinge aus Ostpreußen auf der Flucht vor den vorrückenden Sowjettruppen. Foto, Januar 1945.*

Kein neues Zuhause

Eis, Schnee und Kälte machten den Weg beschwerlich. Hunger und Erschöpfung begleiteten die Menschen und Tiere. Die Tschechen, durch deren Land Margarete und der Flüchtlingstreck nun zogen, wollten nichts mit ihnen zu tun haben. Für sie waren die Flüchtlinge ungebetene Gäste, zu einer Zeit, in der jeder selbst versuchte zu überleben. Schlechte Behandlung in Massenquartieren war der Alltag. Die heimische Bevölkerung jagte die Heimatsuchenden von einem Ort zum anderen bis hinter Prag.

Kein Ende des Leids

Im Mai 1945 war der Krieg zu Ende. Nun bekamen die schlesischen Flüchtlinge den Hass der tschechischen Bevölkerung erst richtig zu spüren. Margarete und die anderen wurden durch das Land getrieben und ihrer Sachen beraubt. Wochenlang war der Treck wieder in Richtung Heimat unterwegs. Doch als sie endlich in Gäbersdorf ankamen, lebten in ihren Häusern Polen und Russen.

Raub, Mord, Vergewaltigung und vieles andere menschliche Leid waren auch nach Kriegsende an der Tagesordnung. Krankheiten und Hungersnot blieben nicht aus. *Typhus* ließ das halbe Dorf sterben. Margaretes Großmutter, ihre siebzehnjährige Schwester und ihre Tante waren unter den Verstorbenen.

i

Typhus: fieberhafte Infektionskrankheiten, die meist mit Durchfall verbunden sind.

Nach einem Jahr unter Polen und Russen wiesen diese die Familien zu Pfingsten 1946 aus. 50 Viehwaggons transportierten sie nach Braunschweig in ein Sammellager. Von dort kam Margarete mit ihrer Mutter nach Schleswig-Holstein. Hier traf sie ihren Vater wieder, der sowohl in polnischer als auch russischer Gefangenschaft war. Als Flüchtlinge und Vertriebene nahmen die Menschen, die selber viele Probleme hatten, sie nicht gerade begeistert auf. Aber das Leben ging weiter!

Unter der Internetadresse www.dhm.de/lemo/html/wk2/kriegsverlauf/massenflucht/index.html kannst du persönliche Erinnerungen an Flucht und Vertreibung nachlesen. Hier findest du auch die Erinnerungen von Margarete Schleede, die Grundlage dieser Geschichtserzählung sind.

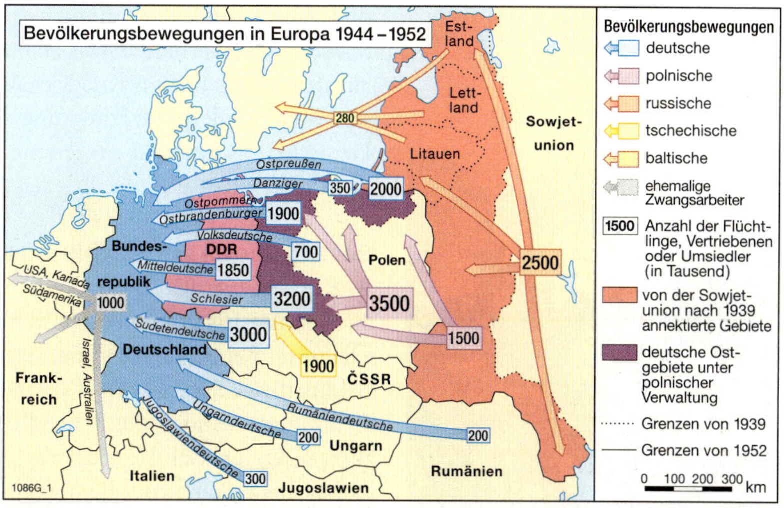

M3 *Bevölkerungsbewegungen in Europa 1944–1952.*

Arbeitsaufträge

1. Erkläre, wie aus Flüchtlingen Vertriebene wurden.
2. Werte die Karte in M3 aus und begründe, warum sich auch nach Kriegsende die Bevölkerungsbewegungen fortsetzten.

Kriegsende in Sicht

Alliierte Kriegskonferenzen

i

Anti-Hitler-Koalition: Mit Anti-Hitler-Koalition wird das gemeinsame Bündnis vor allem von UdSSR, Großbritannien und USA und 25 weiteren Staaten gegen das nationalsozialistische Deutschland unter Führung von Adolf Hitler im Zweiten Weltkrieg bezeichnet.

Schon während des Krieges schlossen sich verschiedene Staaten zusammen, um gemeinsam gegen Deutschland und seine Verbündeten vorzugehen. Aus diesem Zusammenschluss entwickelte sich die *Anti-Hitler-Koalition*. Diese verfolgte unter anderem diese Ziele:

- Vernichtung des NS-Gewaltregimes und Militarismus,
- Befreiung der unterdrückten Völker und
- nationale Unabhängigkeit.

Bei mehreren Treffen und auf gemeinsamen Konferenzen stimmten die Staaten ihr Vorgehen ab.

Geheimtreffen in Casablanca

Vom 14. bis 26. Januar 1943 trafen sich der US-Präsident Franklin D. Roosevelt und der britische Premierminister Winston Churchill in der marokkanischen Stadt Casablanca. Josef Stalin, als Vertreter der Sowjetunion, war zwar eingeladen, blieb der Konferenz aber fern, da er aufgrund der Einkesselung der 6. Armee in der Schlacht von Stalingrad die Sowjetunion nicht verlassen konnte.

Nach zehntägiger Beratung teilten die Westalliierten der Presse erstmals die offiziellen Kriegsziele mit: bedingungslose Kapitulation des Deutschen Reiches, Italiens und Japans. Zudem beschlossen die Westalliierten die Verstärkung der Luftangriffe auf deutsche Städte.

Folgekonferenz in Teheran

In Teheran tagten vom 28. November bis 1. Dezember 1943 wieder die drei Staats- und Regierungschefs der USA, Großbritanniens und der Sowjetunion. Sie berieten als Hauptalliierte über weitere Vorgehensweisen auf dem europäischen Kriegsschauplatz. Hauptergebnisse der Konferenz waren die wiederholte Forderung nach der bedingungslosen Kapitulation Deutschlands sowie die Aufteilung Deutschlands unter den Siegermächten nach dem Krieg und die Wiederherstellung der Westgrenze der UdSSR.

Festlegungen zur Nachkriegsordnung in Jalta

Auf Einladung des sowjetischen Staatschefs trafen sich vom 4. bis zum 11. Februar 1945 Stalin, Roosevelt und Churchill im Seebad Jalta auf der Halbinsel Krim, um sich über das militärisch-politische Vorgehen in der Schlussphase des Zweiten Weltkriegs zu verständigen. Im Mittelpunkt der Beratungen standen die Behandlung des Deutschen Reichs und der von ihm besetzten Gebiete nach dessen Niederlage. Ein weiterer Gesprächspunkt stellte die, vor allem von den USA angestrebte, Gründung der Vereinten Nationen (UNO) dar.

Die Verhandlungen auf diesem nach der Konferenz von Teheran zweiten Gipfeltreffen der „Großen Drei" waren von Einigkeit über grundsätzliche Ziele geprägt. Die schnelle Beendigung des Kriegs und eine Entnazifizierung Deutschlands sahen alle Beteiligten als unbedingt notwendig an.

Alle drei alliierten Kriegskonferenzen bildeten die Grundlage für eine demokratische Entwicklung Europas nach dem Ende des Krieges.

M1 *Winston Churchill, Franklin D. Roosevelt und Josef W. Stalin im Seebad Jalta. Foto, 1945.*

i

6. Juni 1944: bekannt als „D-Day“, ist ein Meilenstein bei der Befreiung Europas von der Herrschaft der deutschen Nationalsozialisten. Die Eröffnung der zweiten großen Front in Europa war von langer Hand geplant. Am 6. Juni 1944 begann an der Küste der Normandie die größte Landeoperation aller Zeiten. An fünf Stränden stürzten sich die alliierten Soldaten in das deutsche MG-Feuer. Allein in den ersten 24 Stunden wurden auf Seite der Alliierten rund 10000 Soldaten getötet.

M2 *Amerikanische Truppen bei der Landung in Frankreich am 6. Juni 1944.*

Zusammenbruch Deutschlands

Die Invasion der Alliierten

Am 6. Juni 1944 landeten Truppen der USA und Großbritanniens in Nordfrankreich. Unter dem Feuerschutz von 1200 Kriegsschiffen und 7500 Flugzeugen landeten die Soldaten im Morgengrauen an fünf Stränden. Die lang erwartete Invasion hatte begonnen. Millionen gut ausgerüsteter Soldaten kamen mit modernstem Kriegsgerät auf dem europäischen Kontinent zum Einsatz. Sie konnten in schweren Kämpfen nach Deutschland hinein und bis an die Elbe vorstoßen.

Das Ende der Kämpfe in Europa

Im Osten eröffnete die Rote Armee am 11. Januar 1945 den Großangriff gegen das Reichsgebiet. Die sowjetische Armee rückte immer weiter in das Landesinnere vor. Am 16. April 1945 begann die erbittert geführte Schlacht um Berlin, die Hitler immer noch glaubte gewinnen zu können. Erst als sich die sowjetischen Truppen wenige Hundert Meter an die Reichskanzlei herankämpften und auch dem „Führer“ die vollkommen ausweglose militärische Situation deutlich wurde, verübte Hitler am Abend des 30. April Selbstmord. Sein Nachfolger, General von Dönitz, entschloss sich am 8. Mai 1945 zur bedingungslosen Kapitulation.

M3 *Der Soldat Meliton Kantarija hisst die sowjetische Flagge auf dem Berliner Reichstagsgebäude, Mai 1945.*

Arbeitsauftrag

1. Beschreibe, wie sich die Vorstellungen der Alliierten zur Nachkriegsordnung im besiegten Deutschland entwickelten.
2. Begründe, warum gerade die Staats- und Regierungschefs Großbritanniens, der USA und der Sowjetunion die Hauptakteure der Anti-Hitler-Koalition waren.
3. Erkläre, welchen Vorteil die Alliierten bei der Landung in der Normandie auf ihrer Seite hatten.
4. Analysiere das Foto in M3 mithilfe der Seiten 136/137.

Stimmen zum Ende des Krieges

Q1 *Hanna Brenner, Jg. 1899, über das Kriegsende am 6. März 1945 in Ippendorf bei Bonn:*

Ehe die Amerikaner kamen, gab es eine kurze Zeit, die ich als unheimliche Stille empfunden habe: man wartete, man horchte, man überlegte, wann der richtige Zeitpunkt gekommen war, um die weiße Fahne auf die Hecke zu hängen.

Bonner Geschichtsblätter. Bd. 39. 1989. S. 70.

Q2 *Der Journalist und spätere Intendant des SFB Lothar Loewe, Jg. 1929, wurde noch im März 1945 als Flakhelfer zur „letzten Schlacht" um Berlin einberufen:*

Die meisten meiner Kameraden glaubten getreu ihrer Erziehung noch immer an den weisen Ratschluß des „Führers" Adolf Hitler, dem sie schon mit 10 Jahren im Jungvolk den ersten Treueeid geschworen hatten. Wir hofften auf ein baldiges Ende des Krieges. Aber vor allem waren wir entschlossen, alles zu tun, um dabei mitzuhelfen, einen weiteren Vorstoß der sowjetischen Armee über die Oder hinweg bis nach Berlin zu verhindern.

Loewe, L.: Der Kampf um Berlin. In: Die Stunde Null. Erinnerungen an Kriegsende und Neuanfang. Hrsg. v. G. Trampe. 1995. S. 36.

Q3 *Fritz Bauer, Domkaplan, in seinem Tagebuch vom 25.–31. März 1945:*

Die Front kommt auf uns zu. Die deutschen Truppen werden unaufhaltsam zurückgedrängt. Unser Herz gehört ihnen, die sinnlos geopfert werden. Es gehört ihnen, die leiden und sterben müssen, nicht ihren Uniformen. Warum werfen sie ihre Waffen nicht weg, damit das Töten und Sterben ein Ende habe? Sie tragen ihre Waffen nicht aus Liebe, sondern aus Gehorsam. Von wem haben wir Deutschen gelernt, gehorsam zu sein bis in den Tod? Unseren Soldaten gehört unsere Liebe; sie gehören zu uns. Auf die Amerikaner richtet sich unsere Hoffnung. Zwei widersprüchliche Haltungen in unseren Herzen.

Hirschfeld, G.; Renz, I. (Hrsg.): Besiegt und befreit. Stimmen vom Kriegsende 1945. 1995. S. 48.

Q4 *Der Schriftsteller Erich Kästner, dessen Bücher seit 1933 in Deutschland verboten waren, tauchte gegen Ende des Krieges in Österreich unter; Tagebucheintrag vom 8. April 1945:*

Auch nach einem totalen Krieg gibt es Sieger und Besiegte. Und der Sieger wird, wie in alten Zeiten, Forderungen stellen. Ich sehe von Zusicherungen ideeller Art ab und denke an ökonomische Ansprüche, nachträgliche Kontributionen, wirtschaftlichen Schadensersatz. Woran kann sich, nach einem solchen Schlachtfest, der nominelle und sogar moralische Sieger schadlos halten? Einen totalen Krieg zu gewinnen, ist schwer genug. Den Frieden zu gewinnen, dürfte noch viel schwieriger sein.

Kästner, E.: Gesammelte Schriften für Erwachsene. Bd. 6. Vermischte Beiträge I. Notabene 45. S. 115.

Q5 *Rolf Schneider, 13 Jahre, Schüler, in Wernigerode, Mitte April 1945:*

In der Stadt war kein Widerstand mehr, auch nicht in den Seelen. Für mehrere Stunden roch es überall nach versengtem Stoff, das verursachten die Fahnen und Armbinden mit dem Hakenkreuz, die man in die Öfen getan hatte, zu den brennenden Hitler-Fotografien, die bis gestern noch Schmuck gewesen waren an vielen Wänden.

Malanowski, W. (Hrsg.): 1945. Deutschland in der Stunde Null. 1985. S. 179.

Q6 *Der gelernte Journalist und spätere SPD-Minister Egon Bahr, Jg. 1922, lebte Ende April 1945 in Berlin:*

Es war ein seltsamer Schwebezustand. Einige Tage war die Wehrmacht nicht mehr, die sowjetische Armee noch nicht da. Als einige weiße Laken und Handtücher aus dem Fenster hängten, gab es, wohl durch eine Patrouille, ein paar Schüsse. Also wurden die Zeichen leinener Friedfertigkeit schnellstens wieder eingezogen.

Bahr, E.: Als rasender Reporter in Berlin. In: Die Stunde Null. Erinnerungen an Kriegsende und Neuanfang. Hrsg. v. G. Trampe. 1995. S. 294.

Q7 *Klaus Granzow am 5. Mai 1945:*

Es geht dem Ende zu. Die tollsten Gerüchte schwirren herum. Man glaubt, dass der Amerikaner unsere Gefangenen frei lässt und wieder bewaffnet, um die Bolschewisten aus Deutschland herauszuwerfen. Denn die Heimat muss doch einmal wieder befreit sein. Einige von uns hoffen noch auf einen neuen Angriff, die meisten aber hoffen auf das Ende. Alle aber wollen sofort weitermachen, wenn sie mit dem Amerikaner gegen die Russen gehen können, egal, wie lange der Krieg noch dauert.

Granzow, K.: Tagebuch eines Hitlerjungen, 1943–1945. 1965. S. 127 f.

Q8 *Inge Deutschkron, eine deutsche Jüdin, Anfang Mai 1945 in Potsdam:*

Und dann war auf einmal alles still, unheimlich still, unerklärlich still. Bis vor kurzem hatte noch die „Stalinorgel" unseren Tagesablauf beherrscht – ihr schreckliches Aufheulen, das in regelmäßigen Abständen erfolgte. Nun schwieg sie. Es war Wirklichkeit, worauf wir so lange und sehnsüchtig gewartet hatten: der Krieg war zu Ende. Freuen konnte ich mich nicht mehr. Der Krieg war aus. Aber was bedeutete das schon? Wir hatten Hunger wie alle Deutschen. Und wie sie wussten auch wir nicht, wie es weitergehen würde.

Deutschkron, I.: Ich trug einen gelben Stern. 1978. S. 197.

Q9 *Tagebuch von Ursula von Kardoff, Jettingen 7. Mai 1945:*

So also ist die Niederlage. Hatten sie uns unbedachterweise anders vorgestellt, das heißt, eigentlich gar nicht vorgestellt. Alles, alles musste besser sein als Hitler. Aber Befreiung? Seltsames Wort.

Kadorff, U. v.: Berliner Aufzeichnungen 1942 bis 1945. 1994. S. 324.

Q10 *Tagebuch der Lehrerin Marie-Luise Solmitz, Hamburg 7. Mai 1945:*

Ganz Europa ist in einem Freudentaumel; wir stehen abseits, geschlagen und, schlimmer noch, verachtet.

Tagebuch M.-L. Solmitz, 7. Mai 1945 (StA Hamburg)

Q11 *Kurt Biedenkopf, späterer Ministerpräsident, im Mai 1945 in Kopau bei Merseburg:*

Der Krieg war zu Ende, und wir lebten. An den achten Mai als Tag der Kapitulation erinnere ich mich nur dunkel. Daß der Krieg nun zu Ende sein sollte, war nicht an einem Tag zu begreifen. Wir waren dabei, uns daran zu gewöhnen.

Biedenkopf, K.: Der Krieg war zu Ende, und wir lebten. In: Mensch, der Krieg ist aus. Zeitzeugen erinnern sich. Hrsg. v. W. Filmer u. H. Schwan. 1985. S. 38.

Q12 *Arnulf Baring, damals 13 Jahre alt, in Berlin:*

Das größte Geschenk im Rückblick: die Stille. Wenn ich an den frühen Mai 1945 denke, dann zunächst an diese Lautlosigkeit, diese Ruhe, Tag für Tag unter einem blauen Himmel. In der warmen Sonne sitzen und kaum noch Angst haben.

Baring, A.: Mein dreizehnter Geburtstag. In: Mensch, der Krieg ist aus. Zeitzeugen erinnern sich. Hrsg. v. W. Filmer u. H. Schwan. 1985. S. 26.

Arbeitsaufträge

1. Ordne die Originalstimmen zeitlich ein.
2. Beschreibe, welche Gedanken und Gefühle die Menschen zum Ende des Krieges bewegten.

PROJEKT

Besuch der KZ-Gedenkstätte Buchenwald

Als Gedenkstätte bezeichnet man einen Ort, der an ein historisches Ereignis oder eine Person erinnern soll und deshalb baulich oder gärtnerisch zu einem Denkmal oder Mahnmal umgestaltet ist. Gedenkstätten sind zum Beispiel historische Orte wie KZs, Vernichtungslager, Haft- und Erschießungsstätten.

Das Konzentrationslager Buchenwald war eines der größten Konzentrationslager auf deutschem Boden. Es wurde zwischen Juli 1937 und April 1945 auf dem Ettersberg bei Weimar als Arbeitslager betrieben. Insgesamt waren etwa 250 000 Menschen aus allen Ländern Europas von Juli 1937 bis April 1945 im Konzentrationslager Buchenwald inhaftiert. Die Zahl der Todesopfer wird auf etwa 56 000 geschätzt, darunter 11 000 Juden. Nach der Befreiung 1945 wurde das Gelände von der sowjetischen Besatzungsmacht für ein Internierungslager genutzt, welches bis 1950 existierte. Auf dem Gelände des ehemaligen Lagers ließ die Regierung der DDR bis 1958 die Nationale Mahn- und Gedenkstätte Buchenwald errichten.

Außenanlagen
1 SS-Kasernen
2 Bahnhof
3 SS-Kommandantur
4 Häftlingslager
5 „Kleines Lager“
6 Steinbruch
7 SS-Führersiedlung

Denkmale
8 Gedenkstein
9 Gedenkplatte für die Häftlinge des Konzentrationslagers
10 Jüdisches Mahnmal
11 Denkmal für die ermordeten Sinti und Roma
12 Mahnmal

Friedhöfe
13 Aschegrab 1944/45
14 Friedhof Ettersberg (April/Mai 1945)
15 Gräberfeld Sowjetisches Speziallager Nr. 2 1945-1950

Ausstellungen
A Historische Ausstellung Konzentrationslager Buchenwald, 1937-1945
B Ausstellung Überlebensmittel – Zeugnis – Kunstwerk – Bildgedächtnis
C Historische Ausstellung Versteinertes Gedenken
D Historische Ausstellung Sowjetisches Speziallager Nr. 2 1945-1950

Museale Einrichtungen
E Lagertor und Arrestzellen
F Krematorium
G Häftlingskantine (Wechselausstellungen)

Einrichtungen der Gedenkstätte
H Direktion, Archiv, Bibliothek
i Information, Buchhandlung, Kino
J Jugendbegegnungsstätte

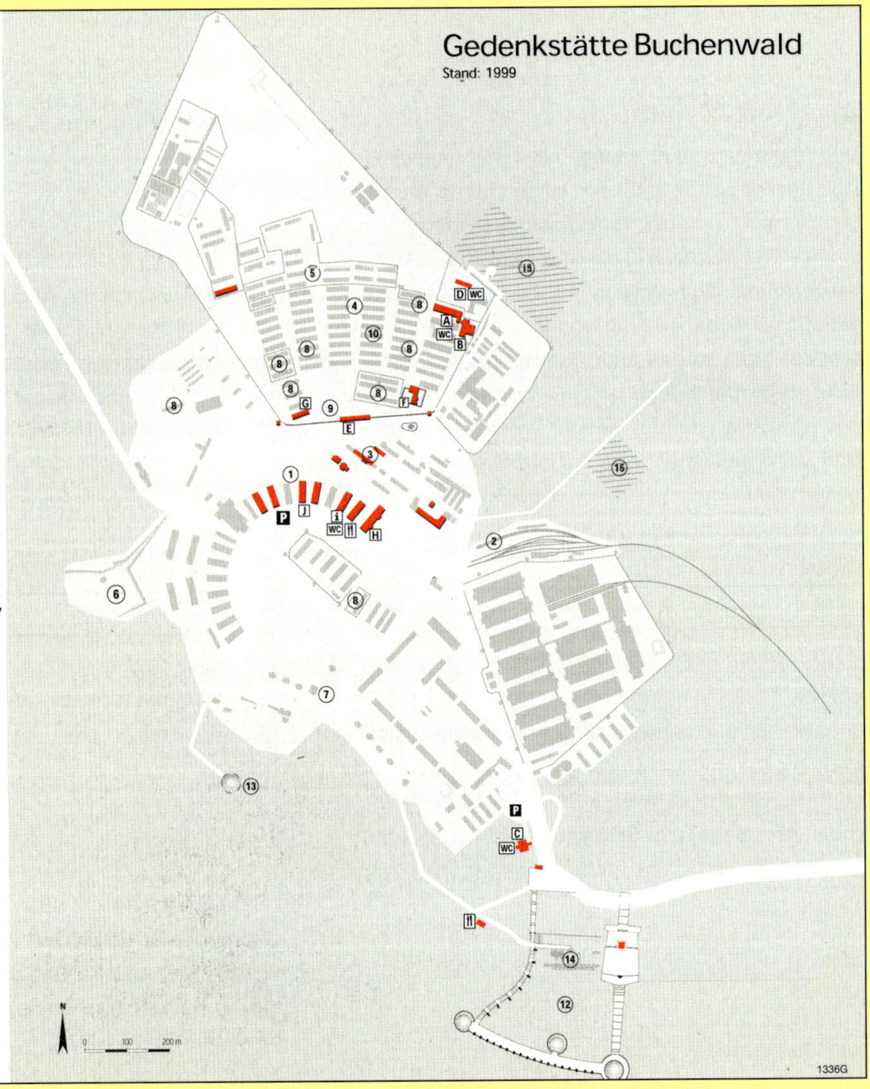

M1 *Gedenkstätte Buchenwald.*

M2 *Mahnmal der Gedenkstätte Buchenwald mit Glockenturm.*

Vorbereitung eines Gedenkstättenbesuches

Eure Klasse kann sich mit dem Thema bereits vor der Fahrt zur Gedenkstätte beschäftigen. Formuliert Fragen, um in der Gedenkstätte gezielt nach Informationen und Eindrücken zu suchen. Als Grundlage für erste Informationen und eine mögliche Einteilung in Gruppen eignen sich Filme, Bücher und andere Materialien, die im Vorfeld besorgt und ausgewertet werden können.

Eigenständige Erkundung vor Ort

Es gibt vor Ort die Möglichkeit, eine Führung oder ein Tagesprogramm unter Leitung der Pädagoginnen oder Pädagogen der Gedenkstätte wahrzunehmen. Eine selbstständige Erkundung ist ebenso möglich.

Der Ort und die Einrichtungen der Gedenkstätte bieten die Chance, sich einen Teil der Geschichte durch verschiedene Eindrücke zu erschließen. Allein eine ausführliche Erkundung des Geländes kann einige Zeit in Anspruch nehmen.

Nach einer Einführung und Orientierung im Gelände durch einen gemeinsamen Rundgang sollte jeder Schüler und jede Schülerin die Möglichkeit haben, einen eigenen Zugang zum historischen Ort zu finden. Dabei könnten folgende Aufgaben bearbeitet werden:

Suche dir den Ort im Lagergelände, der dir persönlich am wichtigsten erscheint. Beschreibe diesen Ort möglichst genau.

Als nächster Schritt erfolgt die Beschäftigung mit der Ausstellung unter folgender Fragestellung:

Suche in der Ausstellung einen Gegenstand oder einen Text, der zu dem Ort gehört, den du im Gelände ausgewählt hast. Erläutere, was dir an diesem Gegenstand oder Text besonders wichtig ist.

Mögliche Themen zur speziellen Bearbeitung

Unter der Internetadresse *www.buchenwald.de/downloads/am_bw.pdf* finden sich Arbeitsblätter zur Geschichte des Konzentrationslagers, die jeweils einem bestimmten Thema gewidmet sind. Jedes dieser Arbeitsblätter beginnt mit einem kurzen Einführungstext. Angegliedert ist eine Geländeübersicht, in der die Orte eingetragen sind, die für das Thema von Bedeutung sind. Die Chronologie in der linken Spalte enthält einige Eckdaten. Darüber hinaus folgen Quellentexte, die einen ersten Zugang zum Thema erschließen. Mithilfe dieser Arbeitsblätter ist unter anderem eine Arbeit zu folgenden Themen möglich:

- Kinder und Jugendliche im Konzentrationslager
- Juden in Buchenwald
- Frauen in Außenlagern
- Selbstbehauptung und Widerstand
- Arbeit im Konzentrationslager
- Häftlingsverwaltung
- Medizin
- Arbeitsfreie Zeit
- Die Schutzstaffel (SS).

Auswertung des Gedenkstättenbesuches

In der Klasse werden die Ergebnisse vorgestellt und weitere mögliche Arbeitsschritte besprochen.

Nachkriegsordnung

i

Demokratisierung: Aufbau demokratischer Strukturen in Deutschland.
Demilitarisierung: Abbau der Armee und Beseitigung der Waffenvorräte in einem Gebiet mit dem Ziel, dass von dort keine Gefahr eines militärischen Angriffs mehr ausgehen kann.
Denazifizierung: Die NSDAP und alle ihre Unterorganisationen wurden verboten und alle NS-Gesetze aufgehoben. Jegliche Erinnerungen an das „Dritte Reich" wie zum Beispiel Straßenschilder, Bücher, Uniformen und Orden mussten aus der Öffentlichkeit verschwinden.
Dezentralisierung: Deutschland sollte ein föderaler Staat werden und nicht mehr als Zentralstaat bestehen.

Potsdamer Abkommen

Am 8. Mai 1945 endete der Zweite Weltkrieg in Europa. Hitler und sein Regime hatten mit dem von ihnen angezettelten Krieg Deutschland in die schlimmste Niederlage seiner Geschichte geführt.

Um über die Neuordnung Europas und das künftige Schicksal Deutschlands zu beraten, trafen sich die vier Siegermächte vom 17. Juli bis 2. August 1945 im Potsdamer Schloss Cecilienhof. Am Verhandlungstisch saßen Harry S. Truman, der Nachfolger Roosevelts (USA), Stalin (UdSSR) und Churchill (Großbritannien).

Im sogenannten Potsdamer Abkommen legten die Alliierten die *Demokratisierung, Demilitarisierung, Denazifizierung* und *Dezentralisierung* Deutschlands fest. Der deutsche Militarismus und Nazismus sollte ausgerottet werden, damit Deutschland niemals mehr seine Nachbarn oder den Frieden in der Welt bedrohen könne. Einig waren sich die Alliierten auch darüber, dass die Deutschen wegen ihrer nationalsozialistischen Vergangenheit zuerst wieder demokratisch erzogen werden mussten.

M1 *Potsdamer Konferenz: Plenarsitzung in Schloss Cecilienhof, 1945.*

Auf dem Weg zur Spaltung der Welt

Die alten europäischen Großmächte verloren nun endgültig ihre Vormachtstellung in der Welt, und zwar an die beiden neuen Weltmächte USA und UdSSR.

Die unüberbrückbaren Differenzen zwischen den USA und der UdSSR hinsichtlich der europäischen Nachkriegsordnung führten zur Auseinanderentwicklung der zuvor Verbündeten. Dies mündete schließlich in der Aufspaltung Deutschlands und Europas in zwei Macht- und Einflussgebiete. Im Rahmen des Kalten Krieges bildeten sich zwei verfeindete Weltsysteme.

Arbeitsaufträge

1. Erläutere die Begriffe Demokratisierung, Demilitarisierung, Denazifizierung und Dezentralisierung mit eigenen Worten.
2. Begründe die Forderung der Alliierten nach einer demokratischen Erziehung der Deutschen.

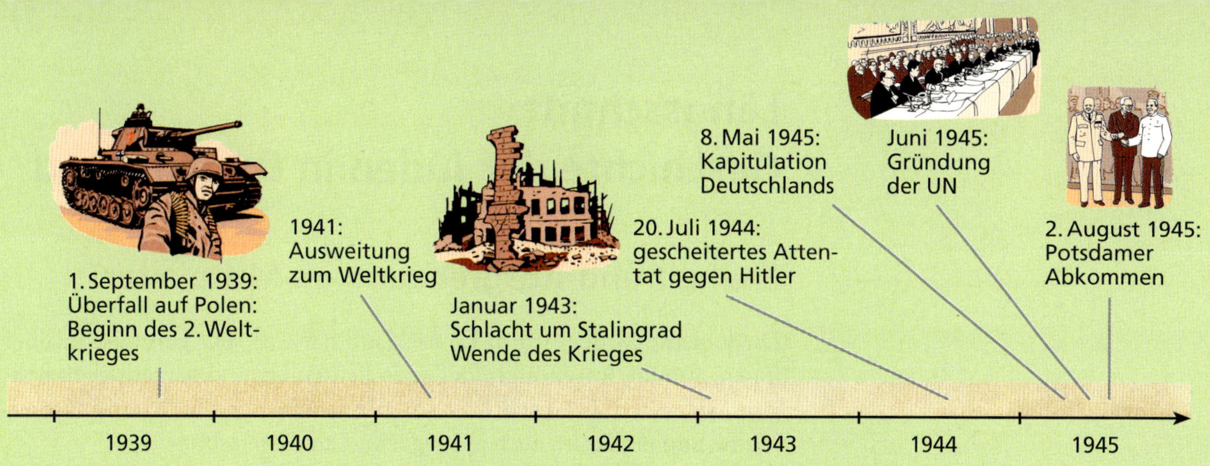

IN KÜRZE

Wichtige Begriffe

Zweiter Weltkrieg
Blitzkrieg
Luftkrieg
U-Boot-Krieg
Russlandfeldzug
Totaler Krieg
Schlacht um Stalingrad
bedingungslose Kapitulation
Potsdamer Abkommen
Atombombenabwürfe

Unter Hitler nutzte das Deutsche Reich die zugespitzte weltpolitische Lage aus, um seine aggressive Außenpolitik durchzusetzen.

Im Zweiten Weltkrieg, der durch das nationalsozialistische Deutschland verschuldet wurde, überrannte die deutsche Wehrmacht zunächst *blitzkriegsartig* weite Gebiete Europas. Durch den Einsatz von weiterentwickelten *U-Booten* und *Kampfflugzeugen* wurden neue Formen in der Kriegsführung praktiziert. Die Niederlage bei *Stalingrad* kennzeichnete die Wende des europäischen Krieges, in dessen weiterem Verlauf Deutschland völlig von den Kriegsgegnern besetzt wurde. Auch die totale Unterordnung aller Lebensbereiche unter den Krieg konnte eine Niederlage der Deutschen nicht verhindern. Nach dem Vorrücken der Alliierten und erbitterten Kämpfen um Berlin *kapitulierte* Deutschland am 8. Mai 1945 bedingungslos.

In Deutschland und überall in den besetzten europäischen Staaten entwickelte sich während des Krieges der Widerstand gegen die nationalsozialistische Herrschaft. Die Menschen setzten sich in unterschiedlichster Form zur Wehr. Ein Umsturzversuch am 20. Juli 1944 schlug jedoch fehl.

Seit 1941 hatte der europäische Krieg auch auf den Fernen Osten übergegriffen. Der Abwurf der *Atombombe* durch die USA auf Japan beendete den Krieg in diesem Teil der Welt.

Schon vor Kriegsende hatten sich die Staaten der Anti-Hitler-Koalition auf verschiedenen Konferenzen Gedanken zu einer möglichen Nachkriegsordnung in Deutschland gemacht. Das *Potsdamer Abkommen* legte Bedingungen für einen demokratischen Neubeginn fest.

Längsschnitt: Geschichte der Juden in Deutschland

Freiheit und Ausgrenzung im Mittelalter

Die jüdische Minderheit in Deutschland hat eine sehr lange Geschichte. Juden, also die Angehörigen des jüdischen Volkes und der jüdischen Religion, gelangten 321 nach Köln. Später siedelten sie in Worms, Speyer, Mainz und Frankfurt, auch in Magdeburg und Merseburg.

Im 10. und 11. Jahrhundert stieg die Zahl der jüdischen Einwanderer stark an. Besonders Kaufleute aus Italien und Südfrankreich kamen nach Deutschland. Erste *Synagogen* entstanden in Köln, Worms und Trier. In manchen Bereichen des städtischen Lebens, zum Beispiel in der Gerichtsbarkeit, konnte die jüdische Gemeinde eigenverantwortlich entscheiden.

i

Synagogen: jüdische Versammlungs- und Gotteshäuser, in denen Gebete, religiöse Schriftstudien und Unterweisungen stattfinden.

Als Religions- und Landfremde unterstanden die Juden ab dem 10. Jahrhundert als Schutzbefohlene direkt den Fürsten. Diese ließen sich den Schutz gut bezahlen. Die Juden waren für die Fürsten daher eine willkommene Einnahmequelle. Auch für die städtische Gemeinschaft waren Juden ein Gewinn. Häufig besaßen sie Kenntnisse in der arabischen Medizin oder hatten gute Kontakte im Fernhandel. Darüber hinaus erlaubte ihnen ihr Glaube, Geschäfte mit Geld zu machen und Zinsen zu erheben. Christen war dies dagegen verboten. Deshalb waren Juden zum einen sehr geschätzt, weil sie Kredite vergaben. Zum anderen lag in diesen Geldgeschäften oft der Keim für Vorurteile und Missgunst.

Bis zu den Kreuzzügen befanden sich die Juden in einer sozial und rechtlich gesicherten Lage. 1095 änderte sich das. In diesem Jahr rief der Papst Urban II. zum Kampf gegen die Ungläubigen auf. Obwohl er den Kampf gegen jene Muslime meinte, die die Heilige Stadt Jerusalem beherrschten, übertrugen viele Christen seinen Aufruf auch auf Juden im eigenen Land.

- Sabbat
- Rosch ha Schan
- Jom Kippur
- Sukkot
- Chanukka
- Pessach

M1 *Jüdische Feiertage (Auswahl).*

M2 *Die Menora ist eines der wichtigsten Symbole des Judentums.*

M3 *Ein jüdischer Junge liest aus dem Buch Gottes (Thora).*

M4 *Davidstern an der jüdischen Synagoge in Berlin.*

Die Juden als Sündenböcke

Nach dem Beginn der Kreuzzüge 1099 war die Blütezeit jüdischer Gemeinden vorüber. Die Anfeindungen gegen die Juden wegen ihres Glaubens und ihrer Geschäfte nahmen immer größere Ausmaße an.

Juden wurden zunehmend aus Handwerksberufen gedrängt, Zünfte nahmen sie nicht auf. Juden durften keine Ämter in der Stadtverwaltung bekleiden und keinen Grund und Boden erwerben.

Eine *Stigmatisierung* der jüdischen Minderheit erfolgte auch dadurch, dass sie in den Städten in gesonderten Straßen oder einem eigenen Stadtteil wohnten. Gleichsam mussten sie eine spezielle Kleidung tragen, einen Spitzhut sowie einen Mantel mit einem gelben Ring oder Punkt. Die schärfste Form der Judenfeindlichkeiten waren *Pogrome,* die häufig mit Plünderungen und Vertreibungen verbunden waren.

Die Pest von 1349 löste besonders schwere Judenverfolgungen aus. Einerseits wurde die Pest als göttliches Strafgericht angesehen, aber andererseits die Juden dafür verantwortlich gemacht. Die Christen warfen ihnen vor, Brunnen vergiftet zu haben. Darin sahen sie die Ursache für die Pest, der bis zu einem Drittel der europäischen Bevölkerung zum Opfer fiel. Die Juden wurden zu Sündenböcken gemacht.

i

Stigmatisierung: Herabwürdigung einer Person oder Gruppe durch die Zuschreibung negativ bewerteter Merkmale.
Pogrom: gewaltsame, organisierte Ausschreitungen gegen Mitglieder einer Minderheit.

Langes Leiden mit dem „Judenregal"

Ein königliches Hoheitsrecht war im Mittelalter das Judenregal. Darin stellte der deutsche König 1236 alle Juden als königliche „Kammerknechte" unter seine Obhut. Er sicherte ihnen gegen die Zahlung von Gebühren Schutz vor Verfolgung zu. Durch das Judenregal waren die Juden als sogenannte Schutzjuden wirtschaftlich und persönlich vom König abhängig und damit unfrei.

Mit der Goldenen Bulle 1356 übertrug der König das Judenregal auf die Kurfürsten. Es entwickelte sich teilweise zu einer Handelsware, die zum Beispiel an Landesherren oder Städte weiterverliehen wurde. Die Umsetzung des Regals wurde den lokalen Herrschaftsträgern überlassen. Dies führte in einigen Fällen zur Vertreibung der jüdischen Bevölkerung statt zu einem Schutz gegen Gebühren.

Im 18. Jahrhundert nutzten die absolutistisch regierenden Fürsten das Judenregal, um diesen Bevölkerungsteil fest an den Staat zu binden. Dies galt hauptsächlich für jene Juden, die es geschafft hatten, eine Art jüdische Oberschicht zu bilden. Die Tätigkeit für den Staat stand für sie im Vordergrund und weniger die Bindung an den Fürsten.

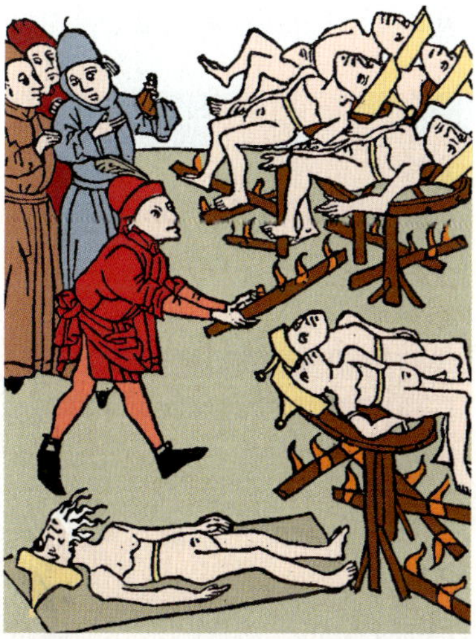

M5 *Juden (mit Spitzhüten dargestellt) werden von Christen gefoltert und ermordet. Holzschnitt, 1475.*

Arbeitsaufträge

1. Informiere dich über die Symbole des Judentums, die in M2 bis M4 gezeigt und genannt werden, und stelle sie vor.
2. Entwickle eine tabellarische Übersicht zu jüdischen Feiertagen. Verwende im Tabellenkopf: Feiertag, Zeitraum oder Datum, Bedeutung und vergleichbarer christlicher Feiertag. Nutze M1.
3. a) Beschreibe die gesellschaftliche Stellung der Juden in der Zeit vor dem Beginn der Kreuzzüge.
   b) Berichte darüber, was sich für die Juden nach dem Beginn der Kreuzzüge änderte.
4. Untersuche und dokumentiere, ob es in deinem Heimatort und der näheren Umgebung eine jüdische Gemeinde gab oder wieder existiert.

Aufklärung und Emanzipation

Anpassung an die Mehrheit

Auch im Zeitalter der Aufklärung im 18. Jahrhundert waren die Juden weder in die Gesellschaft eingegliedert noch formal gleichberechtigt. Unter dem preußischen König Friedrich II. herrschte aber eine gewisse Toleranz gegenüber den Juden.

Die jüdische Bevölkerung beteiligte sich in dieser Zeit verstärkt am geistigen Leben. Sie diskutierte selbst die Frage, wie sie sich stärker an die christliche Umwelt anpassen könnte. Eine Möglichkeit sah sie in der Angleichung der Namen. Lange trugen die Juden im Deutschen Reich Familiennamen, die sie deutlich als Juden zu erkennen gaben. Meist wurde der Vorname des Vaters zum Nachnamen des Sohnes, zum Beispiel Jakob ben Nathan = Jakob, Sohn des Nathan. Im 18. Jahrhundert wurde in verschiedenen deutschen Territorien eine Umbenennung veranlasst. In Preußen erhielten Juden beispielsweise deutsch klingende Nachnamen wie Goldberg oder Blumenfeld. In Verbindung mit Vornamen wie Aaron oder Esther waren Juden allerdings weiterhin an ihren Namen erkennbar.

i

Emanzipation: Politische Befreiung einer Gruppe, die z. B. wegen ihrer Religion unterdrückt und vom politischen Leben ausgeschlossen war.
Hebräisch: Teil der afroasiatischen Sprachfamilie. Die heilige Schrift der Juden, die Tora, wurde in dieser Sprache verfasst.
Jiddisch: steht für jüdisch; ist eine westgermanische Sprache mit ursprünglich hebräischen Schriftzeichen.
Hebräische Bibel: die heilige Schrift des Judentums. Sie wird von Christen als Altes Testament bezeichnet.

Moses Mendelssohn

1743 zog es einen 14-jährigen, traditionell jüdisch erzogenen Jungen nach Berlin. Moses Mendelssohn, der nur das *Hebräische* und das *Jiddische* beherrschte, wollte die deutsche Sprache lernen und Bildung erwerben, mit der er am gesellschaftlichen Leben teilnehmen konnte. Mit diesem „Kennenlernen der Welt" begab sich Mendelssohn auf einen Weg, der für Juden nicht vorgesehen war. Er verließ die traditionelle und abgeschottete Welt der jüdischen Gemeinschaft und nahm an der allgemeinen Kultur teil.

In Berlin eignete sich Mendelssohn neben dem Deutschen weitere vier Sprachen an und studierte Philosophie und Naturwissenschaften. Er arbeitete anfangs als Hauslehrer und Buchhalter. In Gesprächskreisen und Literaturzirkeln erwarb er sich Achtung und Anerkennung. Für wissenschaftliche Studien gewann Mendelssohn 1763 den ersten Preis der Berliner Akademie der Wissenschaften. Mendelssohn wurde zu einem der bedeutendsten Philosophen der Aufklärung.

M1 *Moses Mendelssohn (1729–1786). Undatiertes Porträt.*

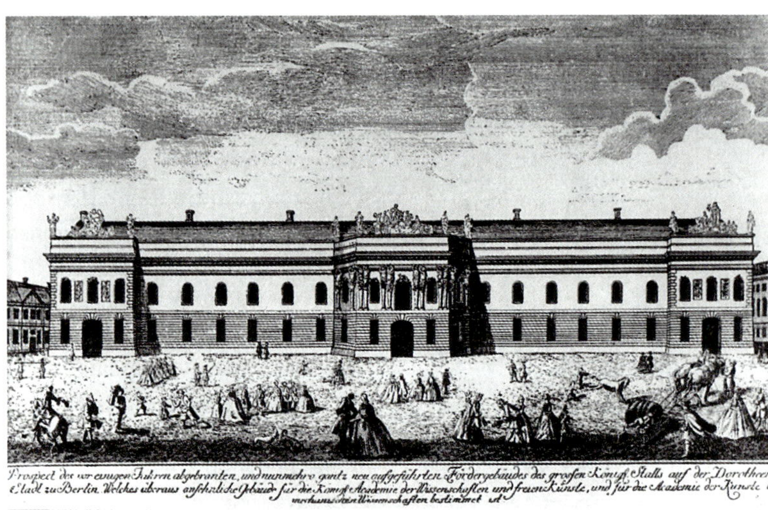

M2 *Berliner Akademie der Wissenschaften. Kupferstich von 1752.*

Die jüdische Aufklärung

Mendelssohn war ein Vordenker des modernen Judentums. Er suchte nach einem Weg, auf dem er jüdische Traditionen und die allgemeine nationale Kultur zusammenführen konnte. Wie die christlichen Aufklärer trat Mendelssohn für eine Trennung von Staat und Religion ein. So sollten auch Juden nach ihren verbindlichen Geboten und Gesetzen ihr religiöses Leben gestalten, aber gleichsam aufgeklärte und allgemeingebildete Staatsbürger sein können. Das Leben nach jüdischer Tradition und die Teilnahme an der europäischen Kultur gehörten für Mendelssohn zusammen. In dieser Verbindung sah er die Möglichkeit, dass sich Juden in die Gemeinschaft besser eingliedern können.

Bedeutend war Mendelssohns Übersetzung wichtiger Teile der *Hebräischen Bibel* ins Deutsche. Ihm gelang es, die jüdische Literatur mit der deutschen Sprache zu verknüpfen sowie im Judentum die Gedanken der Aufklärung und Emanzipation zu verbreiten. Letztendlich bedeutete sein Weg eine Befreiung des Judentums aus der Isolation.

M3 *Mendelssohns Grab auf dem größten jüdischen Friedhof in Berlin, 1920. Es wurde von den Nationalsozialisten zerstört.*

Q1 *Mendelssohn äußerte sich zu seiner Bibelübersetzung 1779:*

> Wenn meine Übersetzung von allen Israeliten ohne Widerrede angenommen werden sollte, so wäre sie überflüssig. Je mehr sich die sogenannten Weisen der Zeit widersetzen, desto nötiger ist sie. Ich habe sie anfangs für den gemeinen Mann gemacht, finde aber, dass sie für Rabbiner noch viel notwendiger ist.
>
> www.judentum-projekt.de

Gotthold Ephraim Lessing

Mendelssohn verband eine enge Freundschaft mit dem Schriftsteller Gotthold Ephraim Lessing. Dieser setzte sich selbst mit der Situation der Juden auseinander. Bereits 1749 forderte er mit seinem Stück „Die Juden" dazu auf, Vorurteile gegen Juden aufzugeben. Das Stück wurde Anlass öffentlicher Auseinandersetzungen, da in diesem ein gebildeter und edelmütiger Jude auftrat. Solche Eigenschaften konnten sich manche Zeitgenossen bei Juden nicht vorstellen.

Zeit seines Lebens beschäftigte sich Lessing mit den drei großen Religionen Christentum, Judentum und Islam. Er war ein Verfechter der Religionstoleranz. 1779 veröffentlichte er sein Hauptwerk, das Drama „Nathan der Weise". Im Mittelpunkt der Handlung steht die Frage nach der „wahren" Religion. Lessing stellt die drei Religionen als gleichwertig nebeneinander. Allein das menschliche Handeln jedes Einzelnen unabhängig von seinem Glauben war für Lessing von Bedeutung.

Q2 *Lessing lässt in seinem Drama „Nathan der Weise" zum Tempelherrn sagen:*

> Wir haben beide uns unser Volk nicht auserlesen. Sind wir unser Volk? Was heißt denn Volk? Sind Christ und Jude eher Christ und Jude, als Mensch?
>
> 2. Akt, 5. Szene, Zeilen 1307–1311

Arbeitsaufträge

1. Erkläre, was für Mendelssohn das „Kennenlernen der Welt" ausmachte.
2. Begründe, warum Mendelssohn als Begründer der jüdischen Aufklärung gilt. Beziehe dabei Q1 ein.
3. Erläutere, wie Lessing die Frage nach der „wahren" Religion beantwortet.
4. Erörtere die Aussage in Q2 mit Blick auf die Menschenrechte.

Juden im deutschen Kaiserreich

Die verzögerte Integration

Der allgemeine Emanzipationsprozess der Juden verlief nach der Aufklärung und der Französischen Revolution schneller, zog sich in Deutschland aber noch bis 1871 hin.

Im Zuge der nationalen Bewegung im 19. Jahrhundert ergab sich im Kampf für einen deutschen Nationalstaat die Frage, wer deutscher Staatbürger sein sollte. Da die Juden als jüdisches Volk verstanden wurden, zählten sie für viele nicht zum deutschen Volk. Selbst im ersten deutschen Parlament, der Frankfurter Nationalversammlung von 1848, stritten die Abgeordneten über eine deutsche Staatsangehörigkeit von Juden.

i

Edikt: öffentliche Erklärung; Gesetz.

Neben der politischen Integration war auch die soziale Eingliederung erschwert, da mit dem wachsenden Nationalismus antijüdische Haltungen erstarkten. Bis 1861 galten zudem *Judenedikte*, die Juden von Gesetzes wegen in ihrer politischen und wirtschaftlichen Bewegungsfreiheit einschränkten. Aus diesen und anderen Gründen resultierte ihr hoher Anteil an der großen Auswanderungswelle bis zum Beginn des 20. Jahrhunderts.

Die rechtliche Gleichstellung im Kaiserreich

Mit der Reichsverfassung von 1871 erreichte die rechtliche Emanzipation der rund 512 000 Juden ihren formalen Abschluss. Als gleichberechtigte Bürger arbeiteten sie überwiegend im Handwerk. Der Anteil der in Handel und Bankwesen beschäftigten Juden war sehr hoch, ebenso bei den Selbstständigen. Sie übten ihre Tätigkeiten vor allem im Warenhandel sowie im Geld-, Kredit- und Immobilienhandel aus.

Das Streben nach Bildung und die Bereitschaft, Leistungen zu erbringen, zeichnete viele Juden aus. So gehörten jüdische Kaufleute und Unternehmer bald zur oberen Mittelklasse. Wenige schafften sogar den Aufstieg in die Oberschicht.

M1 *Jüdische Auswanderer vor der Skyline Manhattans, 1910.*

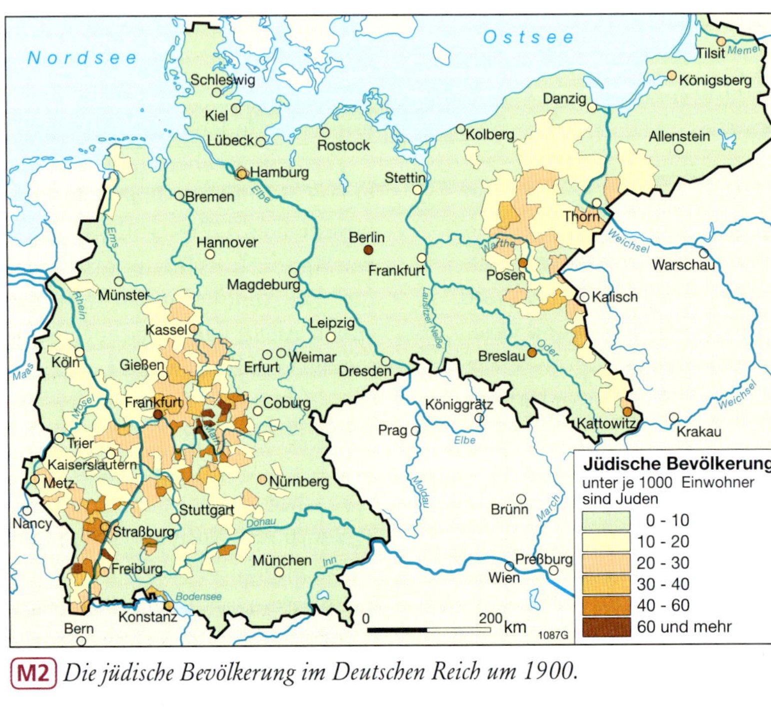

M2 *Die jüdische Bevölkerung im Deutschen Reich um 1900.*

i

Antisemitismus: gegen die Juden gerichtete Ideologie und organisierte Bewegung, die sich nicht mehr gegen die Religion richtete, sondern gegen die ethnisch-nationale Identität der Juden; der Judenhass bekam eine rassische Begründung.

Der Antisemitismus im Bürgertum

1879 prägte der Journalist Wilhelm Marr den Ausdruck *Antisemitismus*. In diesem Jahr gründete er die erste antisemitische politische Vereinigung: die „Antisemitenliga". Mit der Wirtschaftskrise von 1873 verschärften sich die Anfeindungen gegen die Juden. Sie wurden für die Krise verantwortlich gemacht. Die Mitglieder der Antisemitenliga wollten gegen die angebliche jüdische Bedrohung vorgehen und organisierten den Widerstand gegen die soziale und rechtliche Gleichstellung der Juden.

1881 gründete sich der judenfeindliche „Deutsche Volksverein", weitere folgten. Die Juden stellten dem organisierten Antisemitismus 1893 den „Centralverein deutscher Staatsbürger jüdischen Glaubens" entgegen. 1894 vereinigten sich die antisemitischen Parteien in der „Deutschsozialen Reformpartei". Programmdifferenzen, Abspaltungen und Zerwürfnisse innerhalb der Partei machten sie bis zum Ersten Weltkrieg bedeutungslos.

Der Patriotismus der Juden im Ersten Weltkrieg

Die Juden fühlten sich dem Land, in dem sie lebten, verpflichtet. 1914 war ihre Kriegsbegeisterung keine andere als die der nichtjüdischen Landsleute.

Q1 *Aufruf des Verbandes Deutscher Juden:*

An die deutschen Juden!
In schicksalsschwerer Stunde ruft das Vaterland seine Söhne unter die Fahnen. Dass jeder deutsche Jude zu den Opfern an Gut und Blut bereit ist, die die Pflicht erheischt, ist selbstverständlich. Glaubensgenossen! Wir rufen Euch auf, über das Maß der Pflicht hinaus Eure Kräfte dem Vaterlande zu widmen! Eilet freiwillig zu den Fahnen! Ihr alle – Männer und Frauen – stellet Euch durch persönliche Hilfeleistung jeder Art und durch Hergabe von Geld und Gut in den Dienst des Vaterlandes!
Berlin, den 1. August 1914. Verband der Deutschen Juden. Centralverein deutscher Staatsbürger jüdischen Glaubens.
www.judentum-projekt.de

Beteiligte Nationen	Dienende jüdische Soldaten	Gefallene jüdische Soldaten
Russland	650 000	100 000
USA	250 000	3 400
Frankreich	55 000	9 500
Groß-britannien	50 000	8 600
Italien	6 000	500
Deutschland	100 000	12 000

M3 *Juden im Ersten Weltkrieg.*

30 000 deutsche Soldaten jüdischen Glaubens wurden aufgrund ihrer Tapferkeit mit dem Eisernen Kreuz ausgezeichnet. Trotz ihres Patriotismus und der geleisteten Kriegsdienste untersuchte das Kriegsministerium die Beteiligung der Juden am Frontdienst. Die Untersuchung und die damit zum Ausdruck gebrachten Zweifel stigmatisierten die jüdische Bevölkerung als Drückeberger und verstärkten antisemitische Vorurteile. Die geleisteten Opfer der Juden an der Front fanden keine Anerkennung.

Arbeitsaufträge

1. a) Stelle den Prozess der Judenemanzipation im 19. Jahrhunderts dar.
   b) Beschreibe die Positionen, die die Juden in diesem Prozess einnahmen.
2. Erkläre das Erstarken des Antisemitismus Ende des 19. Jahrhunderts.
3. Nimm Stellung zum Patriotismus der Juden im Ersten Weltkrieg. Beziehe die Quelle Q1 und M3 ein.

Die Juden in der Weimarer Republik

M1 *Antisemitisches Flugblatt zu den Wahlen zur Nationalversammlung. Berlin, 1919.*

Krisen fördern Vorurteile

Mit dem Zusammenbruch des deutschen Kaiserreichs und der Gründung der Weimarer Republik verstärkte sich der Antisemitismus in Deutschland. Rechtsgerichtete Organisationen machten die Juden für die deutsche Kapitulation, die revolutionären Unruhen und die wirtschaftliche Notlage verantwortlich. Die schlechten Lebensbedingungen bereiteten den Boden für antisemitisches Gedankengut. Im Kampf um die eigene wirtschaftliche Existenz wurden jüdische Geschäftsleute, Ärzte oder Anwälte zu verhassten Konkurrenten.

Der Antisemitismus zeigte sich unterschiedlich. In der Kleinstadt oder auf dem Lande spürten ihn Juden deutlicher als in der anonymen Großstadt. Deshalb lebten 1925 die meisten jüdischen Bürger in großen Städten.

Juden in führenden Kreisen

Wie bereits im 19. Jahrhundert waren Juden im Handel und Bankwesen stark vertreten. Sie investierten in neue oder besonders risikoreiche Geschäftsfelder, zum Beispiel in die Filmindustrie.

In der Wissenschaft zeigten Juden in vielen Gebieten herausragende Leistungen. In der Weimarer Republik waren unter fünfzehn Nobelpreisträgern fünf deutsche Juden: Albert Einstein, James Franck, Gustav Hertz (alle drei Physik), Otto Meyerhof und Otto H. Warburg (beide Medizin). Auch in der Politik engagierten sich jüdische Abgeordnete und Minister für Deutschland. Gegner der Republik sahen besonders in ihnen Feinde des deutschen Volkes. Jüdische Politiker verleumdeten sie als Bolschewisten und Novemberverbrecher. 1922 ermordeten Angehörige einer rechtsextremen Organisation den ersten jüdischen Außenminister, Walter Rathenau. Diese Radikalisierung des Antisemitismus fand ihren Höhepunkt im Nationalsozialismus.

M2 *Wahlplakat des Centralvereins deutscher Staatsbürger jüdischen Glaubens von 1924.*

M3 *27. Juni 1922: Staatsbegräbnis im Berliner Reichstag nach der Ermordung von Walter Rathenau: Trauergäste verlassen das Gebäude, draußen wartet der Leichenwagen, davor erweisen Soldaten der Reichswehr dem Toten die Ehre.*

Die Comedian Harmonists

In einer kleinen Anzeige im Berliner Lokalanzeiger vom 18. Dezember 1927 suchte der Tenor Harry Frommermann weitere Sänger, um eine Gesangsgruppe aufzubauen. Diese Anzeige war der Beginn einer außergewöhnlichen Karriere von sechs jungen Musikern. Sie gründeten die „Comedian Harmonists“.

Die fünf Sänger und ihr Pianist begannen bald mit Proben. Geld für ihren Lebensunterhalt verdienten sie nebenher mit Chorsingen oder Auftritten in Berliner Hinterhöfen. Ihren ersten wichtigen Auftritt hatten die sechs im „Großen Schauspielhaus“ in Berlin. Dann erhielt die Gruppe die Gelegenheit, innerhalb von Revueprogrammen zu singen. Später folgten kleine Gastspiele in anderen Städten. Der überwältigende Erfolg ihrer Auftritte in Leipzig führte 1930 zu dem Entschluss, eigene Konzerte zu geben. Von Leipzig ausgehend, starteten die Comedian Harmonists eine Weltkarriere. Grammophonplatten entstanden, Rundfunk- und Auslandsauftritte folgten.

Q1 *A. Leschnikoffs und R. Bibertis Erinnerungen an den 26. Januar 1930 in Leipzig:*

Dieses Schreien, dieses Toben des Publikums – also ich war – ich war baff. Ich konnte kein Wort ..., nur Tränen.
Ich habe geweint vor Freude. Später hatten wir in Leipzig noch viele Konzerte, ich weiß nicht, wie viele im Jahr. Sie waren in zwei Stunden ausverkauft. Eine Zeitungsnotiz genügte: Die Comedian Harmonists kommen! – Keine Reklame, nichts – wir waren sofort ausverkauft.
www.comedian-harmonists.de

M4 *Comedian Harmonists (v. l.): Robert Biberti, Erich A. Colli, Erwin Bootz (Piano), Roman Cycowski, Harry Frommermann, Ari Leschnikoff. Foto, Ende der 1920er-Jahre.*

Ab 1933 erfolgten in Deutschland Absagen von Konzerten. Die Nationalsozialisten drängten Juden aus dem gesellschaftlichen Leben und erteilten Berufsverbote. Da die Comedian Harmonists drei jüdische Mitglieder hatten, waren sie trotz ihres großen Erfolges direkt von den Diskriminierungen betroffen. Ab 1934 erhielten sie Auftrittsverbot. Danach sangen sie hauptsächlich im Ausland.

1935 trennten sich die Comedian Harmonists und die jüdischen Sänger wanderten aus. Später gründeten sowohl die in Deutschland gebliebenen als auch die ausgewanderten Mitglieder neue Gesangsgruppen nach dem Vorbild der Comedian Harmonists.

1997 entstand der Film „Comedian Harmonists. Träume werden wahr, die Erfolgsstory einer deutschen Legende“.

Arbeitsaufträge

1. Interpretiere die Wahlplakate M1 und M2.
2. Beschreibe die gesellschaftliche Stellung der Juden in der Weimarer Republik.
3. Fasse das Wirken der Comedian Harmonists zusammen. Nutze weitere Recherchen.

Längsschnitt: Der 9. November als „Schicksalstag“ der Deutschen

Wendepunkte in der deutschen Geschichte

i

Wendepunkt: Einschnitt, entscheidender Schritt, entscheidendes Ereignis.
Schicksal: Bestimmung, Fügung, höhere Gewalt.

Es gibt Ereignisse, die historische Bedeutung und zugleich auch aktuelle Bedeutung haben. Wenn solche Ereignisse auf genau einen Tag fallen, dann ist es interessant, diesen Tag und die historischen Fakten genauer zu betrachten.

Der 9. November ist ein Datum, das in der deutschen Geschichte immer wieder auftaucht. Kein anderer Tag hat derart Emotionen geschürt und kontroverse Diskussionen hervorgerufen.

M1 *In Berlin wurde unmittelbar nach der Grenzöffnung am 9. November 1989 die „Straße des 17. Juni“ in „Straße des 9. November“ umbenannt.*

Auf den 9. November fallen in den Jahren 1848, 1911, 1918, 1923, 1938 und 1989 eine Reihe von historischen Ereignissen, die für Deutschland bedeutsam waren. Darum gilt dieser Tag als ein besonders „schicksalsträchtiges“ Datum der neueren Geschichte in Deutschland und wird daher auch als „Schicksalstag der Deutschen“ bezeichnet.

Revolution und Hitlerputsch, Reichspogromnacht und Fall der Berliner Mauer – der 9. November symbolisiert die Hoffnung der Deutschen, aber auch den Weg in die Verbrechen des Dritten Reiches. Neben den bekannten Daten 1918, 1923, 1938 und 1989 stellen die historischen Ereignisse des 9. November 1848 und 1911 kleinere geschichtliche Einschnitte dar.

Arbeitsaufträge

1. Erkläre, was Schicksal für dich persönlich bedeutet, und begründe, ob der Begriff auf geschichtliche Ereignisse angewendet werden sollte.
2. Informiere dich über weitere Ereignisse, die in der Geschichte auf den 9. November datiert werden.

(M1) *Robert Blum (1807–1848).*

Der 9. November 1848 und 1911

Symbol für das Scheitern der bürgerlichen Revolution

Am 9. November 1848 wurde der aus Köln stammende Buchhändler und Schriftsteller Robert Blum in Wien erschossen. Er war Abgeordneter der Frankfurter Nationalversammlung. Als begeisterter Demokrat beteiligte er sich an der Revolution von 1848 und war einer der bekanntesten Redner der Paulskirche. Seine Hinrichtung stand im Zusammenhang mit dem Überbringen einer Grundsatzerklärung der deutschen Revolutionäre an ihre österreichischen Gesinnungsgenossen. Im Zuge von Vergeltungsmaßnahmen gegen die österreichischen Revolutionäre in Wien wurde Robert Blum unter Missachtung seiner parlamentarischen *Immunität* hingerichtet.

Blums Erschießung symbolisiert den Niedergang und das Scheitern der bürgerlichen Revolution in Deutschland.

(M2) *August Bebel (1840–1913), Führer der Arbeiterbewegung, sozialistischer Politiker und Mitbegründer der SPD.*

August Bebel warnt vor dem Krieg

Deutschland war zu Beginn des 20. Jahrhunderts mit seinem Weltmachtstreben auf dem Wege, sich einen „Platz an der Sonne“ zu erkämpfen. Ziel war die Kolonialisierung der letzten nicht unterworfenen Gebiete der Erde. Dabei ging es auch um die Vormachtstellung gegenüber den anderen imperialistischen Großmächten Frankreich und Großbritannien.

Am 9. November 1911 hielt August Bebel, damaliger Vorsitzender der Sozialdemokratischen Partei Deutschlands, eine vorausahnende Rede, in der er sehr weitsichtig beschrieb, wohin eine Fortführung des Imperialismus führen würde.

(Q1) *August Bebel warnte am 9. November 1911 in einer Rede im Deutschen Reichstag:*

> ... Dann kommt die Katastrophe. Alsdann wird in Europa der große Generalmarsch schlagen, auf den hin 16 bis 18 Millionen Männer, die Blüte der verschiedenen Nationen, ausgerüstet mit den besten Mordwerkzeugen, gegeneinander als Feinde ins Feld rücken. Aber nach meiner Überzeugung steht hinter dem großen Generalmarsch der große *Kladderadatsch*. Er kommt nicht durch uns, er kommt durch Sie selber. Sie treiben die Dinge auf die Spitze, Sie führen es zu einer Katastrophe. Sie werden ernten, was Sie gesät haben. Die Götterdämmerung der bürgerlichen Welt ist im Anzuge. Seien Sie sicher: sie ist im Anzuge! ... Was wird die Folge sein? Hinter diesem Krieg steht der Massenbankrott, steht das Massenelend, steht die Massenarbeitslosigkeit, die große Hungersnot. ... Ihr seid gewarnt ...
>
> www.mlwerke.de/lu/luf_1.htm

i

Immunität: verfassungsrechtlich garantierter Schutz vor Strafverfolgung für Abgeordnete.

Kladderadatsch: Durcheinander nach einem Zusammenbruch.

Arbeitsaufträge

1. Wiederhole die wichtigsten Ereignisse der Revolution von 1848/49 und ordne den 9. November 1848 in deren Verlauf ein.
2. Untersuche, welches Ereignis August Bebel in seiner Rede (Q1) prophezeite, und überprüfe, ob seine Befürchtungen eingetroffen sind.

1918: Vorbelasteter Neubeginn

Q1 *Philipp Scheidemann verkündete am 9. November 1918, 14.00 Uhr:*

... der unglückselige Krieg ist zu Ende. Das Morden ist vorbei. Die Folgen des Kriegs, Not und Elend, werden noch viele Jahre lang auf uns lasten. ... Volksfeinde sind hoffentlich für immer erledigt. Der Kaiser hat abgedankt. ... Unerhörtes ist geschehen. Große und unübersehbare Arbeit steht uns bevor. Alles für das Volk. Alles durch das Volk. ... Es lebe das Neue. Es lebe die deutsche Republik.

Deutsches Rundfunkarchiv, Frankfurt am Main.

Q2 *Karl Liebknecht verkündete am 9. November 1918, 16.00 Uhr:*

Der Tag der Revolution ist gekommen. Wir haben den Frieden erzwungen. Der Friede ist in diesem Augenblick geschlossen. Das Alte ist nicht mehr. ... In dieser Stunde proklamieren wir die freie sozialistische Republik Deutschland. Wir müssen alle Kräfte anspannen, um die Regierung der Arbeiter und Soldaten aufzubauen und eine neue staatliche Ordnung des Proletariats zu schaffen, eine Ordnung des Friedens, des Glücks der Freiheit unserer deutschen Brüder und unserer Brüder in der ganzen Welt. Wir reichen ihnen die Hände und rufen sie zur Vollendung der Weltrevolution auf.

Die ungeliebte Republik.

Die Vorgeschichte

Der Erste Weltkrieg, den der deutsche Kaiser und seine Berater durch Selbstüberschätzung und Großmachtsucht mitzuverantworten hatten, führte zum Untergang der Monarchie in Deutschland. Bis zuletzt trieben die deutschen Militärs die gnadenlose Menschen- und Materialschlacht voran.

Seit Ende September 1918 war der deutschen Heeresleitung bewusst, dass der Krieg verloren war. Dennoch plante die deutsche Marineleitung ein letztes Gefecht, obwohl sie wusste, dass selbst ein Sieg keine Wende des Krieges herbeiführen konnte. Die Matrosen verweigerten den Gehorsam. Sie wollten nicht in eine sinnlose Seeschlacht ziehen, sondern revoltierten gegen den Befehl.

Überall bildeten sich Matrosenräte. Rasch griffen die Aufstände auf das Binnenland und die deutschen Großstädte über, erfassten kriegsmüde Arbeiter und Soldaten, die sich gleichfalls in Räten organisierten.

Die unfreiwillige Abdankung des Kaisers

Eine Forderung wurde immer lauter: Kaiser Wilhelm II. sollte auf seinen Thron verzichten, damit es Frieden geben konnte. Politiker und Generäle legten ihm diesen Schritt nahe. Aber er zögerte. Schließlich verkündete Max von Baden, der letzte Kanzler des Kaisers, am 9. November 1918 eigenmächtig die Abdankung des Kaisers und aller Hohenzollern. Der Kaiser setzte sich mit seiner Familie nach Holland ab, wo er 1941 starb.

Die Ausrufung der Republik

Am 9. November 1918 waren in Berlin Tausende von Arbeitern und Soldaten unterwegs. Sie strömten zum Schloss und zum Gebäude des Reichstags.

Um 14.00 Uhr rief an diesem 9. November der Vorsitzende der SPD-Reichstagsfraktion Philipp Scheidemann die erste parlamentarische demokratische Republik aus, die an diesem Tag bereits fast im gesamten Reichsgebiet zur Tatsache geworden war. Er kam Karl Liebknecht, dem Abgeordneten der KPD im Reichstag, zuvor. Dieser rief um 16.00 Uhr eine freie sozialistische Republik aus.

Die weitere Entwicklung

Innerhalb weniger Tage verwirklichte die Revolutionsregierung wichtige Forderungen der Arbeiterbewegung wie zum Beispiel Demokratisierung des Wahlrechts, Frauenwahlrecht, Achtstundentag.

Doch die Revolution geriet ins Stocken. Unter anderem konnte nicht die Frage geklärt werden, ob ein Rätesystem wie in der UdSSR oder eine parlamentarische Demokratie eingeführt werden sollte.

Arbeitsaufträge

1. Vergleiche die Materialien Q1 und Q2 hinsichtlich ihrer Grundaussagen.
2. Informiere dich auf der Doppelseite „Die Deutsche Revolution 1918/19" (S. 76 f.) über die Folgen der doppelten Ausrufung der Republik.
3. Begründe, warum dem 9. November innerhalb der zahlreichen Ereignisse der Deutschen Revolution von 1918 eine besondere Bedeutung zugeschrieben wird.

1923: Aufbäumen gegen die Republik

Putsch: Umsturz oder Umsturzversuch zur Übernahme der Staatsgewalt, durchgeführt von Gruppen, die (im Gegensatz zum Staatsstreich) vorher nicht Teilhaber der Macht waren.

Q1 *Kalenderblatt des MDR aus Anlass des 83. Jahrestages des Hitler-Ludendorff-Putschs, 9. November 2006:*

Es sollte der Auslöser für die nationale Revolution werden, was am 09. November 1923 in München geschah. Heute vor 83 Jahren endete der sogenannte Hitler-Ludendorff-*Putsch*. Dass der Putsch ausgerechnet in München über die Bühne gehen sollte, war kein Zufall. Rechtsgerichtete Koalitionsregierungen, eine parteiliche Justiz und die politisch einseitige Polizei prägten die bayerische Innenpolitik. Hinzu kamen zahlreiche außerparlamentarische rechte Gruppierungen, die die Sympathie der Reichswehr genossen. Die Weimarer Demokratie war für sie alle ein Verrat an Deutschland, wie Hitler später nicht müde wurde zu betonen. Hitler: „Wir haben ihr damals als Männer und als Soldaten den Krieg angesagt, entschlossen, die Verantwortlichen des Novembers zu stürzen. …
1923 spitzte sich die Lage in Deutschland aus zwei Gründen zu. Erstens: Französische und belgische Truppen besetzten das Ruhrgebiet. Zweitens: Die Inflation stieg sprunghaft an. Das war Wasser auf die Mühlen der NSDAP, die schließlich den dilettantisch geplanten Putschversuch unternahm. Am Abend des 08. November überraschten die Putschisten die im Bürgerbräukeller versammelte bayerische Politprominenz. Hitler erklärte die bayerische Regierung für abgesetzt und proklamierte eine neu gebildete Nationalregierung. Mit vorgehaltener Waffe verlangte der Weltkriegsgefreite von den Anwesenden, ihn zu unterstützen – bei dem geplanten Marsch auf Berlin. Die Anwesenden versprachen angesichts der auf sie gerichteten Pistole und der Anwesenheit Ludendorffs alles. Doch schon am nächsten Tag war das Geschichte. Die Putschisten waren auf sich selbst gestellt und versuchten mit einem Marsch auf die Feldherrnhalle, das Ruder noch einmal zu ihren Gunsten herumzureißen. Vergeblich. Als die Polizei schoss, warf sich Adolf Hitler – entgegen seinen späteren Beteuerungen – als einer der Ersten auf den Boden. Bei dem anschließenden Feuergefecht starben 16 Putschisten und drei Polizisten. …
Für ihn selbst brachte der Putsch nur Vorteile. Adolf Hitler wurde durch den Hochverratsprozess gegen ihn deutschlandweit bekannt. Erwartungsgemäß bekam er ein mildes Urteil – fünf Jahre Festungshaft. Doch er musste nur wenige Monate absitzen. Hitler zog aus dem Putschversuch eine Lehre: Die politische Macht ließ sich nur auf legalem Wege und nicht gegen die staatliche Gewalt erobern. Diese Erkenntnis nutzte er, als er Ende der Zwanzigerjahre wieder die politische Bühne betrat – diesmal ungleich gefährlicher.

www.mdr.de/mdr-info/3729659.html

M1 *Erich Ludendorff und Adolf Hitler nach ihrem Prozess vor dem Gerichtsgebäude. Foto, 1924.*

Arbeitsaufträge

1. Informiere dich über den Hitler-Ludendorff-Putsch und überprüfe, ob die Darstellung die historischen Sachverhalte richtig wiedergibt.
2. Stelle die Haltung des Verfassers zum 9. November 1923 dar.

1938: Das Gesicht der Unmenschlichkeit

i

Antisemitismus: Feindschaft gegen jüdische Menschen und deren Bekämpfung aus politischen, religiösen und wirtschaftlichen Gründen.
Pogrom: Hetze, Ausschreitungen gegen nationale, religiöse, rassische Gruppen.

Eines der grundlegenden Elemente der nationalsozialistischen Weltanschauung stellt der Antisemitismus dar. Im November 1938 verbarg sich dieser *Antisemitismus* der Nationalsozialisten nicht mehr in unsinnigen, aber schikanösen Gesetzen und regionalen Aktionen, sondern trat im ganzen Reich offen zutage. In der Nacht vom 9. zum 10. November leitete die *Reichspogromnacht* eine neue Phase in der gewaltsamen Verwirklichung des antisemitischen Programms der NSDAP ein. Die systematische Verfolgung und Vernichtung der Juden wurde in dieser Nacht begonnen.

M1 *Zerstörtes und geplündertes jüdisches Geschäft. Foto 10.11.1938.*

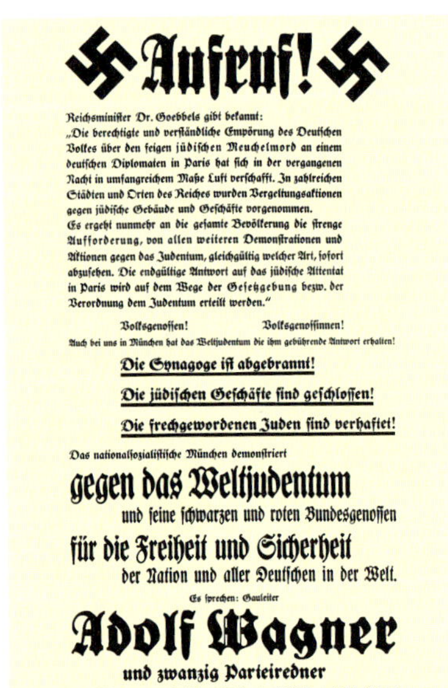

Aufruf!

Reichsminister Dr. Goebbels gibt bekannt:
„Die berechtigte und verständliche Empörung des Deutschen Volkes über den feigen jüdischen Meuchelmord an einem deutschen Diplomaten in Paris hat sich in der vergangenen Nacht in umfangreichem Maße Luft verschafft. In zahlreichen Städten und Orten des Reiches wurden Vergeltungsaktionen gegen jüdische Gebäude und Geschäfte vorgenommen.
Es ergeht nunmehr an die gesamte Bevölkerung die strenge Aufforderung, von allen weiteren Demonstrationen und Aktionen gegen das Judentum, gleichgültig welcher Art, sofort abzusehen. Die endgültige Antwort auf das jüdische Attentat in Paris wird auf dem Wege der Gesetzgebung bezw. der Verordnung dem Judentum erteilt werden.“

Volksgenossen! Volksgenossinnen!

Auch bei uns in München hat das Weltjudentum die ihm gebührende Antwort erhalten!

Die Synagoge ist abgebrannt!

Die jüdischen Geschäfte sind geschlossen!

Die frechgewordenen Juden sind verhaftet!

Das nationalsozialistische München demonstriert

gegen das Weltjudentum

und seine schwarzen und roten Bundesgenossen

für die Freiheit und Sicherheit

der Nation und aller Deutschen in der Welt.

Es sprechen: Gauleiter

Adolf Wagner

und zwanzig Parteiredner

Kreisleitung München der NSDAP. gez. Walter Ziehnert

M2 *Aufruf von Joseph Goebbels am 10.11.1938.*

Q1 *Der junge Kieler Jude Mendel Czapnik schildert in einem Brief an seine Eltern die Pogromnacht:*

Liebe Eltern!
... Ich kann Euch leider heute keine gute Nachrichten mitteilen. Gott sei Dank, dass ich bin gesund; mir ist nichts passiert und man hat mich nicht verhaftet und ins Konzentrationslager geschickt. Was hier vorgekommen ist, kann man Euch gar nicht schildern.
Es wird Euch wahrscheinlich bekannt sein, dass ein gewisser Grünspan, ein jüdischer Jung von 17 Jahren, hat auf den deutschen Botschafter in Paris geschossen, und dieser Botschafter von Rath ist tot. Daraufhin hat man sich hier an uns gerächt auf jede Weise, hier in Kiel und in allen Städten in Deutschland. ... Heute vor acht Tagen, hat man die hiesige Synagoge in Brand gesteckt. Man hat das Innere im Sitzungssaal der Synagoge und im kleinen Schulzimmer und die Wohnung von Frau Kappen und oben in der Synagoge alles verbrannt, darunter 9 Thorarollen. Das Feuer war so stark, dass die Fensterscheiben geplatzt haben vor Hitze. ... Demoliert hat man bei mehreren Juden die Wohnungen, auch bei deutschen Juden ... Im hiesigen Krankenhaus liegen zwei Juden, Lask und Leven, man hat auf sie geschossen an diesem Donnerstagmorgen. Handeln kann man nicht. Ich musste meine Gewerbe abmelden und die Kunden bezahlen nicht viele, und dabei hat man nicht wohin zu laufen; Polen lässt nicht herein. ... Was wird sein der Schluss? ... Mendel

http://infokumi.lernnetz.de/ausgabe.php3?id=160

In der Pogromnacht wurden 91 Juden ermordet und zahlreiche Menschen schwer verletzt. Es fanden unzählige Gewalttaten statt, in deren Verlauf 30 000 jüdische Männer in Konzentrationslager gebracht wurden. Fast alle jüdischen Synagogen und jüdischen Friedhöfe wurden geschändet und zerstört, ebenso ein Großteil der noch von Juden geführten Geschäfte. Die jüdischen Bürger mussten dafür sogar Entschädigungen zahlen.

Arbeitsaufträge

1. Ordne die Reichspogromnacht in die Geschichte der Juden im Nationalsozialismus ein.
2. Schildere die Erlebnisse von Mendel Czapnik in Q1 mit eigenen Worten.
3. Begründe, warum der von den Nationalsozialisten geprägte Begriff der „Reichskristallnacht" geschichtlich nicht vertretbar ist.

1989: Die Berliner Mauer fällt

Die Entspannung des Ost-West-Konfliktes, der politische Kurswechsel in der Sowjetunion und die Reformpolitik in den osteuropäischen Staaten stellten die Regierung der DDR 1989 vor besondere Probleme. Zahlreiche Bürger nutzten die offenen Grenzen in Ungarn für eine Ausreise in die Bundesrepublik Deutschland. Andere wollten vor Ort den Staat durch Reformen verändern und äußerten ihren Reformwillen zum Beispiel auf den Leipziger Montagsdemonstrationen. Unter dem Druck der Ereignisse war die Führung der DDR bereit, Zugeständnisse zu machen.

Am 9. November 1989 verkündete Günter Schabowski, Mitglied des Politbüros der SED, auf einer Pressekonferenz im DDR-Fernsehen, dass „es jedem Bürger der DDR möglich (ist), über Grenzübergangspunkte der DDR auszureisen". Die Regelung trete sofort in Kraft. Diese Ankündigung war von der Führung der DDR noch gar nicht verabschiedet und zu diesem Zeitpunkt nicht gewollt. Tausende von Bürgern stürmten daraufhin an die Grenzübergänge in Berlin, die nach kurzem Zögern von den Wachposten geöffnet wurden.

Q1 *Dr. Rainer Eckert, Leiter der Projektgruppe Leipzig des Hauses der Geschichte der BRD, äußerte sich zu den Ereignissen im Herbst 1989:*

> Entscheidend scheint mir ... die grundlegende Bedeutung von Widerstand und Opposition für das politische Bewusstsein der Deutschen zu sein. Zuerst sollte hier das Gefühl für die permanente Gefährdung des Rechtsstaates und die Erkenntnis erhalten bleiben, dass jedes Volk bei Verletzung elementarer Menschenrechte zum Widerstand aufgerufen ist. Wenn dies in das demokratische Bewusstsein der Bundesrepublik Eingang fände, wäre die Bürgerbewegung des Herbstes 1989 doch mehr als Treibsand in einer sie überrollenden historischen Entwicklung gewesen.
>
> www.loester.net/november.htm

M1 *Spontane Feiern am Tag des Mauerfalls. Foto aus der Nacht vom 9. zum 10. November 1989.*

Mit der Berliner Mauer fiel das Symbol der Teilung Deutschlands. Die friedliche Revolution in der DDR führte zur *Wiedervereinigung* und markiert das wichtigste Datum in der jüngeren deutschen Geschichte.

i

Wiedervereinigung: Wiederherstellung der staatlichen Einheit eines gespaltenen Landes. Nach Artikel 23 des Grundgesetzes trat die DDR am 3.10.1990 dem Staatsgebiet der BRD bei und wurde so nach 40 Jahren aufgelöst.

Arbeitsaufträge

1. Beschreibe das Bild und untersuche die Perspektive des Fotografen.
2. Erläutere, welchen Wunsch Dr. Rainer Eckert im Material Q1 äußert.
3. Befrage deine Eltern, wie sie den 9. November erlebt haben. Vergleicht die Ergebnisse in der Klasse und diskutiert unterschiedliche Sichtweisen.
4. Beurteile, inwieweit die deutsche Einheit bis heute erfolgreich vollzogen wurde.

METHODE

Pro- und Kontra-Diskussion

Die Pro-Kontra-Diskussion ist eine Form des kontrollierten Dialoges, die sehr effektiv eingesetzt werden kann, wenn unterschiedliche Positionen zu vertreten sind. Dabei handelt es sich um ein Streitgespräch zu einem Thema, zu dem es unterschiedliche Meinungen gibt.

Die Teilnehmer einer Pro- und Kontra-Diskussion halten sich an feste Regeln. Jede Partei versucht, ihre Position bzw. ihren Standpunkt darzulegen und / oder zu verteidigen.

i

pro: lat. „für".
contra: lat. „gegen, entgegengesetzt".
Diskussion: lat. „Erörterung, Aussprache, Meinungsaustausch".

Schritte zur Durchführung einer Pro- und Contra-Diskussion

1. Formuliert eine verständliche Streitfrage.
   Beispiel: „Ist der 9. November der bessere Nationalfeiertag?"
   Diese Streitfrage sollte während der Diskussion gut sichtbar sein.
2. Führt in der Klasse eine erste Abstimmung zur Streitfrage durch. Jede Schülerin / jeder Schüler hat vor dem Streitgespräch eine Meinung. Zählt die Pro- und Kontra-Stimmen.
3. Teilt die Klasse in zwei gleich große Gruppen.
   Ordnet anhand der Abstimmungsergebnisse die Diskussionsteilnehmer in die Pro- bzw. in die Kontra-Gruppe. Herrscht ein Ungleichgewicht zwischen den beiden Parteien, kann auch das Los über die Zuordnung entscheiden.
   Eine kleine Gruppe von Schülern kann die Aufgabe der Beobachtergruppe übernehmen. Zusätzlich wird eine Moderatorin / ein Moderator bestimmt.
4. Sammelt Materialien, Meinungen und Argumente, die eure Positionen untermauern.
   Die Beobachtergruppe überlegt sich währenddessen Kriterien zur Bewertung der Diskussion.
5. Führt das Streitgespräch durch.
   Es gelten die Regeln für das Streitgespräch. Jede Sprecherin / jeder Sprecher hat eine festgelegte Redezeit, zum Beispiel zwei Minuten. Erst nach dem Ende der Redezeit können Fragen an die Rednerin / den Redner gestellt werden. Die Gesprächsleiterin / der Gesprächsleiter moderiert die Diskussion und achtet unter anderem darauf, dass die Gruppen gleiche Redeanteile haben und aufeinander eingehen.
6. Wertet die Pro- und Kontra-Diskussion aus.
   Stimmt nun erneut über die Streitfrage ab. Diskutiert über mögliche Verschiebungen im Abstimmungsverhalten. Die Beobachtergruppe begründet, welche Argumentation sie am überzeugendsten fand.
7. Reflektiert die Methode.
   Besprecht folgende Fragen:
   - Was habe ich in diesem Gespräch gelernt?
   - Wurde gut und überzeugend argumentiert?
   - Was fiel mir schwer?

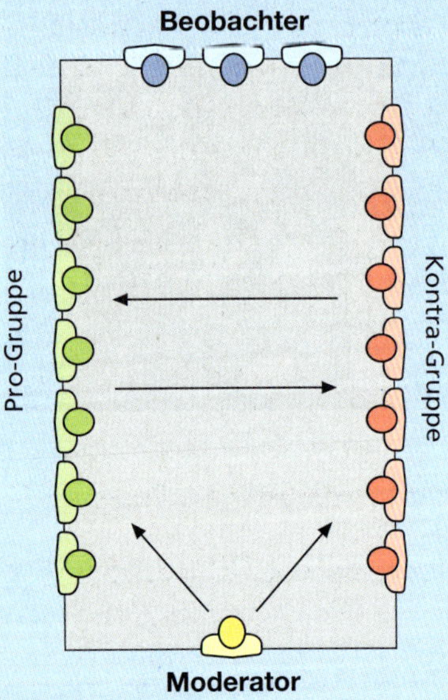

M1 *Schaubild zur Diskussion mit Beobachtergruppe.*

M1 *9. November 1848.*

M2 *9. November 1938.*

M3 *9. November 1989.*

Der 9. November als Nationalfeiertag?

i

Ein *Nationalfeiertag* ist ein gesetzlicher Feiertag anlässlich eines für eine Nation wichtigen Ereignisses.
Viele Staaten begehen ihren Nationalfeiertag am Gründungstag der Nation beziehungsweise am Tag des Erlangens der Unabhängigkeit.Es gibt auch Nationalfeiertage, die sich auf den Ausgang eines Krieges beziehen, wie zum Beispiel der Tag des Friedens oder der Tag des Sieges.
Manche Staaten haben auch mehrere Nationalfeiertage.

Der „Tag der Deutschen Einheit“ am 3. Oktober ist seit 1990 Deutschlands *Nationalfeiertag.* An diesem Datum wurde die Wiedervereinigung der beiden deutschen Staaten vollzogen. Für das Gebiet der alten Bundesrepublik löste dieser Feiertag den 17. Juni ab, für das Gebiet der ehemaligen DDR den „Tag der Republik“, der am 7. Oktober begangen wurde.

Nachdem sich der 9. November für die Deutschen in vielerlei Hinsicht als historisch bedeutender Tag herauskristallisiert hat, drängt sich die Frage auf, inwieweit nicht auch der 9. November als Nationalfeiertag begangen werden sollte oder gar der bessere Nationalfeiertag wäre.

Arbeitsauftrag

Führt zu diesem Thema eine Pro- und Kontra-Diskussion in eurer Klasse durch. Geht vor, wie auf Seite 194 erläutert.
Folgende Argumente könnt ihr in eure Überlegungen einbeziehen:

Pro-Argumente:

- viele Ereignisse der deutschen Geschichte lassen sich auf den 9. November datieren
- 3. Oktober als Nationalfeiertag erst seit 1990
- mehrere Nationalfeiertage möglich (siehe Info)
- …

Kontra-Argumente:

- Nationalfeiertag ist seit 1990 der 3. Oktober
- 9. November weckt nicht nur positive Erinnerungen
- Neonazis könnten versuchen, den Tag für ihre Zwecke zu missbrauchen
- …

Worterklärungen

Achsenmächte
Die von Hitler und Mussolini 1936 vereinbarte Zusammenarbeit wurde als „Achse Berlin-Rom" bezeichnet. Sie wurde ergänzt durch den Beitritt Italiens zum deutsch-japanischen Antikomminternpakt sowie 1939 durch den Stahlpakt, einem Militärbündnis zwischen dem nationalsozialistischen Deutschland und dem faschistischen Italien. Im 2. Weltkrieg nannte man alle mit Deutschland verbündeten Staaten „Achsenmächte".

Alliierte
Die bei Ausbruch des Ersten Weltkriegs gegen die Mittelmächte verbündeten Staaten Frankreich, Großbritannien und Russland, zu denen später weitere hinzutraten. Für sie ist auch die Bezeichnung „Entente" gebräuchlich. Im Zweiten Weltkrieg hießen die gegen Deutschland verbündeten Mächte ebenfalls „Alliierte".

Antisemitismus
Abneigung oder Feindseligkeit gegenüber Juden. Bezeichnung für völkisch-rassistische Anschauungen, die sich auf soziale, religiöse und ethnische Vorurteile stützen. Derartige Vorstellungen spielten eine zentrale Rolle in der Ideologie der Nationalsozialisten und wurden mit ihrem Machtantritt 1933 in Deutschland politisch wirksam. Sie führten zur Ausgrenzung der jüdischen Bevölkerung aus dem politischen, wirtschaftlichen und gesellschaftlichen Leben, steigerten sich mit dem Pogrom vom 9./10. November 1938 und mündeten schließlich in eine systematische Massenvernichtung.

Appeasement-Politik
(engl. = Beschwichtigung) Bezeichnung für die entgegenkommende britische Außenpolitik gegenüber dem nationalsozialistischen Deutschland. Großbritannien machte gegenüber Deutschland Zugeständnisse, um Hitler von einer kriegerischen Durchsetzung seiner Ziele abhalten zu können. Diese Politik wurde in England zum Teil heftig kritisiert und nach dem deutschen Einmarsch in Böhmen und Mähren 1939 aufgegeben.

Arisierung
Die von den Nationalsozialisten geprägte Wortschöpfung bezeichnete die Enteignung der Juden und die Überführung ihres Eigentums in „arischen", d. h. nichtjüdischen Besitz. Die Folge dieser Ausplünderung war eine Verarmung der jüdischen Bevölkerung sowie ihre totale finanzielle und wirtschaftliche Deklassierung.

Bekennende Kirche
Bewegung protestantischer Pfarrer und Laien, die seit 1934 den Eingriffen der Nationalsozialisten in kirchliche Angelegenheiten entgegentrat. Sie wandte sich insbesondere gegen die Verfälschung des Christentums durch die nationalsozialistischen „Deutschen Christen" und verurteilte den Antisemitismus. Trotz Verfolgung setzten kleine Gruppen ihren Widerstand gegen den Nationalsozialismus bis Kriegsende fort.

Blutsonntag
Bezeichnung für den 22. Januar 1905, an dem Truppen vor dem Winterpalais in Petersburg das Feuer auf eine friedliche Arbeiterdemonstration eröffneten. Er löste einen allgemeinen Aufstand aus, die erste (bürgerliche) russische Revolution 1905–1907.

Bolschewismus, Bolschewiki
(russ. = Mehrheitler) Bezeichnung für die radikalen sozialdemokratischen Anhänger Lenins, die seiner revolutionären Taktik auf einem Parteitag 1903 zustimmten. Die bei dieser Abstimmung Unterlegenen akzeptierten für sich den Namen Menschewiki (= Minderheitler).

Deutsche Arbeitsfront (DAF)
NS-Organisation, die nach Zerschlagung der Gewerkschaften angeblich die Interessen der Arbeitnehmer vertrat. Aufgabe der DAF war die Überwindung des „Klassenkampfes" durch die Idee der nationalsozialistischen „Volksgemeinschaft".

Deutsch-Sowjetischer Nichtangriffspakt
Am 23. August 1939 in Moskau unterzeichneter Vertrag, auch Hitler-Stalin-Pakt genannt. Beide Staaten sicherten sich im Fall eines Kriegs gegenseitige Neutralität zu. Bedeutender war ein „Geheimes Zusatzprotokoll", das die Interessengebiete beider Mächte in Osteuropa voneinander abgrenzte und „für den Fall einer territorialen Umgestaltung" gelten sollte.

Deutsches Kaiserreich
Das mittelalterliche Kaiserreich, das ab dem 16. Jh. als Heiliges Römisches Reich Deutscher Nation bezeichnet wurde, erlosch im Jahr 1806. Das D. K. wurde nach dem Krieg gegen Frankreich 1871 im Spiegelsaal des Schlosses von Versailles ausgerufen.

Dolchstoßlegende

Nach dem 1. Weltkrieg von deutschen Nationalisten verbreitete Behauptung, dass nicht das Militär und die kaiserliche Führung für Deutschlands Niederlage verantwortlich seien, sondern Sozialisten und demokratische Politiker. Diese Propaganda diente nationalistischen und antidemokratischen Kräften zur Diffamierung der Weimarer Republik.

Emanzipation

In der Aufklärung wurzelnde Bewegung, welche die rechtliche und gesellschaftliche Gleichstellung aller Bürger anstrebte. Dazu zählen Bauernbefreiung, Judenemanzipation oder Frauenbewegung.

„Endlösung der Judenfrage"

Am 20.1.1942 kamen führende Vertreter der Reichsregierung und der SS zur Berliner Wannseekonferenz zusammen. Die dort beschlossenen Maßnahmen zielten auf die Vernichtung der europäischen Juden durch Massenmord. Die Wannseekonferenz leitete den größten Völkermord der Geschichte ein, dem etwa 6 Millionen Juden zum Opfer fielen.

Entartete Kunst

Nationalsozialistisches Schlagwort, das moderne Kunst (z. B. Expressionismus, Surrealismus) als „undeutsch", „zersetzend" oder „kulturbolschewistisch" diffamierte. Nach 1933 kam es in mehreren Großstädten zu Ausstellungen „Entarteter Kunst", die eine Brandmarkung zum Ziel hatten. Um Arbeits- und Ausstellungsverboten zu entgehen, emigrierten viele Künstler oder gingen in die innere Emigration.

Entente cordiale

(frz. = herzliches Einvernehmen) 1904 zwischen Großbritannien und Frankreich geschlossenes Bündnis, das 1907 um Russland erweitert wurde.

Ermächtigungsgesetz

Ein Gesetz, durch das ein Parlament die Regierung dazu ermächtigt, an seiner Stelle Gesetze oder Verordnungen zu erlassen. Die Gewaltenteilung ist damit aufgehoben und die demokratische Ordnung gefährdet. Katastrophale Folgen hatte das Ermächtigungsgesetz vom 24.3.1933 („Gesetz zur Behebung der Not von Volk und Reich"). Es übertrug die gesamte Staatsgewalt der nationalsozialistischen Regierung und schuf die Grundlage der NS-Diktatur.

Gewaltenteilung

Teilung der Staatsgewalt in eine gesetzgebende (legislative), gesetzesvollziehende (exekutive) und rechtsprechende (judikative) Gewalt. Sie soll einen Missbrauch staatlicher Macht verhindern. Dem Prinzip entsprechen die voneinander unabhängigen Verfassungsorgane Parlament, Regierung und Gerichte.

Gewerkschaften

Zusammenschlüsse von Arbeitnehmern zur Wahrung ihrer wirtschaftlichen Interessen.

Gleichschaltung

Mit der Gleichschaltung bezweckte der Nationalsozialismus die Durchdringung des Staates und die Ausrichtung aller staatlichen Organe und Interessenverbände auf die nationalsozialistische Reichsregierung. Entsprechende Gleichschaltungsgesetze beseitigten ab 1933 die Länderparlamente, machten die NSDAP zur alleinigen Staatspartei, zentralisierten Gesetzgebung und Verwaltung und zwangen Presse und Kultur unter die Leitung des Propagandaministeriums. Interessenverbände wie z. B. die Gewerkschaften wurden entweder zerschlagen oder durch NS-Organisationen ersetzt.

Golden Twenties

s. Prosperität

Holocaust

(griech. = Brandopfer) Bezeichnung für den Massenmord am jüdischen Volk durch die Nationalsozialisten in den Vernichtungslagern. In Israel wird dafür auch der hebräische Begriff „Shoa" (= Zerstörung, Katastrophe) verwendet.

Imperialismus

Das Streben eines Staates, seine Herrschaft auf andere Länder und Völker auszudehnen. Als Machtmittel dienen Eroberungen oder wirtschaftliche Beherrschung aufgrund ökonomischer Überlegenheit. Als Epoche des Imperialismus gilt besonders die Zeit von 1880–1914, in der die Großmächte ihre Kolonialreiche ausbauten und die Welt in Einflusssphären aufteilten.

Industrielle Revolution

Wirtschaftlicher und gesellschaftlicher Umwälzungsprozess, ausgelöst durch die um 1760 in England einsetzende Industrialisierung. Sie erreichte um 1840 Deutschland und breitete sich später weltweit aus. Zu ihren Voraussetzungen zählte vor allem der

Einsatz von Maschinen, was neue industrielle Produktionsweisen nach sich zog (Massenfabrikation, Arbeitsteilung, Fabriken). Besonders in ihrer Anfangsphase war sie mit sozialer Verelendung verbunden.

Inflation

Geldentwertung, die eine Erhöhung der Preise zur Folge hat. Wegen des riesigen Geldbedarfs der kriegsführenden Staaten im Ersten Weltkrieg stieg die I. überall an, weil die Regierungen massiv Papiergeld drucken ließen. Den stärksten Währungsverfall hatte Deutschland.

Kapitalismus

Wirtschaftssystem, bei dem das Kapital unternehmerisch eingesetzt wird, um hohe Gewinne zu erzielen. Angebot und Nachfrage bestimmen den Verkaufspreis, der Staat enthält sich der Einflussnahme.

Kommunismus

Von Karl Marx und Friedrich Engels begründete Ideologie, die im „Kommunistischen Manifest" 1848 zusammengefasst wurde. Er enthält die Vorstellung einer klassenlosen Gesellschaft, in der das Privateigentum abgeschafft ist und die Produktionsmittel in Gemeineigentum überführt worden sind. Im 20. Jh. bezeichnet der K. vor allem eine Gesellschaftsform, die erstmals nach der Oktoberrevolution 1917 in der Sowjetunion errichtet wurde und durch die Diktatur der Kommunistischen Partei gekennzeichnet war.

Kollektivierung

Überführung von Produktionsmitteln – vor allem landwirtschaftlicher Privatbesitz – in genossenschaftlich bewirtschaftetes Gemeineigentum. Die K. der sowjetischen Landwirtschaft erfolgte vor allem nach 1927 unter Stalin, und zwar zumeist gewaltsam als Zwangskollektivierung. Die so entstandenen Betriebe nennt man Kolchosen.

Kolchose

Landwirtschaftlicher Großbetrieb in der Sowjetunion auf genossenschaftlicher Basis. Er war ein Ergebnis der Kollektivierung und entstand durch Zusammenschluss bäuerlicher Einzelbetriebe unter Aufgabe des Privateigentums an Land und Produktionsmitteln.

Kapp-Putsch

Umsturzversuch rechtsradikaler Politiker um Wolfgang Kapp und unzufriedener Armeeteile um General v. Lüttwitz. Am 13.03.1920 besetzte eine Marinebrigade das Berliner Regierungsviertel und rief Kapp zum Reichskanzler aus. Mangelnde Unterstützung seitens der Reichswehr und Beamtenschaft ließen den Putsch nach wenigen Tagen scheitern.

Konzentrationslager

(KZ) Nach ihrer Machtübernahme 1933 errichteten die Nationalsozialisten Konzentrationslager, in denen anfangs politische Gegner, später auch „rassisch" oder religiös Verfolgte in großer Zahl inhaftiert wurden. Die Lager dienten der Einschüchterung, Ausschaltung und Vernichtung und unterstanden der SS. Zwangsarbeit, Hunger, Seuchen und sadistische Quälerei brachten vielen Häftlingen den Tod. Im Rahmen der sogenannten „Endlösung der Judenfrage" errichtete die SS seit 1942 Vernichtungslager in den eroberten Ostgebieten. Etwa 6 Millionen Juden aus allen Teilen des besetzten Europas wurden hier durch Giftgas ermordet.

Kriegsschuldfrage

Die Frage nach der Verantwortung für den Ausbruch des 1. Weltkriegs. Sie erhielt politische Bedeutung durch Artikel 231 des Versailler Vertrags, der Deutschland die alleinige Kriegsschuld aufbürdete. Mit der alliierten Behauptung, Deutschland habe den Krieg geplant und vorsätzlich herbeigeführt, wurden die geforderten Reparationen begründet (Haftpflicht). Die deutsche Regierung lehnte diese Behauptung ab und unterzeichnete den Versailler Vertrag nur unter Protest. Während der Weimarer Republik war die Kriegsschuldfrage Gegenstand leidenschaftlicher Erörterungen mit dem Ziel einer Revision des „Diktats von Versailles". Erst nach dem 2. Weltkrieg gelangte die Geschichtswissenschaft zu einer differenzierteren Betrachtung, wobei die Rolle Deutschlands überwiegend negativ eingeschätzt wurde. Eine eindeutige Zumessung der Schuldlast ist bis heute nicht gelungen und die Kriegsschuldfrage in der Forschung nach wie vor umstritten.

Liberalismus

Politische Bewegung, die im 19. Jh. Bedeutung erlangte. Im Zentrum steht das Recht des Einzelnen auf freie Entfaltung gegenüber staatlicher Bevormundung. Zu seinen Forderungen zählen Glaubens- und Meinungsfreiheit, Sicherung der bürgerlichen Grundrechte sowie Beteiligung an politischen Entscheidungen. Der wirtschaftliche Liberalismus fordert einen freien Wettbewerb ohne staatliche Eingriffe und Zollschranken.

Marxismus

Bezeichnung für die von Karl Marx und Friedrich Engels im 19. Jh. begründete Theorie des wissenschaftlichen Sozialismus. Für den Marxismus ist der Kapitalismus ein System profitorientierten Eigentums, das die Lohnarbeiter ausbeutet und ihre Verelendung bewirkt.

Mittelmächte

Die im Ersten Weltkrieg verbündeten Staaten Deutsches Reich und Österreich-Ungarn, später auch die hinzugetretenen Verbündeten Osmanisches Reich und Bulgarien.

Nationalsozialismus

Nach dem Ersten Weltkrieg in Deutschland entstandene rechtsradikale Bewegung, die nationalistische, expansive und demokratiefeindliche Ziele vertrat. Der Nationalsozialismus ist eine deutsche Ausformung des Faschismus, von dem er sich durch besonders radikale Positionen abhebt.

Nationalversammlung

Gewählte Volksversammlung einer Nation, die vor allem zur Ausarbeitung einer Verfassung zusammentritt. So z. B. die französische Nationalversammlung 1789 – 92 oder die Frankfurter Nationalversammlung 1848 – 49.

New Deal

(engl. = Neuverteilung der Spielkarten) Bezeichnung für die nach 1933 eingeleiteten Reformen von US-Präsident Roosevelt, mit denen er die Folgen der Weltwirtschaftskrise zu überwinden suchte. Zu den zentralen Bestandteilen zählten: Drosselung der Überproduktion, inflationistische Wirtschaftspolitik, Arbeitsbeschaffungsprogramme sowie Unterstützungsmaßnahmen für Farmer.

Notverordnung

Durch Artikel 48 der Weimarer Verfassung war der Reichspräsident ermächtigt, bei Gefährdung der „öffentlichen Sicherheit und Ordnung“ gesetzesvertretende Verordnungen zu erlassen, welche die Grundrechte völlig oder teilweise außer Kraft setzten. Diese Maßnahmen mussten zwar auf Verlangen des Reichstags rückgängig gemacht werden, doch da der Reichspräsident den Reichstag jederzeit auflösen konnte, verlieh ihm der Artikel 48 praktisch diktatorische Vollmachten. In der Endphase der Weimarer Republik (1930 – 33) wurden Notverordnungen zum eigentlichen Regierungsinstrument und ermöglichten den totalitären Staat der Nationalsozialisten.

Novemberrevolution

Im November 1918 in Deutschland ausgebrochene Aufstände, die zum Ende der Monarchie führten und den Übergang zur parlamentarischen Republik einleiteten. Zu den Ursachen zählten Deutschlands militärischer Zusammenbruch im 1. Weltkrieg, die langjährige Verweigerung innerer Reformen sowie die wirtschaftliche Notlage. Der Streit, ob der revolutionäre Weg zu einer Räterepublik oder einer verfassunggebenden Nationalversammlung führen sollte, wurde zugunsten der parlamentarischen Lösung entschieden. Während die SPD diese Entscheidung befürwortete, verfochten Teile der USPD und die Spartakusgruppe eine Räterepublik. Die Wahlen zur Nationalversammlung am 19.1.1919 machten den Weg zur Weimarer Republik frei.

Nürnberger Gesetze

Die Ausgrenzung der jüdischen Bevölkerung durch eine diskriminierende Gesetzgebung leiteten die Nationalsozialisten gleich nach ihrer Machtübernahme ein. Der Entzug zentraler Bürgerrechte deklassierte die jüdische Bevölkerung zu minderen Staatsangehörigen; Eheschließungen und sexuelle Beziehungen zwischen Deutschen und Juden waren als „Rassenschande“ verboten und wurden mit Zuchthaus bestraft. Die rechtliche Diskriminierung zog die gesellschaftliche Isolierung nach sich und bereitete den Boden für den jüdischen Völkermord vor.

Oktoberrevolution
Bolschewistischer Umsturz in Russland am 25. Oktober 1917 (nach westlicher Zeitrechnung der 7. November 1917), der eine politisch-soziale Umwälzung einleitete. Der wirtschaftliche und militärische Zusammenbruch des Zarenreichs als Folge des Ersten Weltkriegs schuf Mitte 1917 die Voraussetzungen für die Revolution. Bolschewistische Truppen und Arbeitermilizen besetzten die wichtigsten Gebäude von St. Petersburg und erstürmten den Regierungssitz. Unter Führung Lenins übernahm der „Rat der Volkskommissare“ die Regierung.

Partei
Organisierter Zusammenschluss politisch gleichgesinnter Bürger, die Einfluss auf die Gestaltung des Staats nehmen wollen. Die modernen Parteien entwickelten sich Anfang des 19. Jh. aus lockeren Vereinigungen angesehener Persönlichkeiten. Getragen von der Arbeiterbewegung bildeten die sozialistischen Parteien erstmals den Typ der Massenpartei, dem später häufig auch katholisch-konfessionelle Parteien (Zentrum) entsprachen. Im 20. Jh. erhielten die Parteien staatstragende Bedeutung.

Prosperität
(„prosperity“) Aufschwung einer Volkswirtschaft. Im engeren Sinn Bezeichnung für einen 1922 einsetzenden Wirtschaftsboom in den USA.

Räterepublik
Staatsform, die unterprivilegierte Bevölkerungsschichten direkt an der Macht beteiligt. Gewählte Delegierte bilden einen Rat, der alle Entscheidungsbefugnisse besitzt und ausführende, gesetzgebende und richterliche Gewalt in seiner Hand vereinigt. Die Gewaltenteilung ist damit aufgehoben. Die Räte sind ihrer Wählerschaft direkt verantwortlich und jederzeit abwählbar.

Reichspogromnacht
Ein von den Nationalsozialisten inszeniertes Pogrom gegen die jüdische Bevölkerung im Deutschen Reich, das eine neue Phase der Judenverfolgung einleitete. In der Nacht vom 9. zum 10. November 1938 zerstörten nationalsozialistische Kolonnen etwa 7000 jüdische Geschäfte, setzten Synagogen in Brand und demolierten Wohnungen, Schulen und Betriebe. Im Verlauf des Pogroms wurden zahlreiche Juden misshandelt, 91 fanden den Tod, über 30000 wurden ohne Rechtsgrundlage in „Schutzhaft“ genommen, um ihre Auswanderung zu erpressen. Das Pogrom ist auch unter dem beschönigenden Namen „Reichskristallnacht“ bekannt geworden.

Reparationen
(lat.: reparare = wiederherstellen) Alle Leistungen, die einem besiegten Staat auferlegt werden, um die Kriegsschäden des Siegerstaates zu beheben. Hierzu zählen Geld-, Sach- oder Dienstleistungen.

Revolution
Gewaltsamer Umsturz der bestehenden Ordnung, der zu tiefgreifenden politischen und gesellschaftlichen Veränderungen führt. Sie wird von breiten Bevölkerungsschichten getragen im Gegensatz zum Staatsstreich oder Putsch, wo nur eine neue Führungsgruppe die Macht an sich reißt.

SA (Sturmabteilung)
Militärisch organisierter Kampfverband der Nationalsozialisten. Sie war bei Saalschlachten und Straßenkämpfen als Schlägertruppe gefürchtet, verlor jedoch nach Ausschaltung ihrer Führungsspitze 1934 (Röhm-Putsch) an Bedeutung.

Sowjet
(russ. = Rat) In der russischen Oktoberrevolution von 1917 bildeten sich spontane Arbeiter-, Soldaten- und Bauernräte. Sie gerieten unter den Einfluss der Bolschewisten, die mit dem „Rat der Volkskommissare“ unter Lenin die Regierungsgewalt übernahmen.

Sozialismus
Im 19. Jh. entstandene politische Bewegung, die bestehende gesellschaftliche Verhältnisse mit dem Ziel sozialer Gleichheit und Gerechtigkeit verändern will. Als Mittel hierzu dient die Abschaffung des Privateigentums, die Überführung der Produktionsmittel in Gemeineigentum und die Beseitigung der Klassenunterschiede.

Stalinismus

Von Stalin geprägtes Herrschaftssystem, das sich der Gewalt und des Terrors bediente und von etwa 1927 bis 1953 währte. Der von Stalin propagierte „Aufbau des Sozialismus in einem Land" sollte vor allem die Industrialisierung vorantreiben und Überreste des Kapitalismus durch einen verschärften Klassenkampf beseitigen. Die Folge war ein brutales Terrorregime, das seine Ziele mit Schauprozessen, Morden, Deportationen und „Säuberungen" durchsetzte, wobei Stalin einen ausgeprägten Personenkult inszenierte. Der XX. Parteitag der KPdSU verurteilte 1956 die terroristischen Elemente des Stalinismus (Entstalinisierung).

Stellungskrieg

Bei Ausbruch des 1. Weltkiegs wollte die deutsche Generalität mehrere Armeen in einer weiträumigen Zangenbewegung auf Paris vorrücken lassen. Die starken Truppenverbände Frankreichs vereitelten jedoch diesen Plan und es kam 1915 zu einer Erstarrung der Front. Die gegnerischen Armeen gruben sich in Schützengräben ein, sodass Geländegewinne angesichts der stark befestigten Stellungen kaum noch möglich waren.

Streik

Die planmäßige Niederlegung der Arbeit durch eine größere Zahl von Arbeitnehmern, um höhere Löhne oder bessere Arbeitsbedingungen vom Unternehmer zu erzwingen. Im 19. Jh. führten Arbeitsniederlegungen von Industriearbeitern zur Gründung von Gewerkschaften und der Streik wurde zum wichtigsten Mittel, gewerkschaftlichen Forderungen Nachdruck zu verleihen. In Deutschland waren Streiks bis 1918 verboten und strafbar. Heute ist das Streikrecht in vielen Ländern anerkannt und ein wichtiger Bestandteil des demokratischen Rechtsstaats.

SS (Schutzstaffeln)

Elite- und Terrororganisation der Nationalsozialisten, die 1925 mit Sicherungsauf gaben der NSDAP und ihres „Führers" Adolf Hitler betraut wurde. Unter der Leitung von Heinrich Himmler stieg sie nach 1933 zum stärksten Machtfaktor im nationalsozialistischen Deutschland auf. Als Himmler 1936 zugleich Chef der Polizei wurde und die Geheime Staatspolizei (Gestapo) mit ihrem Spitzelsystem übernahm, verfügte die SS über die totale Macht im Staat. Während des 2. Weltkriegs übernahmen besondere SS-Verbände auch militärische Aufgaben (Waffen-SS). Als Herrschaftsinstrument der Nationalsozialisten verübte die SS viele Verbrechen. Vor allem ist sie verantwortlich für die brutale Verfolgung politischer Gegner und den millionenfachen jüdischen Völkermord in den Vernichtungslagern.

Terror

(lat. = Schrecken) Gewalttätige Form des politischen Machtkampfs, um jeden Widerstand durch Furcht zu ersticken. Er kann durch den Staat ausgeübt werden (Staatsterrorismus) oder von extremen Organisationen zum Sturz der Staats- oder Gesellschaftsordnung.

Unternehmer

Wer einen Gewerbebetrieb leitet und vertritt, wird als Unternehmer bezeichnet. Während der Industriellen Revolution erlangten die Unternehmer als Leiter der entstehenden Industriebetriebe zunehmende Bedeutung, da sie die Wirtschaft entscheidend prägten und das Schicksal großer Bevölkerungsteile mitbestimmten.

Verfassung

(Konstitution) Die politische Grundordnung eines Staates, die alle Regelungen über die Staatsform, die Herrschaftsausübung und die Bildung und Aufgaben der Staatsorgane enthält.

Versailler Vertrag

Von den Alliierten dem Deutschen Reich aufgezwungener Diktatfriede nach dem Ersten Weltkrieg, der im Spiegelsaal des Schlosses von Versailles durch einen Vertrag besiegelt wurde. Den V. V. von 1919 mussten zivile Politiker und nicht die am Krieg verantwortlichen Militärs unterzeichnen, was in der Folgezeit dazu führte, dass ihnen die Schuld an der deutschen Niederlage gegeben wurde (Dolchstoßlegende).

Völkerbund

Internationales Einrichtung, die nach den Vorstellungen des US-Präsidenten Wilson nach dem Ersten Weltkrieg ins Leben gerufen wurde. Er sollte künftig den Weltfrieden sichern und Sanktionen gegen Kriegstreiber verhängen.

Weimarer Republik

Bezeichnung einer von 1919 – 1933 währenden Epoche deutscher Geschichte, die nach dem ersten Tagungsort der verfassungsgebenden Nationalversammlung 1919 benannt ist. Eingeleitet wurde die Weimarer Republik von der Novemberrevolution 1918, die zum Zusammenbruch des Kaiserreichs führte. Die Weimarer Verfassung, welche die Nationalversammlung 1919 verabschiedete, ersetzte die Monarchie durch eine parlamentarische Republik. Sie fiel 1933 der nationalsozialistischen Diktatur zum Opfer. Trotz wirtschaftlicher Not und politischer Krisen kam es in der Weimarer Republik zu bedeutenden kulturellen Leistungen.

Weimarer Verfassung

Die nach der Revolution von 1918 in Weimar entwickelte Verfassung einer parlamentarischen Republik mit einer in Artikel 48 verankerten starken Stellung des Reichspräsidenten und einem Vielparteiensystem. Der Präsident konnte das Parlament auflösen (Art. 25), den Reichskanzler ernennen und entlassen.

Weltwirtschaftskrise

Ende der 1920er-Jahre verschlechterten sich die Wirtschaftsdaten der USA. Die Gründe lagen in einer hohen Überproduktion, einem Absatzrückgang sowie einem aufgeblähten Kreditvolumen. Hinzu kam die destabilisierende Wirkung von Reparationszahlungen und die Schuldenlast, welche die Alliierten der USA noch aus der Zeit des Ersten Weltkriegs trugen. Dies führte am 24.10.1929 („Schwarzer Freitag") zu einem Kurssturz an der New Yorker Börse, der eine weltweite Wirtschaftskrise auslöste und auch Deutschland erfasste. Die sozialen Folgen der Weltwirtschaftskrise trugen erheblich zur politischen Radikalisierung bei und bewirkten in Deutschland ein Anwachsen des Nationalsozialismus.

Wilhelm II.

1888 an die Spitze des Staates gelangter Kaiser, der die deutsche Politik im Zeitalter des Imperialismus bis zu seinem erzwungenen Rücktritt 1918 maßgeblich bestimmte.

Register

Textquellen

10 Q1: Nach: Mommsen, Wolfgang Justin: Imperialismus. Seine geistigen, politischen und wirtschaftlichen Grundlagen. Hamburg 1977. S. 203 f.

11 Q2: Preußische Jahrbücher. Bd. 95. Berlin 1899. S. 383 f.

11 Q3: Quellen zur Allgemeinen Geschichte. Bd. 4. Zürich 1966. S. 259.

13 Q1: Nach: Ansprachen, Predigten und Trinksprüche Wilhelms II. Hrsg. v. Ernst Johann. München 1966. S. 125 f.

15 Q1: Thoma, Ludwig: Gesammelte Werke. Bd. 7. München 1933. S. 354.

15 Q1: ANNO 3. Braunschweig. 2003. S. 245.

17 Q1: Zitiert nach: Ulrich, Bernd; Ziemann, Benjamin (Hrsg.): Frontalltag im Ersten Weltkrieg. Frankfurt a. M. 1994. S. 92.

18 Q1: Witkop, Philipp (Hrsg.): Kriegsbriefe gefallener Studenten. München 1928. S. 8 f.

18 Q2: Witkop, Philipp (Hrsg.): Kriegsbriefe gefallener Studenten. München 1928. S. 15.

19 Q3: Witkop, Philipp (Hrsg.): Kriegsbriefe gefallener Studenten. München 1928. S. 125.

19 Q4: Witkop, Philipp (Hrsg.): Kriegsbriefe gefallener Studenten. München 1928. S. 241.

19 Q5: www.dradio.de/dlf/sendungen/feldpost/download.html (Stand 15.07.2008)

22 Q1: Zitiert nach: Binder, Gerhart: Geschichte im Zeitalter der Weltkriege. Bd. 1. 1870–1945. Stuttgart 1977. S. 186.

24 Q1: Lautemann, Wolfgang; Schlenke, Manfred (Hrsg.): Geschichte in Quellen. Bd. 6. München 1979. S. 57 f.

25 Q2: Zitiert nach: Geschichte kennen und verstehen 9. Donauwörth 1983, S. 279.

26 Q1: Lautemann, Wolfgang; Schlenke, Manfred (Hrsg.): Geschichte in Quellen. Bd. 6. München 1975. S. 93 f.

28 Q1: Dokumente der Deutschen Politik und Geschichte von 1848 bis zur Gegenwart. Hrsg. v. V. J. Hohfeld. Bd. 2. Das Zeitalter Wilhelms II. 1890–1918. Berlin/München o. J. S. 393 ff. (stark gekürzt)

29 Q2: Huber, Ernst Rudolf: Dokumente zur deutschen Verfassungsgeschichte 3. S. 281.

35 Q1: www.versailler-vertrag.de/vv-i.htm (Stand 15.07.2008)

35 Q1: Marx, Karl; Engels, Friedrich: Werke Bd. 21, Berlin (O) 1975. S. 350–351.

35 Q2: Geschichte in Wissenschaft und Unterricht. 3. Jahrg./1952. Friedrichverlage. S. 294.

35 Q3: Fischer, Fritz: Griff nach der Weltmacht. Düsseldorf 1961. S. 97.

35 Q4: Deutsche Geschichte. Bd. 2. S. 767.

35 Q5: Historische Dokumentation des Historischen Museums Frankfurt. Frankfurt am Main 1975.

35 Q6: Neitzel, Sönke: Blut und Eisen. Deutschland im Ersten Weltkrieg. Pendo Verlag 2003. S. 10.

36 Q1: Lautemann, Wolfgang; Schlenke, Manfred (Hrsg.): Geschichte in Quellen. Bd. 5. München 1975. S. 289.

38 Q1: www.volksbund.de/downloads/Satzung_VDK.pdf

44 Q1: Linke H. G.: Die Russischen Revolutionen 1905/1917.

44 Q2: Fürst P. Kropotkin: Memoiren eines Revolutionärs, Band 1, 12. Auflage, Stuttgart.

45 Q3: Gitermann, V.: Geschichte Russlands, 3. Bd., Hamburg 1949. S. 310 f.

46 Q1: Nach: Lenins Werke, Bd. 7, S. 557.

47 Q2: Linke, H. G.: Die Russischen Revolutionen 1905/1917. S. 44.

55 Q1: Nach: Solschenizyn, Alexander: Ein Tag im Leben des Iwan Denissowitsch. München 1969. S. 47 ff.

57 Q1: Behschnitt: Die Russische Revolution 1917–1929. Stuttgart. S. 47.

63 Q1: www.dhm.de/lemo/html/dokumente/versailles/index.html (Stand 15.07.2008)

63 Q2: Zeiten und Menschen. Die USA von 1917 bis zur Gegenwart. S. 11; Paderborn 1987. Schöningh.

66 Q1: Zit. nach: Fähnders/Karrenbrock/Rector: Sammlung proletarisch-revolutionärer Erzählungen. Darmstadt und Neuwied 1977. S. 101.

67 Q2: Dos Passos, J.: The Big Money. New York 1969. S. 73 u. 75, übers. von H. Wunderer.

68 Q1: New York Times 24.10.1929.

69 Q2: Zeiten und Menschen. Ausgabe Q. S. 21 f.

71 Q1: Zitiert nach D. Robinson: Charlie Chaplin. Sein Leben, seine Kunst. Zürich 1989, S. 527 f.

77 Q1: Philip Scheidemann: Memoiren eines Sozialdemokraten. Dresden 1928.

78 Q1: Nach: Haschke, G./Tönnies N.: Friedrich Ebert. Hamburg 1961. Seite 128 ff.

79 Q2: Michaelis, H./Schraeppler, E.: Ursachen und Folgen. Band 3.

81 Q1: Zitiert nach: Schulin, Ernst (Hg.): Gespräche mit Rathenau. München 1980. S. 244.

81 Q2: Nach: Verhandlungen zur verfassungsgebenden Versammlung. Bd. 327. S. 1084.

81 Q3: Ernst Troeltzsch: Der Entente Frieden und die deutsche Kultur. Zitiert nach Heß, Jürgen C.: Das ganze Deutschland soll es sein. S. 97.

85 Q1: Nach: Ebeling, Hans: Ursachen und Folgen, Band V. München 1960. S. 532 f.

87 Q1: Scheib, A.: Die Dolmetscherin des schrägen Vogels. in: Süddeutsche Zeitung, 13./14. Dezember. 1986.

91 Q1–3: Nach Stenbock-Fermor, Alexander: Deutschland von unten. Stuttgart 1931. S. 19–21, 65–67, 74–76, 98.

94 Q1: Nach: Stresemann, Gustav: Vermächtnis, Band III. Berlin 1932. S. 385.
96 Q1: Berliner Tageblatt, Nr. 581, 08.12.1932.
97 Q2: Aufzeichnungen Staatssekretär Meißners, 13.08.1932; in: Vogelsang, Thilo: Reichswehr, Staat und NSDAP. Stuttgart 1962. S. 479 f.
104 Q1: G. Feder: Das Programm der NSDAP und seine weltanschaulichen Grundgedanken. München 1934. S. 15 ff.
105 Q2: Hitler, Adolf: Mein Kampf. München 1932. 11. Aufl., S. 420 (gekürzt).
106 Q1: Hitler, Adolf: Mein Kampf. München 1932. 11. Aufl., S. 702 f.
106 Q2: Adolf Hitler. Mein Kampf. München 1932. 11. Aufl., S. 738 ff.
107 Q3: Aufriss der deutschen Geschichte im 19. Jahrhundert. Hrsg: Fachgemeinschaft für Geschichte an der nationalpolitischen Erziehungsanstalt Naumburg. Leipzig 1938.
108 Q1: Eberhard Czichon.: Wer verhalf Hitler zur Macht?, Köln 1972, S. 96 f.
108 Q2: Herbert Michaelis: Ursachen und Folgen. Vom Deutschen Zusammenbruch 1918–1945 bis zur staatlichen Neuordnung Deutschlands in der Gegenwart. Berlin 1960. Bd. IV. S. 743.
109 Q3: Aus: Es begann am 30. Januar. Funkmanuskript. München 1958. S. 9 ff.
110 Q1: Zitiert nach: Michalka, Wolfgang; Niedhart, Gottfried (Hrsg.): Die ungeliebte Republik. München 1980. S. 251.
110 Q2: Auszüge aus den amtlichen Niederschriften, Akten der Reichskanzlei, Bundesarchiv Koblenz: R 43 II/291, 289.
111 Q3: Conze, Werner: Der Nationalsozialismus. Teil 1. Stuttgart 1972. S. 62 f.
111 Q4: Hoegner, Wilhelm: Flucht vor Hitler. Frankfurt 1979. S. 98.
112 Q1: Goebbels, Joseph: Vom Kaiserhof zur Reichskanzlei. München 1934. S. 288 f.
113 Q2: http://www.vulture-bookz.de/imagebank/Dokumente/pages/1933-03-21~Bekanntmachung_KL_Dachau.html (Stand 15.07.2008)
115 Q1: Domarus, Max: Hitler: Reden und Proklamationen 1932–1945. Würzburg 1962. S. 450 f.
115 Q2: Zitiert nach: Krink, Alfred: Leben im Dritten Reich. BpB. 1993.
116 Q1: www.dhm.de/lemo/html/dokumente/hjgesetz/index.html (Stand 15.07.2008)
118 Q1: Domarus, Max (Hrsg.): Hitler: Reden und Proklamationen. Würzburg 1963. S. 3–6.
118 Q2: Aus: Der Schulungsbrief. 6/1939. S. 154.
120 Q1: Meier-Benneckenstein, Paul (Hrsg.): Dokumente der Deutschen Politik. Bd. I, 2. Berlin, 1939/40, S. 289–293.
120 Q2: Wiener Arbeiterzeitung vom 12.05.1933. Unter: www.exil-club.de (Stand 15.07.2008)
124 Q1: Vierteljahreshefte für Zeitgeschichte, 1955, Heft 2.
124 Q2: Hohlfeld, Johannes: Dokumente der Deutschen Politik und Geschichte von 1948 bis zur Gegenwart. Band 4. Berlin 1951.
127 Q1: Deutschlandbericht der SPD. Bd. 3/1936. Frankf./M. 1980. S. 880 ff.
127 Q2: Zitiert nach: Ripper, Werner: Weltgeschichte im Aufriss. Bd. 3. Frankf./M. 1976. S. 390.
129 Q1: Gesetz zum Schutze des deutschen Blutes und der deutschen Ehre. Unter: www.documentarchiv.de
130 Q1: Schoenberner, Gerhard: Der gelbe Stern. Die Judenverfolgung in Europa 1933–1945. München 1998. S. 12 f.
131 Q2: Nürnberger Dokumente NG 2586 in Anatomie des SS-Staates. Bd. 2. S. 323 f.
131 Q3: Trevor-Roper, Hugh Redwald (Hrsg.): Hitler's Table Talk 1941–1944. London 1973. S. 235.
132 Q1: Longerich, Peter (Hrsg.): Die Ermordung der europäischen Juden. München, Zürich 1989. S. 123 ff.
133 Q2: Eichholtz, Dietrich; Schumann, Wolfgang: Anatomie des Krieges. Berlin 1969. S. 477.
133 Q3: Levi, Primo: Die Untergegangenen und die Geretteten. München 1986. S. 84.
136 Q1: Aly, Götz: Hitlers Volksstaat. Bonn 2005. BpB. Schriftenreihe Bd. 487. S. 36 ff.
137 Q2: Löwenthal, Richard; Mühlen, Patrik von zur: Widerstand und Verweigerung in Deutschland 1933–1945. 1982. S. 78 ff.
138 Q1: www.martin-niemoeller-stiftung.de/4/daszitat
138 Q2: www.dhm.de/lemo/html/dokumente/Galen/index.html (Stand 15.07.2008)
139 Q3: Pohl, Rainer: Das gesunde Volksempfinden ist gegen Dad und Jo. Zur Verfolgung der Hamburger Swing-Jugend im Zweiten Weltkrieg. Hamburg 1988. S. 26 f.
139 Q4: Pohl, Rainer: Das gesunde Volksempfinden ist gegen Dad und Jo. Zur Verfolgung der Hamburger Swing-Jugend im Zweiten Weltkrieg. Hamburg 1988. S. 156 f.
142 Q1: (1), (3), (4) www.mahnung-gegen-rechts.de/pages/fluesterwitze-01.htm
142 Q1: (2), (5) Hartmann, Rudi: Flüsterwitze aus dem Tausendjährigen Reich, München 1983.
147 Q1: Hoßbach-Niederschrift. Unter: http://www.ns-archiv.de/krieg/1937/hossbach/ (Stand 15.07.2008)
148 Q1: http://www.nationalsozialismus.de/dokumente/textdokumente/adolf-hitler-rede-vor-dem-reichstag-01091939 (Stand 15.07.2008)
152 Q1: P.W. Stahl am 26.4.1941 nach einem Luftangriff. In: Praxis Geschichte 5/1990. S. 37.

152 Q2: D. Hornsey nach einem Angriff auf Kassel am 3.10.1943. In: „Here Today, Bomb Tomorrow" II. Imperial War Museum London.

152 Q3: Käte T. in einem Brief vom 29.7.43.
In: Praxis Geschichte 5/1990. S. 37.

153 Q4: Wolff-Mönkeberg, Mathilde: Briefe, die sie nicht erreichten. Hamburg 1980. S. 91.

153 Q5: Andreas-Friedrich, Ruth: Schauplatz Berlin. München 1962. S. 80 f.

155 Q1: http://kriegsende.ard.de/pages_std_lib/0,3275,OID1097826,00.html (Stand 15.07.2008)

156 Q1: BA-MA, RW 4/v. 524

156 Q2: Zitiert nach Buchbender, Ortwin; Sterz, Reinhold (Hrsg.): Das andere Gesicht des Krieges. Deutsche Feldpostbriefe 1939–1945. München 1983. S. 72 f.

157 Q3: Kohl, P.: Warum haben wir das getan? – Auf der Spur der Heeresgruppe Mitte. Sowjetische Augenzeugen berichten. In: Goldschmidt, D. (Hrsg.): Frieden mit der Sowjetunion – eine unerledigte Aufgabe. Gütersloh 1989. S. 387.

159 Q1–5: http://www.dradio.de/dlf/sendungen/feldpost-stalingrad/briefe.html

161 Q1: Hachiya, Michihiko: Hiroshima-Tagebuch. Freiburg 1955. S. 1 ff.

162 Q1: http://www.dhm.de/lemo/html/dokumente/sportpalastrede/index.html
(Stand 15.07.2008)

166 Q1: www.dhm.de/lemo/html/dokumente/weisserose6/index.html
(Stand 15.07.2008)

167 Q2: Katalog der Gedenkstätten Deutscher Widerstand. Berlin. 1 Material 13/1.

174 Q1: Bonner Geschichtsblätter. Bd. 39. Bonn 1989. S. 70.

174 Q2: Loewe, Lothar: Der Kampf um Berlin. In: Die Stunde Null. Erinnerungen an Kriegsende und Neuanfang. Hrsg. v. Gustav Trampe. Stuttgart 1995. S. 36.

174 Q3: Hirschfeld, Gerhard; Renz, Irina (Hrsg.): Besiegt und befreit. Stimmen vom Kriegsende 1945. Gerlinen 1995. S. 48.

174 Q4: Kästner, Erich: Gesammelte Schriften für Erwachsene. Bd. 6. Vermischte Beiträge I. Notabene 45. S. 115.

174 Q5: Malanowski, Wolfgang (Hrsg.): 1945. Deutschland in der Stunde Null. Reinbeck bei Hamburg 1985. S. 179.

174 Q6: Bahr, Egon: Als rasender Reporter in Berlin: In: Die Stunde Null. Erinnerungen an Kriegsende und Neuanfang. Hrsg. v. Gustav Trampe. Stuttgart 1995. S. 294.

175 Q7: Granzow, Klaus: Tagebuch eines Hitlerjungen, 1943–1945. Bremen 1965. S. 127 f.

175 Q8: Deutschkron, Inge: Ich trug einen gelben Stern. Köln 1978. S. 197.

175 Q9: Kadorff, Ursula von: Berliner Aufzeichnungen 1942 bis 1945. München 1994. S. 324.

175 Q10: Tagebuch Marie-Luise Solmitz, 7. Mai 1945 (StA Hamburg)

175 Q11: Biedenkopf, Kurt: Der Krieg war zu Ende, und wir lebten. In: Mensch, der Krieg ist aus. Zeitzeugen erinnern sich. Hrsg. v. Werner Filmer u. Heribert Schwan. Düsseldorf, Wien 1985. S. 38.

175 Q12: Baring, Arnulf: Mein dreizehnter Geburtstag. In: Mensch, der Krieg ist aus. Zeitzeugen erinnern sich. Hrsg. v. Werner Filmer u. Heribert Schwan. Düsseldorf, Wien 1985. S. 26.

183 Q1 www.judentum-projekt.de
(Stand 15.07.2008)

183 Q2: Lessing; Gotthold Ephraim: Nathan der Weise. Stuttgart 1990. S. 50.

185 Q1: www.judentum-projekt.de
(Stand 15.07.2008)

187 Q1: www.comedian-harmonists.de
(Stand 15.07.2008)

189 Q1: http://www.mlwerke.de/lu/luf_1.htm

190 Q1: Deutsches Rundfunkarchiv, Frankfurt am Main

190 Q2: Michalka, Wolfgang: Die ungeliebte Republik : Dokumentation zur Innen- u. Außenpolitik Weimars 1918–1933. Hrsg. v. Gottfried Niedhardt. München, 1981.

191 Q1: http://www.mdr.de/mdr-info/3729659.html (Stand 15.07.2008)

192 Q1: http://infokumi.lernnetz.de/ausgabe.php3?id=160 (Stand 15.07.2008)

193 Q1: http://loester.net/november.htm
(15.07.2008)

Bildquellen

akg-images, Berlin: 8/9, 13 M3, 14 M2, 17 M4, 18 M1, 25 M3 + M4, 32 o. Mi. + u. li., 33 o. re., 40, 42 M1, 45 M2, 47 M3, 50 M1, 52 M1, 55 M2, 56 M2, 60 M1 (J.-P. Verney), 70 M2, 71.1, 2 + 6, 71.3 – 5 (Chaplin / United Artists / Album), 73 u. li., 84 M1, 87 M2, 99 M4, 100 M1, 107 M3, 110 M1, 113 M2, 121 M3 + M5, 126 M2, 130 M1, 130 M2 (Bildarchiv Pisarek), 134 M1, 139 M3, 144/145, 152 M1, 170 M1, 179 u. li., 180 M2, 181 M5, 189 M1 + M2, 192 M1, 195 M1
aus: Graf Stenbrock-Fermor, A. „Deutschland von unten", Verlag C. J. Bucher, Frankfurt/M., 1980: 91 M2 (S. 69), 91 M3 (S. 28), 91 M4 (S. 99)

Bauhaus-Archiv, Berlin: 92 M1 (Fotostudio Bartsch), 92 M2 (G. Lepkowski), 92 M3 (H. Kiessling), 93 M1 (R. Friedrich)
Bildarchiv Preußischer Kulturbesitz, Berlin: 33 u. li. + u. Mi., 44 M1, 52 M2, 77 M2, 88 M2, 98 M1, 102/103, 106 M1, 117 M9 (L. Aufsberg), 121 M4 (R. M. Schopp), 123 M4, 153 M2
Bundesarchiv Berlin: 137 M3

Das Fotoarchiv, Essen: 180 M3 (Th. Mayer)
Deutsche Friedensbewegung, Bremen: 27 M3
Deutsches Historisches Museum, Berlin: 105 M2, 114 M2, 115 M3, 118 M1, 138 M2, 186 M1

fotolia.com: 32/33.1 (© SyB), 140 Hintergr. (kytana)

© Gedenkstätte Buchenwald: 176 M1

Hessisches Hauptstaatsarchiv, Wiesbaden: 132 M1

Imperial War Museum, London: 15 M3
Institut für Geschichtliche Landeskunde an der Universität Mainz e.V.: 21 M5

Keystone Pressebild, Hamburg: 12 M2, 129 M3, 143 u. re.

Landeszentrale für Politische Bildung, Magdeburg: 141 M2
Library of Congress, Washington: 156 M1
Lotman-Institut für russische und sowjetische Kultur an der Ruhr-Universität, Bochum / www.russianposter.re: 59 M1

mauritius images, Mittenwald: Titel (J. Cotton)

Picture Alliance, Frankfurt/M.: 90 M1 (ZB / P. Endig), 153 M3 (akg-images), 177 M2 (dpa / Sperling), 188 M1 (dpa), 193 M1 (dpa / Fischer)

Stiftung Akademie der Künste, Berlin – Kunstsammlung: 108 M1 (John Heartfield Archiv)
SV Bilderdienst, München: 20 M3 (Knorr + Hirth), 54 M1 (Scherl), 61 M2, 73 u. Mi. (Scherl), 74/75, 85 M2 (Scherl), 95 M2 (Scherl), 101 u. li. + u. Mi. (Scherl), 167 M2

Tonn, D., Bovenden: 39 o., 73 o., 101 o., 143 o., 179 o.

ullstein bild, Berlin: 11 M3 (KPA), 11 M4 (Willy Stöwer), 16 M1 + M2 (Haedcke), 16 M3 (Archiv Gerstenberg), 18 M3, 19 M4 (TopFoto), 21 M4, 22 M1 (histopics), 23 M2 + M3, 24 M1 (Granger Collection), 24 M2 (histopics), 26 M1, 28 M1, 29 M2, 31 M2 + M3, 32 Mi. + o. li., 32 o. re. (Fuchs), 32 u. re. (KPA), 33 o. li. + o. Mi., 33 u. re. (Granger Collection), 36 M1 (Archiv Gerstenberg), 37 M2 (R. Klein), 37 M3 (Simon), 39 u. li. (Willy Stöwer), 39 u. Mi., 39 u. re. (R. Klein), 42 M2 (Archiv Gerstenberg), 46 M1, 48 M1 (Archiv Gerstenberg), 49 M2 (Nowosti), 53 M3, 62 M3, 66 M1 + M2, 67 M3 (AP), 68 M1 (AP), 69 M3 (Granger Collection), 72 M1, 72 M2 (Imago), 73 u. re., 88 M1, 89 M3, 104 M1 (Pachot), 109 M2 + M3, 113 M3 (SV Bilderdienst), 116 M1 – M4 (SV Bilderdienst), 117 M5 – M7 + M10 (SV Bilderdienst), 117 M8 (Wolff & Tritschler), 119 M2 + M3, 120 M1 (Granger Collection), 120 M2 (Zitzow), 122 M1 (SV Bilderdienst), 122 M2 + M3, 128 M1 + M2 (Archiv Gerstenberg), 135 M2, 135 M3 (Novosti), 138 M1 (Archiv Gerstenberg), 140 Mi. li. (superclic), 140 Mi. re. (AP), 140 o. li. (Minehan), 140 o. re. (ddp), 140 u. li. (Imagebroker.net), 140 u. re. (Karwasz), 141 M1 (ddp), 143 u. li. (SV Bilderdienst), 143 u. Mi. (Zitzow), 154 M1 (O. Rahardt), 154 M2, 158 M2 + M3, 161 M2 (ddp), 161 M3, 162 M1, 163 M2, 166 M1 (Wittenstein), 169 M2, 169 M3 (dpa), 170 M2, 172 M1 (KPA), 173 M2, 173 M3 (Voller Ernst), 178 M1 (Archiv Gerstenberg), 179 u. Mi. + u. re., 180 M4 (Steinert), 182 M1 + M2, 183 M3 (A. Pisarek), 184 M1 (Archiv Gerstenberg), 186 M2 + M3, 187 M4, 191 M1, 195 M2, 195 M3 (SVEN SIMON)

© VG Bild-Kunst, Bonn 2008: 92 M2 + M3, 93 M1, 121 M3 + M4; The Heartfield Community of Heirs: 97 M2, 101 u. re., 108 M1, 126 M2, 149 M2
Volksbund Deutsche Kriegsgräberfürsorge e.V., Kassel: 38 M1

Westermann Archiv: 157 M2 (Sammlung R. Sterz / H. Starke), 164 M1 – M3 + M5 (Sammlung R. Sterz / Ulrich), 164 M4 (Sammlung R. Sterz / Süpple), 164 M6 (Sammlung R. Sterz), 165 M8 + M11 (Sammlung R. Sterz), 165 M9 (Bundesarchiv), 165 M10 (Sammlung R. Sterz / H. Starke)

alle übrigen Schaubilder und Karten: Westermann Kartographie / Technisch Graphische Abteilung, Braunschweig